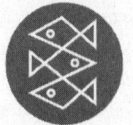

Dies ist die Lebensgeschichte einer ungewöhnlichen Frau und eine unter die Haut gehende Anklage gegen die von den Chinesen in Tibet begangenen Grausamkeiten.

Ani Pachens unbeschwertes Leben als Tochter eines mächtigen Clan-Oberhauptes änderte sich schlagartig, als 1950 das chinesische Militär Tibet besetzte. Von einem Tag zum anderen muss die junge Frau nach dem Tod ihres Vaters ihren Wunsch, Nonne zu werden, aufgeben und dessen Platz in der Gemeinschaft einnehmen. Zwei Jahre lang lebt sie als einzige weibliche Anführerin mit anderen Führern der tibetischen Résistance in der wilden Berglandschaft Khams und überfällt mit ihren Leuten chinesische Konvois und Lager. Ihre Verhaftung 1960 ist der Beginn einer 21-jährigen qualvollen Gefangenschaft in chinesischen Gefängnissen in Ost- und Zentraltibet.

Ani Pachens Erinnerungen lassen uns teilhaben an der Wandlung eines jungen Mädchens zu einer starken, unbeugsamen Frau und an ihrem Weg in eine tiefe Spiritualität, die sie das grauenvolle Martyrium überstehen ließ. Nur die Verwurzelung im tibetischen Buddhismus und der brennende Wunsch, eines Tages dem Dalai Lama nahe zu sein, gaben ihr die Kraft zu überleben und zu dem zu werden, was sie heute ist: eine »Heldin« vieler Tibeter.

Ihre Lebenserinnerungen sind zugleich tragisch und optimistisch, berühren vom ersten Wort die Seele eines jeden und fesseln bis zum Ende.

Ani Pachen wurde 1933 als einziges Kind eines geachteten, aber auch gefürchteten Anführers der »Khampas« in der tibetischen Provinz Kham geboren. Nach 21 Jahren Gefangenschaft und Folterung lebt sie heute in Dharamsala, Indien, in der Nähe des Dalai Lama. Sie nimmt noch immer an Demonstrationen für ein freies Tibet teil.

Adelaide Donnelley lebt als Psychologin, Fotografin und Autorin in Berkeley, Kalifornien. Sie arbeitete an diesem Buch sehr eng mit Ani Pachen zusammen. Während der Arbeiten entwickelte sich eine tiefe Freundschaft und ein starkes spirituelles Band zwischen den beiden Frauen.

Unsere Adresse im Internet: www.fischer-tb.de

Ani Pachen / Adelaide Donnelley

Licht im Dunkel der Nacht

Eine tibetische Nonne kämpft
für die Freiheit

Mit einem Geleitwort des Dalai Lama und
einem Vorwort von Richard Gere

Aus dem Amerikanischen
von Jochen Eggert

Fischer Taschenbuch Verlag

Veröffentlicht im Fischer Taschenbuch Verlag,
einem Unternehmen der S. Fischer Verlag GmbH,
Frankfurt am Main, Dezember 2002

Lizenzausgabe mit Genehmigung des
Krüger Verlages, Frankfurt am Main
Die amerikanische Originalausgabe erschien 2000
unter dem Titel »Sorrow Mountain.
The Journey of a Tibetan Warrior Nun«
bei Kodansha America, Inc., New York
Copyright © 2000 by the Tibet Fund.
Published by Arrangement with Authors

Für die deutsche Ausgabe:
© Wolfgang Krüger Verlag GmbH, Frankfurt am Main 2001
Satz: Pinkuin Satz und Datentechnik, Berlin
Druck und Bindung: Clausen & Bosse, Leck
Printed in Germany
ISBN 3-596-15685-8

Inhalt

Geleitwort des Dalai Lama

Seit der Machtübernahme durch das kommunistische China ist in Tibet alles anders geworden. Unsere uralte friedliche Lebensweise hat sich ins Gegenteil verkehrt. Nichts ist davon verschont geblieben. Und nicht nur die Menschen Tibets sind auf beinahe jede vorstellbare Weise vergewaltigt und gepeinigt worden, nein, auch die Tiere und das Land, die Bäume, die Seen und die Flüsse leiden. Viele Tibeter sind heute der Meinung, dass Veränderung und Entwicklung in Tibet längst überfällig waren; trotzdem bleibt unbegreiflich, wie die Chinesen sich einbilden konnten, das Ziel sei auf so harte, grausame und rücksichtslose Weise zu erreichen.

Mit diesem Bericht von den Ereignissen ihres Lebens erzählt Ani Pachen eine für die vergangenen fünfzig Jahre Tibets sehr typische Geschichte. Sie schildert die letzten Jahre der Freiheit, eines einfachen, genügsamen Lebens in der osttibetischen Provinz Kham. Ihre Familie ließ sich wie so viele andere von Wertvorstellungen leiten, die von den Lehren des Buddha über Mitgefühl, wechselseitige Abhängigkeit und das Bewusstsein der Vergänglichkeit aller Dinge geprägt waren. Ani Pachens Vater war nicht allein als weithin anerkanntes Clan-Oberhaupt geachtet, sondern vor allem wegen seines Gerechtigkeitssinns und Verantwortungsbewusstseins. Im Vergleich zu dem, was kommen sollte, war Tibet in diesen Tagen beschaulicher Ruhe ein wahrhaft reiches Land.

Wie diese Geschichte ebenfalls zeigt, waren die Menschen von Kham und im gesamten östlichen Tibet die ersten, die die hinterhältige chinesische Brutalität zu spüren bekamen. Auch dieses so starke und stolze Volk konnte letztlich nur bestürzt und entsetzt der rücksichtslosen, alles niederrennenden Gewalt zusehen. Alle Bemühungen, ihr Land, ihre Religion und Kultur zu verteidigen, wurden mit äußerster Härte bestraft. Keine Familie blieb von Leiden und Verlusten verschont.

Ani Pachen selbst teilte mit vielen andern das Los der politischen Gefangenschaft; über zwanzig Jahre musste sie unvorstellbare Härte erdulden. Und weshalb? Weil sie sich dem Willen der Chinesen nicht beugen mochte. Es dürfte auf der Welt kaum ein anderes Land geben, in dem Oppositionelle sich solcher Behandlung ausgesetzt sehen.

Doch es leuchtet noch etwas ganz anderes auf in dieser ansonsten traurigen und erschütternden Geschichte, nämlich Ani Pachens unerschrockener Patriotismus, ihr aktives Eintreten für ihre Landsleute und schließlich der tief verwurzelte Wunsch, sich in die Einsamkeit eines spirituellen Lebens zurückzuziehen. In dieser Art von Stärke und Standhaftigkeit sehe ich Anlass zu der Hoffnung, dass Wahrheit und Gerechtigkeit am Ende siegen werden.

Vorwort von Richard Gere

Es ist jetzt ein halbes Jahrhundert her, dass die Chinesen Tibet überfielen und gewaltsam unterwarfen. Und vierzig Jahre sind seit der Flucht Seiner Heiligkeit des Dalai Lama ins indische Exil vergangen. Vor zehn Jahren wurde Seiner Heiligkeit der Friedensnobelpreis zuerkannt. Doch die Tragödie Tibets geht weiter.

Und ähnlich wie wir heute noch immer weitere Einzelheiten über den Vernichtungsfeldzug gegen das Judentum Europas erfahren, werden auch die tibetischen Geschichten von sinnloser Grausamkeit, von Verrat und Verlust und stillen Akten der Güte weiterhin erzählt – müssen sie weiterhin erzählt werden.

Eine alte Legende erzählt, Gott habe den Menschen erschaffen, weil er Geschichten liebt. Und in diesem Buch finden wir eine der wohl erstaunlichsten Geschichten überhaupt. Es ist die wahre Geschichte einer sehr ungewöhnlichen Fürstentochter in einer abgelegenen Gegend Tibets, deren Glück eines Tages jäh endete und Jahrzehnten der Finsternis wich, in denen nur die Erinnerung an die Worte ihrer gütigen Lehrer sie am Leben hielt: dass sie in Wahrheit ein Geschöpf aus Licht sei, einem ewig klaren und strahlenden Licht.

Es ist eine schöne und erschütternde und zutiefst inspirierende Geschichte, und so phantastisch sie uns auch anmuten mag, sie ist in dieser von Kummer und Not geprägten Phase der tibetischen Geschichte keineswegs einzigartig. Die lange und bis auf den heutigen Tag andauernde Besetzung Tibets durch die Chinesen ist für die Tibeter ein unerschöpflicher Quell des Leidens, aber auch des Überlebenswillens.

Dharamsala ist ein kleines Bergdorf in Nordindien, nicht sehr weit von der weiter nördlich verlaufenden Grenze Tibets entfernt und von New Delhi aus über Nacht mit dem Zug zu erreichen. Seit 1959 ist dies der Sitz Seiner Heiligkeit des Dalai Lama und der tibetischen Exilregierung. Mittlerweile leben hier auch an die 15 000 Tibeter und immer mehr Menschen aus dem Westen. Hier schlägt das heimliche Herz Tibets, und hier haben alle kulturellen, religiösen und politischen Aktivitäten für die Sache Tibets ihr Zentrum.

All das existiert hier, weil der Dalai Lama hier lebt. Er ist der Mittelpunkt des tibetischen Universums, seine Axis mundi. Er ist der lebendige Berg Meru und die Sonne selbst.

Vor ein paar Jahren traf ich während einer Pause bei den Frühjahrsunterweisungen Seiner Heiligkeit zufällig einen alten tibetischen Freund, den ich schon länger nicht mehr gesehen hatte. Er war jetzt Herausgeber einer literarischen Zeitschrift mit dem Titel *Amnye Machen*, die tibetischen Denkern, Schriftstellern und Dichtern neue schöpferische Betätigungsfelder erschloss. Wir unterhielten uns eine Weile mit großer Begeisterung über die Projekte, und dabei stellte ich die Frage, weshalb aus dem tibetischen Holocaust bisher noch keine ernst zu nehmende »Literatur« hervorgegangen sei. Bedeutende religiöse, philosophische, ja auch ekstatisch visionäre Werke, das schon; aber keine erzählende Literatur, kein großer tibetischer Roman. Ich fragte mich ebenso ratlos wie traurig, weshalb tibetische Autoren bislang außerstande gewesen sind, diese Seite ihrer selbst für sich selbst und für die Welt in Büchern zu formulieren, die man auch einfach ihres künstlerischen Wertes wegen schätzen konnte. Wir waren beide der Meinung, dass solch ein Buch die Sache der Tibeter enorm fördern könne.

Mein Freund brachte eine tibetische Nonne namens Ani Pachen ins Gespräch; sie kam seiner Ansicht nach in Frage für solch ein Buch. Sie war eine Fürstentochter aus der Provinz Kham und hatte eine führende Position im tibetischen Widerstand gespielt, bevor sie von den Chinesen gefangen genommen und einundzwanzig Jahre lang eingesperrt und gefoltert wurde. Ihr war schließlich die Flucht nach Indien gelungen, und sie hatte hier die buddhistischen Nonnengelübde abgelegt. Zufällig lebte sie sogar in einem Frauenkloster ganz in der Nähe.

Das fand ich äußerst spannend, und es dauerte nicht lange, bis ich von den geschäftigen Marktstraßen der kleinen Ortschaft McCleod Ganj aus die Pforte des Klosters durchschritt und zu Ani Pachens kleinem Zimmer geführt wurde. Sie empfing mich mit dem gebenden Lächeln eines Menschen, der ernsthaft meditiert – und mit dem selbstsicheren Blick einer Frau, die auch von einem äußerst harten Leben nicht gebeugt werden konnte. Geschlagen, aber niemals besiegt. Eine höchst beeindruckende Frau. Ich mochte sie gleich. So begann dieses Buch.

Mir schien, dass es notwendig sein könnte, einen westlichen Autor hinzuzuziehen, und wir hatten das unwahrscheinliche Glück, Daidie Donnelley zu finden, die sich mit großer Begeisterung des Projekts annahm. Schnell wurde sie Anilas Freundin, Vertraute und Mitverschwörerin. Ihre Gestaltung der Geschichte ist von geradezu wunderbarer Wahrheitstreue. Sie hat Anilas Bericht so schlicht und geradlinig nacherzählt, dass ein Werk von wahrhaft erschütternder emotionaler und poetischer Kraft entstanden ist. Ein Buch wie Ani Pachen selbst.

Möge diese Geschichte die Finsternis dieser dunkelsten Nacht der tibetischen Geschichte vertreiben helfen und allen Lebewesen überall von Nutzen sein. Mögen die Herzen unserer chinesischen Brüder und Schwestern aufgehen, und mögen sie bald zur Vernunft kommen.

Licht im Dunkel der Nacht

In der alten Zeit von König Gesar war Tibet ein Land der Götter. Während der Regierungszeit des Fünften Dalai Lama wurde das Land dann von seinen westlichen, für ihre Muskatbäume bekannten Gebieten bis zu den östlichen Regionen mit ihren berühmten Brokatstoffen der tibetischen Regierung unterstellt. Seit dieser Zeit haben Laien und Mönche das Land als Gebietsverwalter nach den buddhistischen Prinzipien des Mitgefühls und der Gerechtigkeit regiert.

In jenen Tagen war es üblich, dass sich ein Clan-Oberhaupt um das Wohl der Siedlungsgemeinschaften in seinem Einflussbereich kümmerte. Das waren vortreffliche Männer, ehrenhaft und in vielem bewandert. Sie kannten sich mit allen Regierungsangelegenheiten aus, traten mutig allen Feinden entgegen und sorgten so für das Wohlergehen ihres Volkes und hielten Schaden von ihm fern. Sie regierten nach den Lehren des Buddha und nahmen sich liebevoll ihrer Untertanen an. Unter ihrer Herrschaft gedieh das Land, und die Menschen lebten glücklich.

Im Laufe der Zeit wurde Tibet in drei Provinzen unterteilt: U-tsang, die Provinz der Religion, lag im Westen; im Norden Amdo, die Provinz der edelsten Pferde; und Kham war die Provinz der schwarzköpfigen Menschen im Osten.

In Kham entstanden in der Gonjo genannten Gegend Siedlungen an den Ufern zweier Flüsse, des von Süden nach Westen fließenden Marchu und des ostwärts fließenden Rechu. In den

Niederungen beider Flüsse siedelten Ackerbauern, und die Hochländer waren von Nomaden bewohnt.

Nach und nach entstanden an stillen und abgelegenen Stellen in den Ausläufern der Gebirge Einsiedeleien und Klöster. Sie waren ein Quell des Lebens. Die durch Karma und Gebet untereinander wie der Mond mit dem Meer Verbundenen lebten stets ein Leben des Einklangs.

Prolog

Es gibt einen Tag, einen einzigen Tag jedes Jahr, an dem das Licht der aufgehenden Sonne den höchsten Punkt des Klosters meiner Kindheit so streift, dass es für einen Augenblick so aussieht, als glühe es von innen her auf. Die Spitze seines kegelförmigen Stupa flammt auf wie eine Fackel am Himmel. Es ist ein solches Strahlen, dass alles für einen Augenblick ehrfürchtig innehält – der Wind im Tal erstirbt, die Vögel verstummen, die zur Feldarbeit aufgebrochenen Familien werden sehr still. Einen Augenblick später ist es vorbei. Doch dieses so klar, so rein leuchtende Licht hat mich all die Jahre begleitet.

Mein Name ist Lemdha Pachen, Landesherrin von Lemdha. Ich wurde 1933 geboren, im Jahr des weiblichen Wasservogels. Ich hatte viele Leben – Leben in bevorzugter Stellung und Glück, Leben des Kummers und Verlusts. Meine Lamas lehrten mich, dass nichts in dieser Welt von Dauer ist. Ich habe die Wahrheit ihrer Lehren erlebt.

Einst war das Dach der Welt mein Land, ein Land, in dem die großen Geister lebten. Offen lag es da, so weit das Auge reichte, unermesslich erstreckten sich die grünen Weidegründe in den Tälern; Weizen, Gerste und Senfsaat gediehen in Überfülle.

Jetzt sind die Wälder verschwunden, die Tiere getötet, die großen Lehren dem Wind preisgegeben. Einst lebte ich in einem Haus mit vier Geschossen, heute ist mein Zimmer kaum größer als meine Hand. An manchen Tagen schmerzt mir der Magen von den Jahren der Gefangenschaft. Dann liege ich im Dunkeln auf meinem Bett, halte die Mani-Perlen fest in der Hand und rezitiere wie damals aus den heiligen Texten.

Nachts aber, wenn der Wind über die nahen Hügel herabstreicht, glaube ich manchmal die Stimme meiner Mutter zu hören. Später in der Stille verklingt sie dann wieder, aber ich antworte doch. Es ist alles gut, sage ich, sei ohne Sorge. Nach einundzwanzig Jahren bin ich endlich frei. Ich lebe jetzt in Indien, unserem geliebten Oberhaupt nahe, Seiner Heiligkeit dem Dalai Lama. Meine Gebete sind erhört worden. Wonach mich immer verlangte, ist mir zuteil geworden.

1.
Dharamsala

*Ich höre Schritte auf dem Betonboden vor meiner Tür. Jemand
kommt den Gang herunter. Tat-tat, tat-tat. Immer näher.*

Ich sehe draußen einen Schatten. Om Mani Peme Hung. *Ich
spanne den Bauch an gegen das, was jetzt kommt.*

»Lemdha Pachen«, ruft eine Stimme. Die Tür öffnet sich.

*In dem wohl bekannten Raum mit den Stricken und Bambus-
stöcken und Blecheimern, Blut an den Wänden, Urinflecken am
Boden, binden sie mir die Hände auf dem Rücken zusammen.
An einem um die Handgelenke gebundenen Strick ziehen sie
mich hoch. Flammen schießen mir in die Schultern, Galle tritt
mir in den Mund wie schon so oft.*

*So baumelnd, verliere ich das Bewusstsein, und das Zimmer
wird von Dunkelheit verschluckt.*

Ich erwache mit stockendem Atem. Tat-tat-tat. Tat-tat.

Jemand klopft an meine Tür.

Ich spanne den Bauch an und warte.

Tat-tat-tat. Tat-tat.

Ich presse mich an die Wand.

»Pachen … Ani Pachen … bist du da?«

Ich wende den Kopf zur Tür und lausche.

»Ani Pachen-la …«

O ihr Kostbarkeiten, es ist Dechen, die Nonne von neben-
an. Ich sinke zurück in mein Kissen.

Ich bin in Dharamsala, voller Erleichterung erinnere ich mich.

»Anila …« Dechens Stimme sagt, dass es etwas Wichtiges gibt.

»Lo …«, rufe ich. Meine Haut klebt an den Laken, als ich mich umdrehe. »Was ist?«

»Er kommt, Anila … Heute kommt er.«

»Heute?«

»Ja.«

»Preis den Drei Kostbarkeiten.«

»Du musst noch nicht aufstehen«, flüstert sie, »wir haben noch Zeit.«

»Ah le.«

Endlich kommt er wieder nach Hause! Mein Herz beginnt zu hüpfen, dem Tröpfeln des Regens auf dem Blechdach gleich.

Ich wende mich ab und blicke an die Wand. An manchen Stellen, wo die graue Farbe abgeblättert ist, bröckelt der alte Putz. Aus einem Riss treten kleine Wasserperlen aus wie Wundflüssigkeit. Mein Blick folgt dem Riss bis zur Decke, wo er in ein Gewirr von Linien übergeht – wie die Striemen, die ein Bambusstock hinterlässt. In der Ecke klebt eine dunkle Gestalt mit krummen Beinen und glitzerndem Körper. Ich ziehe mir die Decke über den Kopf. Ich versuche völlig bewegungslos zu sein.

Om Mani Peme Hung.« An so vieles in Indien gewöhne ich mich nur schwer. Tag für Tag prasselnder Regen, Schlamm, der meine Füße kaum wieder freigibt, und diese zum Schneiden dicke heiße Luft, die mir den Atem nimmt. Und Spinnen … wieder zieht sich mein Körper bei dem Gedanken an das schwarze Wesen über mir an der Decke unwillkürlich zusammen.

Mama hatte Angst vor Spinnen. »Eine Spinne!«, schrie ich einmal, und sie lief kreischend ins Haus. »Ich mach doch nur

Spaß«, rief ich ihr nach. Ich konnte mich kaum halten vor Lachen, aber sie ließ sich nicht mehr blicken.

Mama. Langsam dreht sich ihr Gesicht an mir vorbei.

Aus einer halbdunklen Ecke meines Inneren taucht ein Flecken Grün auf. Ich sehe zu, wie er klarer und größer wird, bis eine weite grüne Wiese vor mir liegt. Verstreut stehen Blumen in kleinen Gruppen, und es gibt keine Bäume außer vielleicht ein, zwei Weiden. Ein Fluss folgt still seinem gewundenen Lauf, und an seinem Ufer liegt ein Dorf.

Am anderen Ende ragt ein Haus über allen anderen auf. Ein altes Haus, wie eine Festung gebaut und weiß getüncht. An der Ostwand, über den Schlitzen, die einst als Ausguck dienten, sind ein paar Stellen, wo der rote Untergrund zu sehen ist, Wunden einer längst vergangenen Zeit, Narben früherer Angriffe. An allen vier Ecken des Daches stehen Gebetsfahnen wie Geistwächter. Mit jedem langen, fließenden Wogen entrollen sie Gebete, die sie dem Lufthauch mit auf den Weg geben.

Unten sitzen einige Menschen seitlich des Hauses in der Morgensonne. Dampf steigt kräuselnd von den Teekesseln zu ihren Füßen auf, gleißend weiß, wo die Sonne ihn trifft. Auf einer Bank sitzt eine alte Frau mit einem Kind auf dem Schoß und knetet Tsampa.

In den weichen Schoß meiner Anya gekuschelt, zwischen ihren breiten, starken Armen, sehe ich zu, wie ihre verkrümmten Finger in einer kleinen irdenen Schale Tee und Mehl vermengen. Mit einer kreisförmigen Bewegung um die Wandung der Schale nehmen die Finger den warmen, feuchten Teig auf und drücken und kneten ihn, bis mein Frühstücks-Tsampa fertig ist. Hinter ihr knackt ein Feuer, und in der Luft hängt der süße Duft heißer Milch.

Langsam wird es heller im Zimmer. Die Poster, die ich über die Risse in den Wänden gehängt habe, gewinnen ihre Farben zurück. Der kleine gelbe Vogel auf dem Gartenbild beginnt sich gegen das dunkle Grün des Laubwerks abzuzeichnen. Auf dem amerikanischen Poster treten die Buchstaben M-o-t-h-e-r-I-l-o-v-e-y-o-u hervor.

Dann fällt es mir wieder ein: Heute kommt er! Ich stehe auf.

Ich ziehe mein gelbes Unterhemd glatt, wickle den orangefarbenen Unterrock um die Taille und setze mich mit überkreuzten Beinen auf das Fußende meines Bettes. Ich nehme die Mani-Perlen in die Hand und beginne mit den Morgengebeten.

Verehrung dem Buddha, dem Dharma und dem Sangha,
zu denen ich Zuflucht nehme.
Möge ich Buddhaschaft erlangen, um allen Lebewesen
nützen zu können.

Auf dem Altar über meinem Bett stehen Bilder Seiner Heiligkeit, des Buddha und Padmasambhavas in einer Reihe. Ich stehe auf und verneige mich vor jedem einzelnen. »Möge die Essenz eurer Lehren in meinem Geist, meiner Rede und meinem Körper zum Ausdruck kommen.«

Ich hebe die zusammengelegten Hände über den Kopf, knie nieder, verneige mich, bis die Stirn den Boden berührt und werfe mich so zum Altar hin dreimal nieder. »Mögen alle den Ursprung des Glücks und des Wohlergehens erfahren.«

Sechs mit Wasser gefüllte Metallschalen stehen auf dem Altar. Ich leere sie wie jeden Tag in einen Krug, den ich dann nach draußen trage und über einen Busch am Fuß der Treppe ausgieße. »Mit Räucherwerk geweihter und blütenbestreuter Boden …« Ein Stückchen weiter den Weg hinunter fülle ich in einem halbdunklen Raum den Krug: »… mit dem Kailash, den vier Erdteilen, mit Sonne und Mond geschmückt …« Und dann wieder in meinem Zimmer beim Füllen der Schalen: »... mögen alle Wesen glücklich sein.«

Ich gehe weiter meinen morgendlichen Verrichtungen nach, bereite Tee und Tsampa und später den Teig für mein Brot, das ich auf meinem alten rostigen Kocher in der Pfanne backen werde. Jeden Tag das Gleiche. Absehbar. Bekannt. Kleine Vergünstigungen nach Jahren der Ungewissheit.

»Anila! Die Leute laufen schon zusammen! Er wird bald da sein!«

»Ah le!«

Ich springe auf und öffne die Truhe am Fußende des Bettes. Kühle Luft strömt heraus und mit ihr der Geruch von feuchter Wolle und alter Seide, von Schafsfell, Räucherwerk und angelaufenem Silber. Ich streiche liebevoll über die obenauf liegenden Kleidungsstücke. Mein einziger Besitz.

Ich nehme eine gelbe Seidenbluse heraus, die ich unter meinem langen braunen Kleid, meiner Chuba, anlege. Um den Hals ein kleiner Beutel gesegneter Samen. Es wird heute sehr warm werden, aber ich ziehe trotzdem rot geringelte weiße Socken an. »Das sind Sportsocken«, hat ein amerikanischer Tourist mal zu mir gesagt. »Das macht nichts«, erwiderte ich, »jedenfalls habe ich was an den Füßen.«

Im Gehen nehme ich sicherheitshalber noch den Schirm vom Haken. Und einen kleinen hellbraunen Hut gegen die Sonne.

Im Vorübergehen sehe ich mich in dem Spiegel, der auf meinem Nachttisch steht. Etwas krampft sich in meinem Bauch zusammen. Das halbblinde Glas wirft mir eine ausgedörrte Landschaft zurück. Tiefe Furchen und ein feines Netzwerk von Runzeln und sich ausbreitende braune Flecken – wie in der Sommersonne getrocknete Erde. Ich ziehe die Haut beiderseits der Augen straff und kneife die Augen zusammen und versuche Reste des Gesichts zu entdecken, das dort einst zu sehen war.

»Du bist mein schönes kleines Mädchen«, sagt mein Vater und streicht mir über die Stirn. »Das schönste Mädchen in ganz Kham.« Ich lege meinen Kopf an seine Schulter und lächle.

Die Ausländer zeigen mir ihre Fotos. »Hier«, sagen sie, »bist du nicht wunderschön!« »Schön?«, sage ich. »Ich sehe nur ein runzliges Gesicht.« Und ich lege es noch mehr in Falten, damit sie den Mund halten.

»Schönheit!«, denke ich für mich. »Was wissen denn die?«

Hitze steigt mir in die Brust, und ich nehme meine Mani-Perlen vom Hals.

Die Worte meines Lama fallen mir ein: *Um gegen Zorn gefeit zu sein, musst du Duldsamkeit und Geduld üben. Übe dich im Annehmen aller Umstände und aller Menschen, ohne Urteil. Erlebe sie ohne einschränkende Gedanken.*

Da lösen sich die bitteren Gedanken, doch die Hitze in der Brust bleibt und zerrt mit scharfen kleinen Fingern an meinem Herzen. »*Om Mani Peme Hung*«, sagte ich innerlich. Mögen mir diese Gedanken verziehen sein. Gerade heute.

Auf dem Absatz vor meinem Zimmer schlägt mir die heiße Luft entgegen. Ich nehme den Schlüssel aus meinem Beutel und schließe die Tür ab. Das ist ein so wohliges Gefühl, wenn das stumpfe Metall sich im Schloss dreht. Sogar nach den vielen Jahren in Dharamsala macht mein Herz immer noch einen Sprung, wenn ich selbst diesen Schlüssel drehe. Ich bin frei, denke ich. Meine Jugend ist dahin, meine Schönheit verblasst, aber ich bin frei.

Wo der Weg in die Straße einmündet, scheint es gerade einen kleinen Aufruhr zu geben. Eine Kuh mit langen Hörnern trampelt wild die Straße hinunter. Die Straßenhändler auf beiden Seiten schreien auf Hindi: »Bago, bago! Chalo!« Eine Horde Kinder rennt schreiend und lachend und Steine werfend hinter der Kuh her. Schlamm, Obst und Gemüse, es spritzt nur so in alle Richtungen. Dann sind sie vorüber, und ich mache einen Schritt über das Rinnsal, das noch von den Regenfällen der letzten Nacht kündet, und trete auf die Straße.

Beiderseits der Straße zum Kloster halten Hindus ihre Waren feil. Ich raffe meine Chuba und achte genau darauf, wohin ich meine Füße in dem trüben Sumpf zwischen den Matten mit dem darauf ausgebreiteten Obst und Gemüse setze. Dann sehe ich meinen Lieblingsverkäufer, einen einäugigen Mann mit Singsangstimme. Er kauert wie immer hinter einem Berg von Obst.

Ich deute auf ein paar Äpfel. Sein Kopf wiegt sich in schlangenhaften Bewegungen, während ich einige in die Hand nehme und von allen Seiten genau betrachte. Diesen hier und diesen und diesen, die nehme ich. Geschenke für *ihn*.

Ich gebe dem Obsthändler eine Münze. Er will Einwände erheben, doch ich schüttle nur den Kopf, lasse die Äpfel in meiner Chuba verschwinden und gehe weiter. Die Straße wimmelt von Händlern, Bettlern, Nonnen, Mönchen, Schulkindern, ausländischen Touristen. Ich arbeite mich durch die Menge und verbeuge mich hier und da zu Bekannten hin. Zwei Kindern fahre ich durch das Wuschelhaar und muss dann laufen, während sie mir nachsetzen. Am Ende einer Reihe von Gebäuden erreiche ich die Hauptstraße.

Hier strömen schon die Menschen zusammen, Frauen in bunten Chubas, Männer in weiten weißen Hemden. Manche kauern sich hin und lassen ihre Mani-Perlen durch die Finger gleiten, manche halten Räucherstäbchen, während andere Wacholderzweige über Tontöpfe legen, in denen dann Feuer angezündet werden soll. Vor mir laufen junge Nonnen mit gelben Seidenfahnen und Körben voller Blumen. An asphaltierten Stellen sind mit Kreide große weiße Buchstaben auf die Straße gemalt, und zwischen Masten und Bäumen hängen an Schnüren Gebetsfahnen über der Straße.

Ein paar Hundert Meter weiter am Tor zum Haupttempel verhängen Mönche die Pfosten mit Brokatstoffen. Sie stellen einen Tisch mit Blumen in einer Vase und Früchten auf. Aus seitwärts stehenden großen Urnen steigt jetzt Rauch auf.

»Anila.« Jemand ruft meinen Namen. Ich drehe mich um und sehe Yeshe Dhonden, einen alten Mönch. Er winkt mir zu.

»Tashi Delek, Anila.«

»Tashi Delek, Yeshe Dhonden.«

Einen Augenblick lang ruhen unsere Blicke ineinander. Jenseits dieser trüb werdenden Augen mit ihrem nicht mehr weißen Weiß und den hängenden Lidern und den feinen Linien des Schmerzes darunter sehe ich den Blick eines jungen Mannes. Klar. Stolz.

Er beugt sich weit von seinem galoppierenden Pferd herunter und greift einen am Boden liegenden Schal und hebt ihn voller Stolz hoch über den Kopf. Dann reitet er an der Spitze einer langen Reihe von Männern, die er in die Berge führt. Und jetzt sehe ich ihn die Große Halle von Chamdo betreten, daneben ein chinesischer Soldat, der ihm den Gewehrlauf in die Rippen drückt. Und ganz weit hinter den trüben Linsen sehe ich seinen Körper zusammengekrümmt und reglos auf dem Betonboden liegen.

In diesen wenigen Sekunden, so schnell, wie der Wind durch die Bäume streicht, gehen die Geschichten zwischen uns hin und her, unsere eigenen und die unseres Volkes. Darüber hinaus muss nichts gesagt werden. Er deutet auf die Stelle neben sich. Dort kauere ich mich nieder.

»Es kann nicht mehr lange dauern«, flüstert eine Frau neben mir. Ich fasse an meine Chuba und vergewissere mich, dass der weiße Seidenschal und die Räucherstäbchen noch da sind. Dann lehne ich mich an die Böschung und warte.

Leute gehen vorbei. Etliche Männer und Frauen bleiben stehen, um ein paar Worte zu wechseln. Ein westlich gekleideter junger Tibeter – gebügeltes weißes Hemd, graue Wollhose und glänzende schwarze Schuhe – kommt mit schnellen Schritten die Straße vom Tempel herauf und bedeutet den Leuten mit Gesten, von der Straße zu gehen. Ein Raunen läuft durch die Menge. Weit unten vom Tal herauf sind Autohupen zu hören. Die Menschen verstummen und lauschen.

Das Hupen hört auf, und für einen Moment ist es ganz still. Hoch oben fliegt ein Falke und umrundet die rauchende Urne. In der Ferne ziehen dunkle Wolken langsam über die Gipfel, ein Gewitter braut sich zusammen.

Ich trete unruhig von einem Bein aufs andere. Eine alte Frau springt schnell noch über die Straße. Der westlich gekleidete junge Tibeter geht mit schnellen Schritten zum Tor zurück. Beiderseits des Tores haben sich Mönche und Nonnen aufgestellt und zupfen tuschelnd ihre Gewänder zurecht.

Von den am Straßenrand brennenden Wacholderzweigen quillt dichter blauer Rauch auf. Räucherstäbchen werden angezündet und in der Menge weitergereicht. Bald steigen Hunderte feiner Rauchfäden himmelwärts.

Ganz unverhofft erscheint plötzlich ein Auto über der Hügelkuppe und kommt langsam die Straße herunter. Es ist groß und braun, mit rundem Dach, alt. Über beiden Außenspiegeln flattern kleine tibetische Flaggen. Leise kommt der Wagen näher, und die Leute am Straßenrand verneigen sich. Mein Herz schlägt wie wild, und der Atem stockt.

Zentimeter für Zentimeter, als durchquerte er Jahrhunderte, kommt der Wagen auf mich zu. Ich beuge mich vor und versuche etwas zu erkennen. Die Zweige der Bäume spiegeln sich in der Windschutzscheibe. Trotzdem glaube ich zwei Männer zu erkennen, und der rechte, auf meiner Seite, ist etwas nach vorn gebeugt. Spiegelungen von Wolken, Vögeln, Himmel gleiten lautlos und wie auf einem goldenen Thron getragen auf mich zu.

Noch zwei Menschen vor mir. Einer. Jetzt genau mir gegenüber. Ein Schauer durchrieselt mich wie jedes Mal. Mit einem Ausdruck namenlosen Mitgefühls im Gesicht blickt er mich direkt an, Seine Heiligkeit Gyalwa Rinpoche, Tenzin Gyatso, Ozean der Weisheit, der Vierzehnte Dalai Lama – mein geliebter Meister.

Er hebt seine Hand zum Gruß, und kaum einen Atemzug später ist er vorbei. Die Mönche und Nonnen am Tor verneigen sich, als der Wagen auf das Tempelgelände fährt. Ihm folgt eine ganze Karawane von Autos, Geländewagen und Lastwagen. Männer mit Handys, westlich gekleidete Frauen, Mönche mit flatternden Gewändern.

In wenigen Minuten ist alles vorbei wie ein plötzlicher Platzregen. Die Brokatstoffe werden von den Pfosten abgenommen, der Tisch mit dem Obst wird fortgeschafft, und die Menschen machen sich den Hügel hinauf auf den Weg, nachdem sie *ihn* willkommen geheißen haben. Morgen werden sie sich zu seinen Unterweisungen wieder einfinden.

Ein Stück gehe ich mit Tashi Norbu aus Gonjo und Thinle Tashi aus Kanze. Wie Tausende vor den Chinesen geflohene Tibeter halten sie sich in Dharamsala in der Nähe Seiner Heiligkeit auf. Wir gehen schweigend miteinander, und nach einer Weile bleibe ich gedankenverloren zurück.

Das Gesicht Seiner Heiligkeit sehe ich noch vor mir. Sooft ich es sehe, verfliegt meine Traurigkeit, die Einsamkeit und Sehnsucht all der Jahre fallen von mir ab. Sein Gesicht strahlte wie eine Sonne durch die Finsternis. Unter seiner Führung und Anleitung bin ich endlich frei.

»Du hast die Tragödie Tibets gesehen«, sagte er einmal. »Du hast sein Leiden durchlebt. Du musst deine Geschichte erzählen, damit andere auch wissen.«

2.
Mit knapper Not entkommen

1950, im Jahr des Eisentigers, arrangierten meine Eltern die Ehe zwischen mir und dem Sohn des Oberhaupts von Markham. Das war im sechsten Monat meines 17. Jahres. In unserem Land herrschte noch Frieden, wenngleich am Ostufer des Yangzi Jiang bereits chinesische Truppen zusammengezogen wurden. Kaum ein paar Jahre noch, bis sie über mein Land herfallen sollten und nichts mehr so sein würde, wie es einmal war. Im Namen der Befreiung Tibets von »imperialistischen Mächten« würden sie Klöster schleifen, Häuser plündern, heilige Texte verbrennen und unser Volk in Armut und Verzweiflung stürzen. Damals jedoch, in jenem Spätsommer, war Tibet noch frei und ich mit meinen eigenen Sorgen beschäftigt.

Die ganze Nacht lauschte ich dem von Westen heranbrausenden Wind, wie er um die Läden heulte und unter der breiten Holztür zischend hereinpfiff. Jedes Jahr kamen die Winde um diese Jahreszeit, wenn die Blumen von den Wiesen verschwanden, und sie wehten Tag für Tag. Von den Hügeln herab beugten sie das hohe Gras, peitschten den Fluss auf und fegten in Böen die Straße durch das Dorf hinauf bis zu unserem Haus, das am Ostrand stand. Sie kamen vom hohen Gebirge an den Grenzen unseres Landes und wälzten sich ostwärts über die Ebene von U-Tsang bis nach Kham, wo wir zu Hause waren. Manche sagten, es seien die Winde des Wandels.

Mama lag neben mir und schlief tief und fest. Dann und wann seufzte sie, und ein Schauer lief über ihren Körper wie manchmal am Ende des Tages. Einmal begann sie sogar zu flattern wie ein kleiner Vogel, der sich im Gezweig verfangen hat, und ich zog ihr das Schaffell über die Schultern und strich ihr sanft das Haar aus dem Gesicht. Im schwachen Licht war ihr Gesicht klar wie das eines Kindes, nur liefen unter ihren Augen feine Linien herab wie Tränen.

Seit sie eines der neun Clan-Oberhäupter von Gonjo geheiratet hatte, war ihr Leben voller Pflichten. Die Wäsche war im Fluss zu waschen. Stunde für Stunde kochte sie am Holzherd. Dann die Beaufsichtigung der Dienstboten, die Bewirtung der Gäste – es nahm kein Ende.

Von morgens bis abends kamen Leute ins Haus mit Streitigkeiten, die mein Vater dann beizulegen hatte. Den ganzen Tag hörten wir ihre schwerfälligen Schritte auf der Treppe zum Verhandlungszimmer, dann die erzürnten Stimmen, die von oben herunterdrangen. Häufig blieben sie zum Essen – bis zu hundert Leute, die meine Mutter außer der Reihe zu versorgen hatte.

Manche meinten, durch den Reichtum und die Dienerschaft meines Vaters habe sie Freiheit gewonnen, doch in Wahrheit vergrößerten sie nur ihre Last. Je mehr Besitz zusammenkam, desto mehr gab es, worum man sich kümmern musste. Es war eine endlose Spirale.

Schlaflos lag ich da und beobachtete die gleitenden Lichtschimmer des ausgehenden Feuers auf den Deckenbalken über mir. Manchmal glaubte ich im Zischen des Windes das Flüstern von Gästen zu hören, doch wenn ich hinsah, fand ich die mit Teppichen belegten Matratzen entlang der Wände leer und die kleinen Holztische, die bei den Abendmahlzeiten benutzt wurden, abgeräumt.

Die große Halle, jetzt menschenleer, begann ihre eigenen Laute zu seufzen. Türen knarrten in ihren breiten eisernen Angeln. Über den rohen Holzboden schienen geisterhafte Schritte zu schlurfen. Geflüster glitt die dunklen, glatten Treppen hinunter – Stimmen aus anderen Zeiten.

Generationen meiner Familie waren hier geboren worden und gestorben. Manchmal spürte ich ihre Gegenwart auf den dunklen Fluren zwischen den Zimmern: ein kühler Lufthauch an der Schulter, ein Lichtschimmer in einem fensterlosen Raum, eine geöffnete Tür, ein zurückgezogener Vorhang, aber niemand war da.

Einmal hörte ich im vierten Stock vor dem Altarraum unseres Hauses die Stimme meiner Großtante Kunsang in leisem Singsang. Sie war in meinem Alter gestorben und hatte da schon außerordentliche Kräfte gezeigt. An Glück verheißenden Tagen soll sie sich in ihrem Zimmer eingeschlossen und Visionen von Buchstaben empfangen haben. Große geschwungene Formen in der Luft über ihrem Kopf. Diese Buchstaben füllten ihr Blickfeld so ganz und gar aus, dass sie erst wieder etwas anderes sehen konnte, wenn sie sie niederschrieb. Ich habe einmal als Kind einige Zeilen davon gesehen, aber sie ergaben keinen Sinn. Nur die Rinpoches, unsere kostbaren und geachteten Lamas, konnten diese Niederschriften deuten, denn sie waren in der Sprache der Götter abgefasst.

Während ich im Bett meiner Mutter am Ende der Küche einzuschlafen versuchte, war mir so, als sähe ich diese Zeichen jetzt wieder in den Schatten entlang der Wände. Mich schauderte, und ich drängte mich näher an meine Mutter.

Knallend schlug ein Fenster zu. Oder war es ein Gewehrschuss? Ich drehte mich um und horchte.

Weit hinten im Gang hörte ich Schritte sich nähern und lauter werden. Dann sah ich eine dunkle Gestalt, die in der Tür stehen blieb.

»Wer ist da?«, flüsterte ich.

Einen Augenblick stand die Gestalt noch da, dann trat sie ins Zimmer, ging auf den Herd zu. Das verglimmende Feuer warf schwaches Licht auf die Gestalt, die sich jetzt über den Herd beugte. Tashi! Unser treuer alter Diener. Er goss sich Tee aus dem Kessel auf dem Herd in eine Schale und verließ dann mit seinem leicht hinkenden Schritt die Küche. Ich drehte mich wieder zur Wand.

Als das Glimmen im Herd langsam erstarb, verblassten allmählich alle Schatten, und ich kehrte zu meinen eigenen quälenden Gedanken zurück. Den ganzen Abend lang hatte ich ein sehr ungutes Gefühl gehabt – wie von einem Boot auf glatter Wasserfläche, das auf einen jähen Felsabsturz zutreibt. Ein vages Grauen zog sich um mich zusammen, als könne mein Leben jeden Augenblick völlig aus den Fugen geraten.

In der Morgenstille betete ich.

Erhabener Guru Rinpoche, ich bin nie weit entfernt von deinem grenzenlosen Erbarmen. Leite die hilflosen Lebewesen, umgib sie mit Liebe.

Das Licht der Butterlampen ließ Wellen goldenen Lichts über die Statue Padmasambhavas fließen. Es war still im Altarraum, nur das Rollen der großen Gebetstrommel auf dem nächsten Treppenabsatz war zu hören.

So allein, erhob mein Herz sich zu seinem stillen Flug, und in der Stille fasste ich wieder Mut.

»Wir sind frei wie die Vögel«, sagte Lhamo und lehnte ihren Kopf an meinen, die Arme ausgestreckt. »Wie damals als Kinder.«

Wir waren weit oben auf den Hügeln und blickten über das

28

Tal. Nach dem Morgengebet hatte ich mich mit ihr an der Flussbiegung getroffen, und von dort aus waren wir aufgestiegen. Jetzt lag Lemdha unter uns, und seine fünfzig Häuser sahen aus wie auf einer Wiese verstreute Steine.

Wir machten es uns gemütlich, packten unseren Proviant aus und löffelten Quark in kleine Holzschalen. Rücken an Rücken sitzend genossen wir seine klebrige Süße. Lhamos Rücken an meinem, das hatte etwas von der Geborgenheit und Sorglosigkeit unserer Kinderjahre.

Damals hatten wir uns am Fluss Häuser aus Steinen gebaut und Puppen aus Ton vom Flussufer geformt. Wir bastelten Perücken aus Yakhaar, Schmuck aus Kieseln, sogar Trommeln, wie sie von den Nonnen benutzt wurden. Im Winter schlitterten wir über den zugefrorenen Fluss, im Sommer gab es am Ufer Picknick mit der ganzen Familie. Jetzt, da wir gerade die Schule abgeschlossen hatten und noch nicht an die Gründung einer eigenen Familie dachten, gehörten unsere Tage wieder einmal uns selbst.

So friedlich aneinander gelehnt, ließen wir den Blick in die weite Runde schweifen. Unten glitzerte ein dünnes Silberband im Mittagslicht. Es war ein Tag voll gelassener Stille, und doch war um seine Ränder etwas von Erwartung wie lang gezogene Wolken.

»Frei wie Vögel«, sagte Lhamo noch einmal. »Aber wie lange noch?«

Als ich nach Hause kam, schob ich das große hölzerne Eingangstor unseres Hauses auf und lief die hohen Steinstufen zum großen Lagerraum im ersten Stock hinunter. Dort unten in der dunkelsten Ecke, gleich neben der zur Küche hinaufführenden Treppe, ging ich sehr leise an dem kleinen Zimmer vorbei, in dem Lu wohnte, der Beschützer unseres Hauses, ein Halbgott. Ich hielt respektvollen Abstand, denn man durfte

29

ihn nicht erzürnen – dann konnte er gefährlich werden. Als ich noch kleiner war, glaubte ich ihn einmal unweit des Ufers eines Sees in der Nähe schwimmen zu sehen – menschlicher Kopf und Schlangenkörper. Seit damals versäumte ich es nie, ihm an allen besonderen Tagen Nüsse und Käse vor die Tür zu legen.

Ich lief die steile Treppe zur Küche hinauf und blieb ganz außer Atem auf dem Absatz stehen. Etwas zupfte an meiner Chuba, und ich sah nach, was es war. Dolma! Meine kleine weiße Terrierhündin, die Zähne in meinen Rocksaum geschlagen.

Ich beugte mich hinunter und hob sie hoch. »So ein wilder Leopard!«, flüsterte ich und rieb meine Nase an ihrem Fell. »Du willst mich wohl auffressen.«

Eben wollte ich die Tür öffnen, als ich die Stimme meines Vaters hörte. Irgendetwas Fremdes lag in seinem Tonfall. Strenge. Plötzlich wurde mir bang wie vor einem Gewitter, wenn die Atmosphäre sich unverhofft ändert und etwas Fremdes und Dunkles über das Land fällt. »Psst!« Ich legte Dolma eine Hand um die Schnauze und beugte mich vor. Durch die Bohlen der schweren Holztür hörte ich gedämpft seine Worte.

»Es ist nur zu ihrem Besten.« Seine Stimme klang scharf. »Wenn ich mal nicht mehr bin, wird sie Hilfe brauchen, um Gonjo zu regieren. Rushok Ponsang hat einen seiner drei Söhne für die Ehe angeboten. Ich habe angenommen und den Besitz aufgeteilt. Es ist beschlossen und besiegelt. Wir müssen nur noch für den Wein sorgen und nach den Himmelsdiagrammen einen günstigen Tag festlegen. Alles Übrige ist bereits geschehen.«

Ich konnte kaum glauben, was ich da hörte, und presste das Ohr an die Tür.

»Sie wird mit der Zeit schon einsehen«, sagte er mit besonderem Nachdruck, »dass es so zu ihrem Besten ist.«

Ich drückte Dolma an mich und lehnte mich gegen den Tür-rahmen. Der Tonfall, in dem mein Vater sprach, verwirrte mich.

Ich schloss die Augen. Ich sah sein Gesicht vor mir, die frische Röte und dieses so endlos breite Lächeln. Ich spürte, wie er mich auf seine Arme hob und mir über den Kopf strich. Wenn es um mich ging, ließ er jederzeit alles andere stehen und liegen. »Du bist unser einziges Kind«, sagte er dann und tätschelte mir die Hände. »Du bist sehr kostbar.«

»Wann willst du es ihr sagen?«, hörte ich die ängstliche Stimme meiner Mutter fragen. Ich öffnete die Augen. Durch einen Spalt in der Tür sah ich, wie sie sich zu ihrer vollen Größe aufrichtete und ihn anblickte, aber neben seiner mächtigen Gestalt wirkte sie geradezu winzig.

Sein Mund hatte etwas Gepresstes, die Lippen ganz schmal. Er antwortete sehr knapp und bestimmt. »Sie werden nächste Woche kommen. Vorher nicht.«

Die Maserung der Holztür begann mir zu verschwimmen, und ich fühlte mich plötzlich sehr schwach. Dolma wand sich aus meinen Armen. Ich hielt mir die Ohren zu und lief die Treppe hinunter, dann hoch zur Eingangstür und aus dem Haus, den Weg in Richtung Fluss.

Dolma lief mir nach. »Geh nach Hause, geh!« Ich versuchte sie wegzuwinken, doch sie folgte nicht.

Im Laufen versuchte ich zu denken, aber mein Gehirn war wie eingefroren. Mehrmals stolperte ich über Steine auf dem Weg. Tränen brannten mir in den Augen.

Sie haben noch nie etwas getan, ohne mich zu fragen. Jetzt behandeln sie mich wie einen Besitz, den man nach Belieben verkaufen kann, und schicken mich an einen fernen Ort, wo ich bei einem Fremden leben soll. Bilder blitzten auf: von Kindern, die am Rockzipfel der Mutter zerren, von über den Herd gebeugten Frauen, von einem Wildfremden, der mich in sein Bett schleppt.

»Nein! Nein!« Ich konnte nichts anderes denken als das.

Unten am Fluss legte ich mich auf die breiten warmen Steine am grasbewachsenen Ufer und weinte. Der Kopf tat mir weh, so zerrissen war ich innerlich. Papa wollte dafür sorgen, dass seine Leute in Sicherheit leben würden. Mama wünschte sich Enkel. Ich durfte sie nicht enttäuschen. Doch der Gedanke, meine Freiheit zu verlieren, war so erdrückend, dass ich kaum atmen konnte. Ich werde heiraten und sie glücklich machen. Ich werde mich weigern und mein Leben dem Gebet weihen. Zu welcher Entscheidung ich auch kommen mochte, beide fühlten sich falsch an.

Dolma kroch neben mich, und ich zog ihren kleinen warmen Körper an mich. Ich will keine Kinder, flüsterte ich; ich will nicht endlos Mäuler stopfen und Gefangene der Ansprüche anderer sein. Dolma leckte mir die Tränen aus dem Gesicht. Ihre weiche Zunge an meiner Wange ließ mich nur noch mehr weinen.

Ich weiß nicht, wie lange ich dort lag, aber nach einer Weile konnte ich wieder atmen, und der Kopf wurde klarer. Da wusste ich, was ich zu tun hatte. Ich würde mich weigern zu heiraten. Der Gedanke beruhigte mich. Die Wärme des Steins unter mir war tröstlich, und so lag ich mit Dolma in den Armen und sah dem vorbeiströmenden Fluss zu.

Das Wasser war klar, und an Felsen und Steinen bildeten sich Wirbel und kleine Gegenströmungen. Manchmal sah das aus wie geschwungene Schrift aus heiligen Texten, dann wieder glaubte ich die Gesichter von Gottheiten zu sehen. Dann und wann glitzerten in den stilleren, dunkleren Wassern am Ufer silbrige Fischleiber auf, um gleich wieder ins Dunkel abzusinken.

Die Sonne wärmte mich, und die Luft strich weich über mein Gesicht. Jenseits des Wassers hörte ich das Summen der Bienen in den Gerstenfeldern.

Meine Gedanken wanderten zum Kloster hin. An Tagen wie diesem suchte ich es gern auf, um ein wenig Frieden zu finden. Wenn ich den schmalen Pfad hinaufstieg, trat ich zwischen den dicken, kühlen Mauern in eine zeitlose Welt ein. Im Tempelraum mit seinen Buddha-Statuen suchte ich Zuflucht vor den Bedrängnissen des Lebens.

Hier flackerte das Licht der Butterlampen auf dem Altar über die goldenen Gesichter, in denen so viel Weisheit und Erbarmen lag, dass ich mir wünschte, hier bleiben zu dürfen. Die sanften Bögen der Brauen, der klare Blick aus diesen Augen, die leicht geöffneten vollen Lippen erfüllten mich mit Frieden.

In der Stille des halbdunklen Raums mit dem Lichterspiel der Butterlampen erinnerte ich mich an die Worte meines Lama: *»Das Wesen des Geistes ist klares Licht, und was wir in dieser Welt erleben, ist nur ein Kräuseln seiner Oberfläche.«*

Ich lag bis zum Abend am Fluss, zwischen innerem Frieden und Verzweiflung schwankend. Worte meiner geliebten Ani Rigzin, der Schwester meines Vaters, gingen mir durch den Sinn: »Die Ehe ist Leiden. Wenn man erst verheiratet ist, gibt es kein Zurück mehr. Der Weg ist voller Schmerzen.«

Meine Mutter hatte diesen Weg auf sich genommen. Eines Tages war sie vom Spielen nach Hause gekommen und hatte vor ihrem Elternhaus eine Menge Leute angetroffen. Die Familie ihres künftigen Ehemannes war gekommen, um sie abzuholen. Am nächsten Tag begleiteten ihre Familie und hundert ihrer Männer sie bis zur Grenze, und von da an blieben ihr nur eine Brautjungfer und ein junger Gehilfe. Am Tag ihrer Ankunft bei der Familie meines Vaters fand die Hochzeit statt. Ich wusste von einigen, die sich dagegen zu wehren versucht hatten, aber nichts auszurichten vermochten. Keine von ihnen war der Eheschließung entgangen.

Ich blieb am Fluss, bis es dunkel wurde. Als ich spät schließlich in Mamas Bett schlüpfte, betete ich zu Buddha, er möge mich beschützen. Da ich nicht schlafen konnte, hörte ich Mama beim Saubermachen und Aufräumen zu und war auch noch wach, als sie ins Bett kam. Der rauchige Duft ihrer Haut, so vertraut und oft so beruhigend, tröstete mich diesmal nicht.

Ich lag ganz still, bis ihr Atem gleichmäßig wurde. Ich drehte mich um und sah ihr ins Gesicht. Der Mund geschwungen wie bei einem ganz kleinen Kind, darunter die scharfe Linie des schmalen Kinns. Ich empfand den Wunsch, sie zu beschützen. Und zugleich spürte ich, wie ich mich von ihr entfernte.

»So große Augen«, sagt Mama in gutmütigem Spott, »sie können nur schauen und schauen.«

Ich blicke auf meinen Teller.

»Ashe ist eine ganz Stille«, sagt Mamas Freundin. »Immer so für sich.«

»Lasst sie in Ruhe.« Ani Rigzin setzt ihre Teeschale ab und nimmt meine Hand in ihre. »Sie ist schüchtern.«

Immer für sich. Ich lag wach, die Gedanken wirbelten. Diese große Einsamkeit, die ich nie abschütteln konnte. Immer für sich.

Dann tauchte ein Bild auf. Eine Flussschleife, wo das Wasser ganz still floss. Dorthin ging ich gern vor der Morgendämmerung. Ich ging ans Wasser hinunter und drückte meine Zehen in den Uferschlamm. Ich sah zu, wie die Sonne erste goldene Streifen über das Tal warf, ich hörte Taubenrufe und Bussardschreie.

Ich empfand dann immer einen sonderbaren Zug, ein fernes Gefühl, zu flüchtig, als dass ich es hätte benennen können. Wie ein Traum in der Nacht. Wie ein Ruf.

Der Wind schwoll an zu einem hohen Pfeifen, um sich dann wieder zu einem tiefen Brummen zu senken, als rezitierten irgendwo in der Ferne Mönche. *Die Ehe ist Leiden,* schien er zu sagen. Er stöhnte, er seufzte. Und Ani Rigzins Stimme tönte mir in den Ohren: *Wenn man einmal verheiratet ist, gibt es kein Zurück mehr.*

Ani Rigzin. Ihre alte, gebeugte Gestalt bewegte sich langsam durch die Schatten, ihre klaren Augen schwebten über meinem Gesicht. Komm, flüsterte sie, ich helfe dir. Ihre verkrümmten Hände winkten: Komm heute.

Ja, flüsterte ich, das ist es. Ich werde Ani Rigzin fragen.

Als es in der Küche heller zu werden begann, drehte Mama sich neben mir um. Sie nahm an, dass ich noch schlafe, und stand so geräuschlos auf wie ein durch die Luft schwebender Geist. Ich sah ihr nach, wie sie in der Dunkelheit verschwand, und empfand am Herzen einen Zug, als hinge es an ihrem fest.

Ich sah ihr durch halb geschlossene Lider zu, wie sie ihre dicke schwarze Chuba anzog und die Schürze der verheirateten Frau umband. Schnell flocht sie sich das Haar und ging zur Feuerstelle. Sie nahm ein Stück getrockneten Dung aus einem Blechbehälter und warf ihn in die Glutreste. Kurz darauf flackerten Flammen auf. Sie nahm einen großen Topf aus dem Regal, füllte ihn mit Wasser und setzte ihn auf. Dann wandte sie sich ab und ging die Treppe zu unserem Altarraum hinauf.

Ich lauschte den leiser werdenden Schritten nach. Als ich sicher war, dass sie nicht zurückkam, stand ich auf. Der Boden war kalt unter den Füßen, und ich zog mir schnell die Stiefel an. Ich hüllte mich in meine braune Brokat-Chuba, nahm eine Schaffelljacke vom Regal am Bett, steckte Tee und Tsampa, eine Fuchspelzmütze, meine Gebetskette und einen meiner religiösen Texte ein. Ich hängte mir eine kleine goldene Amulettschachtel um und befestigte den Dolch an meinem mit Silberblüten beschlagenen Gürtel. Es wurde jetzt rasch heller, und ich musste mich beeilen.

Die alten Dielen knarrten unter meinen Schritten, und ich fürchtete, Mama würde mich hören und herunterkommen. Auf Zehenspitzen schlich ich an Dolma vorbei, die neben der Feuerstelle schlief. Gern hätte ich sie in die Arme genommen, hätte sie mitgenommen, doch ich ging vorbei, da ich ja nicht wusste, was Ani Rigzin mir raten würde.

An der Tür blieb ich kurz stehen und schloss die Augen, um zu beten. *Om Mani Peme Hung*, O Juwel im Herzen des Lotus. Beschütze Mama und Papa. Nach einer schnellen Verbeugung zu meinen Eltern hin trat ich über die Schwelle und hinaus in die frische Morgenluft.

Jenseits des alten Holztors an der Ostseite führte eine staubige Straße durch weite Felder am Flussufer entlang nordwärts nach Chamdo und Derge und weiter zum Yangzi. Nach Westen überquerte die Straße die großen Ebenen in Richtung Lhasa. In der alten Zeit war das eine Karawanenstraße gewesen, die von den großen Städten Chinas südwärts nach Indien führte. Die Kaufleute brachten Hirschgeweihe und Moschus nach China, wo sie Seide, Tee, Porzellan und Tabak dafür bekamen oder Silber und Gold in Indien. Heute zogen die Menschen nur noch zu Fuß oder Pferde zwischen den einzelnen Ortschaften entlang der Straße hin und her, um Korn oder Webwaren zum Markt zu bringen. Auch Pilger folgten der Straße, wenn sie von Kloster zu Kloster unterwegs waren.

Ich blickte zurück zum Haus. Anya wird jetzt aufstehen, dachte ich. Und Kunsang, die zweite Frau meines Vaters. Und die Bediensteten. Thupten wird herunterkommen und die

Pferde versorgen, Chime geht Wasser holen. Und später werden sie alle zusammen im Kloster sein und an den Gebeten teilnehmen, die heute den ganzen Tag ausfüllen.

Noch einmal blickte ich mich auf dem zum Kloster Khale hinaufführenden Pfad nach unserem Haus um. Die Berge dahinter wirkten düster und bedrohlich. Im Frühdunst erschienen sie mir höher als sonst, und in den Felsvorsprüngen sah ich die Hörner böser Gottheiten. Unnahbar. Nichts Gutes verheißend.

»Ani Rigzin!«, rief ich aus, als ich in ihr Zimmer stürzte und bei ihrem Anblick in Tränen ausbrach. »Sie wollen mich verheiraten ...« Mühsam und mit halb erstickter Stimme erzählte ich ihr vom Plan meiner Eltern.

Mitgefühl leuchtete in ihren alten Augen, als sie meinen Kopf in ihren Schoß nahm. Sie strich mir sanft über den Kopf und sagte: »Ich weiß davon, aber ich konnte nichts dagegen tun. Alle waren unglücklich, aber die Bitten halfen nichts, dein Vater hatte ja schon sein Wort gegeben.«

Sie sah mich verständnisvoll an. Sie selbst hatte sich der Eheschließung verweigert und schon in jungen Jahren den Namen einer Nonne angenommen, Ani. Als einzige Schwester meines Vaters kannte sie seine Unbeugsamkeit. »Wenn er sein Wort gibt«, sagte sie, »ist daran nicht mehr zu rütteln.« Ich ließ den Kopf hängen. Sie war meine engste Vertraute, und ich wusste, dass ihre Worte zutrafen.

Ich hatte sie schon oft in ihrem Nonnenkloster besucht. Dort ließ ich mir von ihr Gewänder geben und nahm an den Gebeten der Nonnen teil, doch nach ein paar Tagen vermisste mich mein Vater dann und ließ mich nach Hause holen. Gelegentlich wohnte sie bei uns. Dann legte sie die Nonnentracht ab und half meiner Mutter bei der Hausarbeit. Wie eine Mutter saß sie neben mir, wenn ich aß, und achtete streng darauf, dass niemand aus meiner Schale trank. »Du bist kostbar«, sagte sie. »Niemand darf deine Schale verunreinigen.« Im Laufe der Jahre entstand eine tiefe Vertrautheit zwischen uns. Wir waren einander in vieler Hinsicht so ähnlich.

»Du musst jetzt gleich zu Gyalse Rinpoches Kloster aufbrechen«, sagte Anila, als müsse sie mich verstecken. »Solange die anderen noch alle bei den Gebeten im Kloster sind. Ich kann nicht mitkommen, ich bin zu alt. Ich bleibe und bete für dich.«

Als wir aufstanden, um Abschied zu nehmen, umfasste sie mein Gesicht mit beiden Händen und legte ihre Stirn an meine. Sie drückte mir eine kleine silberne Buddha-Statue in die Hände. »Nimm euren Diener Tashi mit«, sagte sie. »Er ist alt, aber er kennt den Weg. Man kann ihm vertrauen, und du wirst bei ihm sicher sein.« Tränen stiegen ihr in die Augen und liefen dann über ihre runzligen Wangen. Sie drückte mir die Hände, zu traurig für Worte, und ging in Richtung Tempelhalle.

Tashi saß in der Küche, als ich kam, und wärmte sich die Hände am Feuer. Als ich ihm den Plan eröffnete, blieb er schweigend sitzen und rieb seine knotigen Finger in der Feuerwärme. Sein in die Flammen gerichteter Blick schien dort eine ganz andere Welt zu sehen. Sein Gesicht blieb regungslos, beinahe maskenhaft, die Haut wie über eine Trommel gespannt.

Ich betrachtete seine dünnen, langen Arme. Die Ader oben auf seinem Handgelenk pulsierte, auf und ab, auf und ab.

Einen Augenblick lang glaubte ich einen Schatten über sein Gesicht streichen zu sehen. Ich drehte mich um, doch da war nichts, nur das Spiel des Feuerscheins. Es war still im Raum, nur manchmal ein Zischen von den Scheiten im Feuer. Ich sah auf meine eigenen Arme hinunter. Sie waren weich und voll, aber auch nur Haut um Fleisch und Knochen, nicht dauerhafter als seine. Nichts gab mir die Gewissheit, dass morgen noch irgendetwas so sein würde wie heute.

Jetzt kam Bewegung in die Gestalt auf der Bank, und Tashi rieb sich das Gesicht. »Ach, Ashe Pachen«, flüsterte er. »Ich kann dir deinen Wunsch nicht erfüllen. Ich bin deinem Vater, Pomdha Gonor, verpflichtet.« Er ließ den Kopf auf die Brust sinken. »Bitte mich nicht um so etwas. Er würde mir niemals verzeihen.«

Ich war es nicht gewohnt, dass man mir Wünsche ausschlug. Ich empfand seine Weigerung als Ohrfeige. Mit einem Ruck drehte ich mich um und stampfte mit dem Fuß auf. »Tu, was du willst«, sagte ich, »aber wenn du mir nicht hilfst, bleibt mir keine Wahl. Ich werde mich vom Dach stürzen.«

Ich wartete noch einen Augenblick, bis meine Worte wirklich angekommen waren, dann lief ich die Treppe hinauf.

Ich hörte seine Schritte hinter mir, während ich immer zwei Stufen auf einmal nahm. »Ashe … Ashe Pachen«, keuchte Tashi atemlos hinter mir und versuchte mich einzuholen. Oben lief ich den Gang entlang, und Tashi blieb noch weiter zurück.

Auf dem Dach sah ich, dass die Sonne schon tief stand. Die Luft wurde kühl. Ich blieb stehen, um wieder zu Atem zu kommen, und blickte über das Tal. Es war Herbst, und das Schilf am Flussufer hatte die Farbe tiefer Feuerglut angenommen. In der Ferne sah ich den Dampf über den heißen Salzquellen. Um diese Jahreszeit, dachte ich, werden unsere Ausflüge zu den Quellen seltener, und ganz gewiss lässt Papa mich nicht allein zum Baden gehen. Im Herbst kommen die Wölfe aus dem Bergland herunter.

»Ashe Pachen …« Tashi hustete und keuchte hinter mir. Ich stieg die letzten Stufen zum Dach hinauf und ging auf den Rand zu. »Nein, Ashe Pachen, nicht!« Schon war Tashi neben mir und griff nach meiner Hand. »Bitte, Ashe Pachen … ich komme mit … dein Vater wird mich erschlagen, aber ich komme mit … nicht springen!«

Er zog mich heran und drückte mich an sich, und ich hörte seinen Atem in der Brust rasseln. Sein von der Anstrengung erhitzter Körper verströmte einen metallischen Geruch. Ich war ihm noch nie so nah gewesen, und in seiner Umklammerung fühlte ich mich einer Ohnmacht nahe. Er spürte es wohl, denn er trat einen Schritt zurück. Dann erhob er zum Zeichen der Zustimmung beide Daumen.

So verloren stand er da mit seinen unsicher in die Höhe gestreckten Daumen, zitternd vor Anstrengung. Armer Tashi! Einen Augenblick dachte ich daran nachzugeben, um ihn aus dieser jämmerlichen Lage zu befreien.

Wir warteten bis zum Einbruch der Dunkelheit, damit niemand uns sehen konnte. Alle anderen waren noch im Kloster, doch ich wusste, dass die Gebete bald zu Ende gehen würden. Wir müssen uns beeilen, dachte ich.

Während ich mein Lieblingspferd Shindruk bestieg, öffnete Tashi langsam das große Holztor. Im Osten ging der Vollmond auf, und in seinem Lichtschein ritten wir auf die Felder hinaus. Am Boden hatte sich stellenweise Reif gebildet und glitzerte im Mondlicht wie lauter Edelsteine. Auf dem Weg zum Fluss knisterte und knirschte der gefrorene Boden unter den Hufen der Pferde, und ich fürchtete, man könne uns hören. Doch wir kamen unbemerkt ans Ufer.

Wir trieben die Pferde ins Wasser. Sie stampften beharrlich gegen die Strömung an, bis wir das andere Ufer erreichten. Ich blickte noch einmal zu unserem Haus zurück. Von hier aus sah es aus wie ein Stein auf dem Hügel, klein und regungslos. Plötzlich kam die Traurigkeit. All die Erinnerungen. War es richtig, dass ich fortging? Ich dachte an meine Eltern, die jetzt noch bei den Gebeten im Kloster waren. Würden sie mich verstehen?

Mama, die sich immer schützend vor mich stellte und mir

das Gefühl gab, ich sei der kostbarste Mensch auf der Erde. Auch als ich eigentlich schon zu groß war, nahm sie mich noch auf den Schoß und strich mir über den Kopf und sang mir Lieder mit ihrer hohen Kinderstimme – ich war wie gebadet in ihrer Liebe.

Und Papa ging mit keinem anderen Menschen so sanft um wie mit mir. Er war nie zu beschäftigt, um sich mir zu widmen, und ich konnte von ihm alles haben, was ich wollte. Er hob mich gern auf den Arm und legte seine Stirn an meine und sagte: »Du bist mein kleiner Häuptling, kein anderer Berater ist mir lieber.«

Mein kleiner Bruder war schon mit zwei Monaten gestorben, und Mama, Papa und ich rückten dadurch noch näher zusammen. Die gemeinsam verbrachte Zeit war mir sehr kostbar.

Als ich aufwache, liegt schon der süße Duft des Fladenbrotes im Backofen in der Luft. In einer Pfanne auf dem Herd brutzeln Kapse-Kuchen. Bald verbreitet sich auch der strenge Geruch der Yakbutter, die eben im Butterfass frisch geschlagen wird.

Seit Tagen bereiten Mama und die Bediensteten jetzt schon unseren alljährlichen Besuch bei den Nomaden vor. Die letzte Nacht haben sie bis in die frühen Morgenstunden gearbeitet, haben Dörrfleisch und Käse in Streifen geschnitten und in Blechbehälter geschichtet. Jetzt sehe ich im heller werdenden Tageslicht den Staub wirbeln, während sie eilig alles noch Fehlende aus den Regalen zusammensuchen – Tsampa und Tee, Holzschalen, Silberlöffel und Essstäbchen – und in alten hölzernen Reisekisten verstauen, die einst meinem Großvater gehört hatten.

Als alles gepackt ist, versammeln wir uns auf dem Hof hinter dem Haus – Mama, Papa, Tante Rigzin, unsere drei großen gelben Hunde, meine kleine weiße Dolma, unsere Hausangestellten und ich. Die Kisten werden auf die Yaks geladen, und dann besteigen wir die Pferde und reiten hinauf in die Berge.

Gegen Ende des Tages tauchen in der Ferne die dunklen Yak-fell-Behausungen der Nomaden auf wie schwarze Felsen, die aus der Erde ragen. Als wir näher kommen, werden wir mit Pfiffen und Rufen begrüßt. Die Männer in ihren unförmigen Schaffell-umhängen umringen uns, helfen beim Abladen und beim Aufstellen unserer großen weißen Zelte. Die Frauen stecken die Köpfe aus ihren Zelten und bringen Buttertee. Die Kinder, barfuß und zerlumpt, rennen aufgeregt hin und her, und ihre großen Doggen bellen immer dicht hinter ihnen drein.

Alle Tage haben den gleichen gemächlichen Ablauf. Am Morgen schöpfen wir dicke, süße Sahne aus den Milchbehältern und sitzen dann mit Tsampa und Buttertee am Feuer. Nach dem Frühstück darf ich mich mit den Nomadenkindern auf dem grünen Hochland herumtreiben, während Mama und Ani Rigzin das Mittagessen im Freien vorbereiten, während Papa unter dem Zeltvordach Bakchen, Domino und Ma-Jongg spielt.

Um diese Jahreszeit ist das Gras so hoch, dass ein zwölfjähriges Kind darin verschwindet, und überall stehen Blumen. Stundenlang laufen wir durch die farbenfrohen Wiesen, und zwischen den Zehen bleiben weiche Blütenblätter hängen. Wenn wir müde werden, legen wir uns auf den Rücken und sehen den weißen Wolkenbäuschen zu oder betrachten den Fluss, der sich wie eine träge Schlange durch das breite, flache Tal windet. Abends sitzen wir am Lagerfeuer, trinken Buttertee und sehen zu, wie der Himmel sich mit Sternen übersprenkelt. So vergehen alle Tage, aufgereiht wie kostbare Steine zu einer Kette.

So stand ich gedankenverloren am Fluss, und das Herz wurde mir schwer. An solchen irdischen Freuden, die so viel wohlige Wärme verströmen, haften wir auf ganz besondere Weise. Man muss sich nicht allein von unerfreulichen Dingen frei machen. Die zärtlichen, schier unerträglich süßen Bande müssen ebenfalls durchtrennt werden.

Ich schreckte hoch und fand mich in einem fremden, dunklen Zimmer. Entsetzt blickte ich mich um. In der Ecke war am Boden eine dunkle Gestalt zu erkennen. Ich hörte so etwas wie ein tiefes Stöhnen.

Dann sah ich, dass es Tashi war. Er schlief, und sein Schnarchen ließ die langen Barthaare am Kinn erzittern. Dann fiel mir auch wieder ein, wo ich war, im Haus eines seiner Freunde. »Wir können ihnen vertrauen«, hatte er gesagt. »Sie werden nichts sagen. Hier sind wir sicher für die Nacht.«

Mir war immer noch kalt vom Ritt durch den Fluss, und ich warf mich hin und her auf der groben Matratze, die sie mir gegeben hatten. Es war die beste, die sie hatten, aber voller Klumpen, die mich überall drückten. Durch Risse und Spalten drang der Wind herein, und ich spürte seine eisige Berührung im Gesicht. In meinem Bauch flatterte lautlos ein kleiner verschreckter Vogel.

Am nächsten Morgen brachen wir früh auf. Hier und da waren schon Leute auf den Beinen und holten am Fluss Wasser. Die Nachtkälte lag noch über den Wiesen. Auch mir war immer noch kalt, und ich konnte die unguten Gefühle der Nacht nicht abschütteln, dieses vage Gefühl von Unheil. Ich lehnte den Kopf an Shindruks Hals. Seine Körperwärme hatte etwas Tröstliches. So ritt ich eine Weile, bis mein Rücken steif wurde. Jetzt fühlte ich mich besser.

Ein kurzes Stück folgten wir der Straße, wandten uns jedoch bald wieder den Hügeln zu, weil wir nicht gesehen werden wollten. Wir ritten nach Norden in die Richtung von Gyalse Rinpoches Kloster in Tromkhog, am anderen Ufer des Yangzi.

Unterwegs erkannte ich manchmal vertraute Steinhaufen oder Hügelformen, die mir von meiner ersten Reise zum Kloster vor drei Jahren noch in Erinnerung waren. Und immer wieder mal hörte ich Gyalse Rinpoches Stimme.

»*Sieh alles so, als wäre es ein Traum. Alles ist vergänglich, nicht zu beherrschen und leer. Widme dich dem innersten Wesen deines Geistes, das rein und strahlend ist. Lass deinen Geist in jedem Augenblick klar und bewusst sein.*

Tu alles, was du tust, in der einen Absicht, anderen zu helfen und nicht zu schaden. Sei sanft, sei freundlich, sei mitfühlend, sei großzügig gegenüber allen Lebewesen, auch dir selbst.«

Die Erinnerung an seine Stimme gab mir Zuversicht.

Den größten Teil des Tages folgten wir einem schmalen Pfad durch die Hügel, und eine Zeit lang ritten wir ganz oben über die weiten Höhen. Wir kamen an Ziegen und Schafen vorbei, aber von Menschen war nichts zu sehen.

So weit das Auge reichte, erstreckten sich in allen Richtungen die weichen Rundungen der Hügel. Der leichte Wind fuhr in Wellen durchs Gras. Von Horizont zu Horizont wölbte sich der Himmel, und ein paar Wolken trieben über ihn hin, wie Gedanken einem durch den Sinn gehen. Später senkte sich das Land sanft zum einem Flusstal, und wir folgten dem Flusslauf ein gutes Stück.

Am späten Nachmittag erreichten wir eine grasbewachsene ebene Stelle. Tashi ließ sich am Ufer nieder, und ich richtete mich ein Stück vom Fluss entfernt ein. Außer dem Rauschen des Flusses war hier kein Laut zu hören, und außer einem kleinen Vogel auf einem nahen Felsen gab es keine Zeichen von Leben. Die Stille war mir unbehaglich. Ich war das erste Mal ohne meinen Vater oder meine Mutter so weit von zu Hause fort. Die kommenden Stunden der Stille, die sonst so voller Frieden waren, erschienen mir jetzt beklemmend und leer. Ich nahm einen spirituellen Text aus meinem Beutel und versuchte meinen Gedanken eine andere Richtung zu geben.

Sieh in der grenzenlosen Weite und Vielfalt der Welt alle erscheinenden Dinge und alle erklingenden Laute als nichts denn Projektionen deines eigenen Geistes, illusorisch und unwirklich. Ohne dich an irgendetwas zu klammern, verweile im Frieden eines alle Begriffe transzendierenden Gewahrseins. Dies ist das Herz der Praxis.

»Ohne dich an irgendetwas zu klammern …« Diese schon oft gehörten Worte waren jetzt auf einmal nicht mehr so leicht zu akzeptieren. Waren Mama und Papa bloß Projektionen meines Geistes, illusorisch und unwirklich? Beunruhigt schlug ich meinen Text wieder in sein Tuch ein.

Ich stand auf und blickte nach Westen, wo die Heimat lag. Dunkler werdende Hügel, so weit mein Blick reichte. Ich stellte mir vor, ich könne im Tal hinter dem fernsten Hügel mein Haus sehen, dessen Mauern sich vier Stockwerke hoch am Dorfrand erhoben.

Bald würde Mama mit der Zubereitung des Abendessens beginnen. Ich stellte mir vor, wie sie an der Feuerstelle stand und sich über einen großen Kessel beugte, während die Küchenhilfe klein geschnittene Rüben und Kartoffeln hinzufügte. Haarsträhnen fielen ihr ins Gesicht, die Augen so müde, der Körper unwillig.

Hinter ihr würde Anya, wie so viele Male jeden Tag, den Buttertee bereiten. Sie würde ein Stück vom Teeziegel abbrechen und es in einem schweren Eisentopf kochen. Sie würde das alte hölzerne Butterteefass von seinem Platz an der Wand nehmen, den heißen Tee zusammen mit Salz und Yakbutter hineingeben und den langen Stößel auf und ab bewegen, bis die Flüssigkeit schäumte.

Bald würde Thupten die Öllampen von der Wand nehmen und am Feuer anzünden. Und bald würden die Bediensteten den Gästen am Tisch, die nach der Sprech- und Beratungszeit meines Vaters noch geblieben waren, wohlgefüllte Teller vorsetzen. Sie beugten sich vor – die Männer auf der einen, die Frauen auf der anderen Seite –, formten mit den Fingern Tsampa zu Kugeln und schlürften dazu Suppe aus Holzschalen.

Oben würde Papa von seinem kurzen Schlummer erwachen, die Stirn in sorgenvolle Falten gelegt. Ich stellte mir vor, dass er aufstand und ans Fenster trat und mich zärtlich rief – »Nyu … kleine Nyu« – und in die Finsternis hinausstarrte, so unendlich traurig, als hätte er einen Arm oder ein Bein verloren.

Mit schwerem Herzen legte ich mich in der grasbewachsenen Mulde nieder. Am Himmel über mir begann es zu dunkeln. Schatten schienen hinter den Felsbrocken her nach mir zu langen. Ich nahm meine Gebetsperlen in die Hand und kroch unter das Schaffell. Der Wind hatte sich gelegt, die Nacht war still, nichts zu hören als mein ganz allein wie in einer riesigen Kaverne schlagendes Herz.

Die Nacht umfing mich mehr und mehr, und ich dachte an Gyalse Rinpoches Kloster. Einst hatte mich dieser Gedanke getröstet, jetzt war auch er finster und leer. Ich sah nichts als lauter Gänge in allen Richtungen, eng und stickig. Ganz aus dem Inneren tönten traurige Schläge eines Gongs, ein endloses Lied. Und im Stockwerk unter mir hörte ich das Scharren von Schritten auf kaltem Steinboden.

Die Luft war kalt auf meinem Gesicht, und in meinem Kopf tanzte alles durcheinander. Ich streckte die Arme aus nach Mamas warmem Schoß und Papas breitem Lächeln, doch meine Finger griffen nur den Wind.

Am Morgen packten Tashi und ich zusammen und setzten unseren Weg nach Norden fort. Um die Tagesmitte sah ich in der Ferne eine Ortschaft liegen. Wir hatten uns von allen Siedlungen fern gehalten, denn es konnte sich ja jemand aus unserem Dorf dort befinden und uns erkennen.

Diesmal sagte ich zu Tashi: »Wir haben nicht mehr viel zu essen. Es bleibt uns nichts anderes, als da vorn einzukaufen.« Mit gemischten Gefühlen hielten wir auf die Häuser zu.

Mit gesenktem Kopf und in der Hoffnung, keinem Bekannten zu begegnen, ritt ich in die Ortschaft ein. Händler boten lauthals ihre Waren feil, Hunde bellten, und zu all dem war scheppernde Musik zu hören. Die Leute drängten sich um die Tuchhändler mit ihren schimmernden Seidenstoffen und um Tische, die sich unter Schmuck und Metallschüsseln und Silberlöffeln bogen. Wild gestikulierend und überlaut lachend feilschten sie. Über Stangen hingen fliegenumschwärmte Fleischstücke, und an jeder freien Stelle standen Körbe mit Obst, Gemüse und Gerste.

Ich wandte mich Hilfe suchend an Tashi, doch der winkte mich nur weiter. »Du bist siebzehn und alt genug, allein zu gehen.« Ich stieg ab, ergriff das Halfter und drängte mich durch die Menge bis zu einem Stand, an dem ein alter Mann geröstete Gerste für die Zubereitung von Tsampa mahlte. Bei jeder Drehung des großen Steinrades stoben kleine goldene Wolken auf. Hinter ihm, an eine abbröckelnde Mauer gestapelt, standen mit Tsampa gefüllte Tuchbeutel verschiedenster Größen.

Ich deutete auf einen, der drei Hände groß war. »Den da, für zwei Perlen«, sagte ich in einem Tonfall, den ich bei meinem Vater gehört hatte. Er zögerte. »Zwei Perlen, mehr nicht«, sagte ich sehr bestimmt. Da zeigte er ein zahnloses Lächeln und zuckte mit den Schultern, nahm die beiden Perlen und ließ sie in einen am Gürtel hängenden Beutel gleiten.

Ich sah mich auf den anderen Tischen um, denn wir brauchten noch Tee. Auf der anderen Seite des Platzes erkannte ich einen Mann aus unserem Dorf. Die große Nase und das breite eckige Kinn waren unverwechselbar. Es war der Vater einer Freundin in Lemdha, der mit einem Tuchhändler um ein Stück roter Seide feilschte.

Gern wäre ich zu ihm gegangen. »Bring mich nach Hause! Bring mich nach Hause!« Ich sah mich hinter ihm aufs Pferd springen, sah mich durch die Pforte unseres Hauses reiten. Doch ich schloss die Augen, atmete tief durch und rief mir meinen Entschluss ins Gedächtnis. Dann senkte ich den Kopf noch tiefer und stahl mich zu einem Teestand in der Nähe.

»Den da«, flüsterte ich dem Besitzer zu und deutete auf einen kleinen Teeziegel im Regal. Er musterte mich argwöhnisch, doch die Türkisperle in meiner Hand überzeugte ihn. Er nahm sie und wandte sich dann einem anderen Kunden zu. Ich beeilte mich, zu Tashi zurückzukommen, der am Ortsrand auf mich wartete. Bald waren wir wieder in den Hügeln hoch über dem Dorf.

Am dritten Tag kamen wir an mehreren Nomadenfamilien vorbei, deren schwarze Zelte einen vertrauten und erfreulichen Anblick boten. Später stießen wir auf einer Hügelkuppe auf einen Haufen Mani-Steine. Sie werden an solchen Stellen von Reisenden als Opfergabe abgelegt; dazu rezitiert man das *Om Mani Peme Hung*, das Mantra des Buddha der Barmherzigkeit, Chenresig. Ich legte einen kleinen runden grauen Stein dazu, den ich vor zwei Tagen am Fluss eingesteckt hatte. *Om Mani Peme Hung*. Gib, dass ich sicher nach Tromkhog komme.

Der Weg führte jetzt steil aufwärts, und so beschlossen wir, nicht weiterzureiten, da es schon später Nachmittag war, sondern die kleine ebene Stelle neben dem Steinhaufen als Lagerplatz zu nutzen. Von hier aus hatte ich in viele Richtungen einen freien Blick. Die grünen Hügel waren allmählich in felsigeres Gelände übergegangen. Brüchige Steinsimse zogen sich die Hänge entlang. Die Täler wurden schmal und dunkel.

In der Ferne sah ich ein weiteres kleines Dorf, zwischen zwei Hügel geduckt und kaum noch zu erkennen, denn die Sonne sank schon und legte den Talgrund in Schatten. Ich sah näher hin und erschauerte. Ich erkannte den Ort.

Vor 20 Jahren war mein Vater auch einmal diesen Weg gekommen, vorbei an der Stelle, an der ich jetzt saß. Es gibt da einen Haufen Mani-Steine, hatte er mir einmal erzählt, und dahinter in einem steilen Taleinschnitt ein Dorf. Er war damals neunzehn Jahre alt gewesen, groß und stark und auf dem Weg zum Markt. Als er in den Ort kam, herrschte auf dem Marktplatz ein großes Gedränge, außer ganz in der Mitte. Er hat mir einmal erzählt, was er dort sah.

Mitten im Dorf sah er drei chinesische Soldaten, über einen alten Mann gebeugt. Sein Gesicht war verschwollen, seine Arme von Blut bedeckt, das an einigen Stellen schon eingetrocknet war, an anderen noch frisch und nass glänzend. Sein Rücken war von einem Gitterwerk aufgeplatzter Striemen überzogen, die Beine lagen in seltsam unnatürlicher Haltung leblos da, die ganze Gestalt verkrümmt und zitternd.

Einer der Soldaten stieß mit dem Stiefel gegen diesen Körper. Ein anderer zündete sich eine Zigarette an. Kurz darauf griffen sie nach seinen Armen und zerrten ihn zu einem Pfahl am Rand des Dorfplatzes. Sie stellten ihn mit dem Rücken dagegen und banden ihn mit einem Strick um die Brust fest, damit er nicht zusammensackte. Der Kopf hing wie leblos herunter.

Sie umwickelten ihm Finger und Hände mit ungegerbtem Leder, damit er sie nicht mehr beugen konnte. Dann nahmen sie dünne Bambusspäne und schoben sie ihm einen nach dem anderen unter den Nägeln ins Fleisch, langsam, so weit es ging.

Mit einem Ruck schnellte der Kopf des alten Mannes hoch, und der gurgelnde, schrille Laut, der sich ihm entrang, hatte nichts Menschliches mehr.

In der Menge erhob sich Gemurmel.

Die Soldaten lachten und gratulierten einander. Aber einer war noch nicht fertig. Er zog ein Bündel kleiner Papierfahnen aus der Tasche und befestigte an jedem der Bambusspieße eine. Dann trat er zurück und sah zu, wie sie im Wind flatterten. Die anderen bogen sich vor Lachen.

Von Grauen geschüttelt und kaum noch bei Sinnen, drängte mein Vater sich durch die Menge zurück und begann zu laufen. Er lief und lief und hielt erst an, als er zu Hause war. Er lief zwei Tage lang, steile Pfade hinauf und über weite Grasebenen, um diese Bilder aus dem Kopf zu bekommen. Es gelang ihm nicht. Er konnte wochenlang nicht schlafen.

Ich habe ihn diese Geschichte nur einmal erzählen hören, doch die Bilder blieben mir deutlich vor Augen. Und jetzt im schwindenden Licht schlangen sich die Erinnerungen um mich.

Ich lehnte mich an die Mani-Steine, zog mir das Schaffell über die Schultern und schloss die Augen. Tashi hatte sich in respektvoller Entfernung niedergelassen. Der Wind brach sich an den Steinen und fuhr sausend über den kargen Boden. Dann glaubte ich heranschleichende Räuber zu hören und griff nach meinem Messer. Aber es kam niemand.

Später meinte ich ein Leopardenbrüllen von den Bergen herunter zu hören. Ich zog meinen Dolch aus der Lederscheide. Ich rief *Om Mani Peme Hung*. Ich hörte Hufschlag auf mich zuhalten, zehn, zwanzig Leute, eine ganze Banditenarmee. Ich fuhr hoch, das Herz schlug mir bis zum Hals. Doch nein, es war wieder nur der Wind. Ich sah trostsuchend zu Tashi hinüber. Er schlief.

Vergangenheit, Gegenwart – ich versuchte klar zu bleiben. Das drohende Unbekannte und die dräuende Hochzeit flossen ineinander. Ich nahm mir die Kette aus Türkisperlen vom Hals und lehnte mich wieder an die Steine. *Om Mani Peme*

Hung. Om Mani Peme Hung. Ich ließ die kalten Perlen durch die Finger gleiten und betete. *Om Mani Peme Hung.*

Kälter kam jetzt der Wind in dünnen, harten Strömen um die Steine hinter mir. Er bedrängte mich und trieb mir Kältesplitter die Finger hinauf wie Flammen. Ich zog mir das Schaffell dicht um den Kopf und schloss die Augen. Das Heulen des Windes folgte mir in meine Träume.

Der Wind weht und weht, doch jetzt verbreitet sich ein unheilvolles Licht über den Hügeln. Es scheint von den vor uns liegenden Bergen auszugehen. Ein leuchtender Pfad führt hinauf zum Gipfel. Zu beiden Seiten stehen Männer in kostbaren Brokatumhängen und goldenem Kopfschmuck und schlagen große Ritualtrommeln.

Mein Vater ist neben mir, hält mich an der Hand und zieht mich sanft, aber bestimmt in Richtung Gipfel. Ich gehe wie in Trance neben ihm.

Der Pfad wird schmaler. Wir müssen einen steilen Hang aus losem Schieferbruch hinauf. Das Licht wird heller, das Trommeln lauter. Die Steine schneiden mir in die Füße, aber wir gehen weiter.

Über diesem Hang erhebt sich eine fünfzehn Meter hohe, beinahe senkrechte Felswand, in die Stufen eingehauen sind. Schritt für Schritt stolpere ich hinter meinem Vater her, dessen Griff um mein Handgelenk immer fester wird. Das Trommeln ist jetzt ohrenbetäubend, das Licht blendet mich.

An der letzten Stufe bleibt mein Vater stehen. Ich folge seinem Blick, und da, kaum ein paar Schritte vor uns, steht auf einem Steinaltar ein riesenhafter Mann, von dessen Schultern in breitem Faltenwurf ein roter Samtumhang herabfällt. Er hat einen großen Tierkopf mit hervorquellenden roten Augen. Aus dem bestialischen Maul fließt Feuer, und seitwärts hängt eine dicke, bluttriefende Zunge heraus. Zu seinen Füßen eine golde-

ne Schale, mit Blut gefüllt. In seiner rechten Hand ein langes Silberschwert. Aus dem Boden unter ihm scheint ein unwirkliches Licht zu kommen.

Mein Vater schiebt mich weiter und tritt selbst zurück, als wolle er mich opfern. Das Trommeln erreicht seinen Höhepunkt und bricht plötzlich ab. Der Wind erstirbt.

Der Mann auf dem Altar greift sich an den Kopf und nimmt ihn ab, und darunter erscheint das gespenstisch bleiche Gesicht eines chinesischen Soldaten. Er greift nach mir und packt mich am Handgelenk und zieht mich zu sich heran.

Nein, schreie ich. Nein.

Er schüttelt meinen Arm. »Pachen. Pachen.«

»Pachen. Lemdha Pachen.« Der Traum verblasste. Ich schlug die Augen auf und blickte in die Gesichter von acht Männern meines Vaters, die sich um mich drängten.

Unser Diener Thupten beugte sich über mich, die Fuchspelzmütze tief in die Stirn gezogen. In seinen Augen ein bittender Blick.

»Dein Vater vermisst dich«, sagte er. »Er ist krank vor Sorge. Es gibt hier Räuber und wilde Tiere. In so einer Gegend sollte sich eine junge Frau nicht allein herumtreiben. Er sagt, du brauchst nicht wegzulaufen. Er wird den Ehevertrag lösen, und du darfst so leben, wie du möchtest. Er hat uns schwören lassen, dass wir dich zurückbringen. Er hat uns Mani-Steine an die Stirn gehalten und Speichel aus den eigenen Händen lecken lassen.«

Ich wusste, dass sie einen heiligen Eid geschworen hatten und durch nichts von ihrem Vorhaben abzuhalten sein würden. Eigentlich war ich sogar erleichtert, denn ich sehnte mich nach meiner Heimat. Dennoch, es blieb ein beklemmendes Gefühl, das nicht weichen wollte. Vielleicht ahnte ich, was noch kommen sollte.

3.
Veränderungen

Es waren gemischte Gefühle, mit denen ich heimkehrte – Verlegenheit, Zorn und Erleichterung. Sie vermischten sich, wie es bei Gefühlen manchmal geschieht, so weitgehend, dass ich sie schließlich kaum noch unterscheiden konnte. Ich wusste nur, dass ich mich am liebsten ganz unbemerkt ins Haus gestohlen hätte. Aber als ich in die Küche trat, waren natürlich alle Augen auf mich gerichtet.

Meine Mutter ließ den Löffel aus der Hand fallen und lief mit ausgebreiteten Armen auf mich zu. Ich trat unwillkürlich einen Schritt zurück. Sie lächelte, als wäre nichts geschehen, als wüsste sie nicht, in welche Nöte sie und Papa mich gestürzt hatten. Nach den Strapazen der letzten Tage kam jetzt plötzlich Ärger in mir hoch, und ich drehte mich zur Seite.

Ich spürte, wie sie sich von hinten näherte, weigerte mich aber, sie auch nur zur Kenntnis zu nehmen. Undeutlich war mir bewusst, dass ich ihr gern Vorwürfe gemacht hätte, nicht meinem Vater. »Ihr wolltet mich als gute Partie verkaufen!«, hätte ich schreien mögen. Aber ich schwieg.

Sie trat neben mich, und ich sah sie aus dem Augenwinkel. Sie hatte den Kopf ein wenig gesenkt wie ein kleines Kind, das bestraft worden ist und nicht weiß, wofür. Ich spürte, wie sehr sie auf meine Umarmung wartete, und versteifte mich noch mehr, um dem so häufig empfundenen Impuls, sie in Schutz zu nehmen, nicht nachgeben zu müssen. Ich blickte geradeaus an die Wand.

Sie war schwarz vom jahrelangen Gebrauch des Herdes. Auf halber Höhe erkannte ich die mit Tsampa-Bröckchen an die Wand gezeichneten acht Glückssymbole. Der Anblick dieser vertrauten Zeichen beruhigte mich. Ich folgte mit dem Blick den geschwungenen Linien und verweilte dann bei der Muschel, die ich immer am liebsten gemocht habe.

Ihre Rundungen erinnerten mich an die Worte, die ich in Gonlhas Unterricht auswendig gelernt hatte: »Mögen Segnungen ausstrahlen, wo die Rede rein ist wie die rechtsdrehende Muschelschale des guten Geschicks.«

»Rechte Rede«, hatte Gonlha häufig gesagt, »ist eines der wichtigsten Gebote. Mit Zorn oder Lügen zu sprechen oder schlecht von anderen zu sprechen, das erfüllt den Geist mit Ungutem. Mitgefühl und Wahrhaftigkeit beim Sprechen bringen Segen.«

»Reine Rede … rechtsdrehend … gutes Geschick …« Die Worte verklangen, und für einen Augenblick war ich frei von Gedanken und Gefühlen. Langsam löste sich mein Zorn, und ich fühlte mich weich werden. Ich wandte mich meiner Mutter zu.

Anya betrat die Küche. »Dein Vater möchte, dass du zu ihm in sein Zimmer kommst.« Da zog sich mir die Brust gleich wieder zusammen, und obwohl ich mir auf meine Worte Acht zu geben vorgenommen hatte, platzte meine Antwort schneller heraus, als ich mich besinnen konnte.

»Weshalb sollte ich? Er wollte mich doch wegschicken.« Mir war zum Weinen, und ich biss mir auf die Lippen. Groß war der Schmerz, dass er mich verheiraten und weggeben wollte. »So wenig bedeute ich ihm.« Ich konnte nicht mehr an mich halten und begann zu weinen.

Anya kam von der Tür her auf mich zu und nahm mich in die Arme. »Sprich nicht so, Ashe. Du hast deinem Vater so gefehlt … er hat nicht mehr geschlafen, seit du verschwunden warst …«

Ihre warmen Arme. Mir war danach zumute, in ihren Körper zu versinken. Der vertraute Geruch ihrer Haut umfing mich.

»Auf den Wiesen blühen Blumen … Blumen für unsere süße Ashe Pachen.« Anya streut mir Blüten über den Kopf. Sie holt Tsampastückchen aus einem Beutel und steckt sie mir in den Mund. Sie gießt warme Milch aus dem Tonkrug in meine Schale. »Unser Lämmchen Ashe Pachen ist ganz sicher auf Anyas Schoß. Niemand wird ihr etwas tun …«

Oben blendete mich das Licht, das im Zimmer meines Vaters durch das Fenster hereinfiel. Ich sah nichts und blieb in der Tür stehen. Ich fuhr zusammen, als ich meinen Vater sich räuspern hörte.

»Nyu«, rief er, »kleine Nyu Pachen, komm herein.« Allmählich traten die blauen Wände seines Zimmers aus dem Dunkel hervor, dann das Rot und Grün und Weiß des Holzwerks an der Decke. Ganz hinten saß mein Vater auf einem teppichbelegten Polster.

Ich war ein wenig schüchtern, wie es manchmal vorkam, wenn ich vor ihn hintrat. Er war ein beeindruckender Mann, groß, von frischer Gesichtsfarbe, mit einem um den Kopf gewundenen langen schwarzen Zopf und blitzenden Augen. Er war für die Leute im Dorf eine Ehrfurcht gebietende Erscheinung, aber man achtete und liebte ihn allenthalben, denn jedermann wusste, dass er im Grunde ein weiches Herz besaß. Er wurde als der Anführer der neun Clan-Oberhäupter von Gonjo angesehen.

Da er mich so unschlüssig sah, winkte er mich eifrig heran. Ich setzte mich neben ihn auf das Polster. Er schloss mich in die Arme und hielt mich ganz fest. Als er mich wieder losließ, nahm er meine Hand und streichelte sie. Meine Hand ruhte in seiner wie ein in seinem Nest schlafender Vogel – glücklich, daheim zu sein.

Am nächsten Tag brach er nach Markham auf, um die vereinbarte Eheschließung abzusagen. Die Familie des Bräutigams wusste nichts von meinem Fluchtversuch und war seit Wochen mit Hochzeitsvorbereitungen beschäftigt. Sie hatten einhundert Kessel Chang gebraut, tibetisches Gerstenbier, und sie hatten bereits für das Hochzeitsfest zu kochen begonnen.

Mein Vater nahm viele Geschenke mit, um die Leute zu beschwichtigen: eines unserer besten Pferde mit einem Seidentuch um den Hals, ein Gewehr, eine Brokat-Chuba, einen Sattel und vielerlei Dinge, die ich gar nicht alle aufzählen kann. Die Verhandlungen müssen sich wohl eine Weile hingezogen haben. Er war jedenfalls mehrere Wochen weg und wirkte müde, als er zurückkam. Es war dann nie wieder die Rede davon. Und ich war sicher vor weiteren Hochzeitsplänen, vorerst jedenfalls.

»Chamdo ist gefallen!«

Ein Bote kam mit diesen Worten zu uns, und das ganze Haus erstarrte. Mama lief, um Papa zu holen, und inzwischen strömten die Leute von Lemdha ins Haus. Wir drängten uns alle in der Küche, um die Neuigkeiten zu erfahren.

»Die Schlacht um Kham ist vorbei«, schluchzte der alte Mann. »Die Chinesen sind da.«

Mein Vater ging auf den Alten zu und legte ihm die Hand auf die Schulter. Es war ganz still, und für einige Augenblicke hörte man nur sein unterdrücktes Weinen. Dann fasste er sich, wischte sich mit dem Ärmel die Tränen ab und setzte seinen Bericht fort.

»Zwei Tage vor dem Einmarsch der Chinesen nach Chamdo hat dieser feige Generalgouverneur Ngabo seine Truppen im Stich gelassen. Er wollte nicht, dass den Chinesen irgendwelche Vorräte in die Hände fielen, also hat er die Lagerhäuser der Regierung angezündet, alle Waffen und Munition vernichtet und ist geflohen. Auf halbem Weg den Berg hinunter kamen ihm tibetische Soldaten aus Lhasa entgegen. Er befahl ihnen, ihre Gewehre und Munition in den Abgrund zu werfen und mit ihm zu kommen. Zwei Tage später wurde er gefangen genommen.

In den Straßen von Chamdo brach Panik aus. Die Leute rannten in alle Richtungen und schleppten ihre Habseligkeiten hinter sich her. Die Stände auf der Hauptstraße waren verlassen. Es war ein schrecklicher Anblick.« Wieder begann er zu weinen.

»Es geschieht so, wie es der Große Dreizehnte vorausgesagt hat«, sagte mein Vater traurig. »Im Sommer vor seinem Tod sprach er Worte, die sich jetzt bewahrheiten.«

Alle hörten gespannt zu, als mein Vater die Prophezeiung aus dem Gedächtnis vortrug.

Es könnte geschehen, dass Regierung und Religion hier in der Mitte Tibets sowohl von außen als auch von innen angegriffen werden.

Wenn wir unser Land nicht zu beschützen vermögen, wird es so kommen, dass all die ehrwürdigen Träger des Glaubens verschwinden und namenlos werden, dass schwere Zeiten und Fürchterliches über die Lebewesen kommen.

Die Tage und Nächte werden sich hinziehen in Leiden.

»Die Zeit ist jetzt gekommen«, sagte mein Vater in tiefem Ernst, »und ich habe das Gefühl, das Fürchterliche wird uns nicht so bald wieder verlassen.«

Chamdo fiel 1950, schon bald nachdem die Chinesen den Yangzi überquert hatten. Nach diesem ersten Einmarsch war unser tägliches Leben einem Bach ähnlich, der sich seines Laufs nicht ganz sicher ist. Immer wieder bekamen wir ihre Anwesenheit wie die eines Insekts zu spüren, das mal sticht und dann wieder Ruhe gibt, und es dauerte Jahre, bis die Invasion mit voller Gewalt losbrach. Wenn wieder einmal Neuigkeiten kamen, horchte ich zwar kurz auf, doch bald wandte ich mich wieder meinen spirituellen Übungen zu und dachte nicht mehr viel daran. Ich war vor allem erleichtert, dass mir die Qual der Ehe erspart geblieben war, und ich war meinem Vater dankbar, dass er die Familie des Ehekandidaten ausbezahlt hatte.

Diese Versöhnungsgeste war charakteristisch für meinen Vater. Eigentlich hatte er eher etwas von einem Einsiedler als von einem Landesherrn, doch er vernachlässigte seine Pflichten gegenüber anderen niemals. Er sagte gern, dass aus Großzügigkeit Liebe und Achtung erwächst, und er mahnte mich, den Hilfsbedürftigen stets nach besten Kräften beizustehen. An materiellen Dingen lag ihm nicht viel; gern gab er her, was er hatte. »Wenn du großzügig gibst«, sagte er gern, »sammelst du Verdienst für dein künftiges Leben.«

Seine Gebefreudigkeit war für meine Mutter manchmal eine Belastung. Einmal wollte ein Nachbar Speisen stehlen, die meine Mutter für ein Fest zubereitet hatte, und mein Vater lachte nur. »Schnell, du alter Gauner«, rief er, als er ihn ertappte, »sieh zu, dass du wegkommst, bevor meine Frau zurückkommt! Da in der Kiste am Tisch ist es. Nimm es dir, und dann aber raus!« Und noch einmal lachte er sein tiefes, gutmütiges Lachen.

Als meine Mutter später merkte, dass alles weg war, lief sie völlig aufgelöst ins Zimmer meines Vaters.

»Was wir gekocht haben, ist alles weg!«, rief sie.

»Mach dir nichts draus«, sagte mein Vater und tätschelte ihr die Wange. »Das war nur Bugya. Der arme Kerl hat es nicht so gut wie wir. Bereite einfach etwas anderes zu, es ist doch genug für alle da.«

Meine Mutter war recht erbost. »Wenn du weiter so freigebig bist, haben wir bald selbst nichts mehr«, jammerte sie. Doch mein Vater lächelte nur. »Wir haben genug … es sind doch nur Nahrungsmittel. Wir können von den Dingen dieser Welt nichts mitnehmen, wenn wir sterben …«

Wenn meine Mutter nicht für die Versorgung des Hauses mit Nahrungsmitteln verantwortlich gewesen wäre, hätte die etwas großspurige Art meines Vaters ihr sicherlich weniger ausgemacht, denn sie war von sehr fürsorglichem Wesen. Wenn in unserem Dorf jemand Hilfe brauchte, seien es Waisen, Alte oder Bettler, wies sie niemanden ab.

Mein Vater sagte, man finde nicht leicht eine so geduldige und ausgeglichene Frau. Sie ihrerseits war ihm ganz ergeben. Selbst wenn er andere Frauen besuchte, beklagte sie sich nicht. Ich erinnere mich nicht, dass ich sie in all den Jahren jemals hätte streiten sehen. Oft saßen sie am Abend zusammen und sprachen die Ereignisse des Tages durch. Meist stimmte sie ihm zu, doch gelegentlich sagte sie auch ihre eigene Meinung.

Jedes der gemeinsamen Jahre schien sie einander näher zu bringen, und sie zeigten ihre Zuneigung zwar nicht öffentlich, aber ich wusste, dass sie da war. Wenn sie ihm am Morgen das lange Haar flocht, sah ich ihre Finger häufig an seiner Schläfe verweilen und ihm das Haar sanft aus dem Gesicht streichen. Und wenn abends keine Gäste da waren, ging sie zum Schlafen nach oben in sein Zimmer, und dann hörte ich sie manchmal bis spät in die Nacht sprechen und lachen.

Ich weiß nicht mehr, wie alt ich war, als mein Vater seine zweite Frau heiratete. Man sagte mir, mein kleiner Bruder sei mit zwei Monaten gestorben, und danach hätten meine Eltern alles versucht, um noch ein Kind zu bekommen. Sie aßen sogar *Za yig*, kostbare Schriften, doch es half alles nichts.

Jahre später, als nicht mehr zu bezweifeln war, dass meine Mutter keine Kinder mehr bekommen würde, fragte mein Vater sie eines Abends, was sie von einer zweiten Frau im Hause halte. Ganz kurz sah ich einen Schatten über ihr Gesicht streichen. Mein Vater legte seine Hand auf ihre und sprach weiter. Ich verstand nur etwas von »zum Nutzen der ganzen Gegend« und »morgen«.

Am nächsten Tag erschienen Fremde an unserer Tür. Bei ihnen war eine junge Frau, nicht viel älter als ich. Sie war groß gewachsen, das schwarze Haar nach Gonjo-Art zurückgebunden, auf dem Kopf ein großer Türkis. Sie hieß Kunsang und war die Tochter von Norbu Pontsang, einem der Clan-Oberhäupter von Gonjo. Sie trug das Symbol des Brautpfeils um den Hals, und in ihren Augen lag dunkle Furcht.

Mein Vater heiratete sie nicht leichthin. Er tat es auf Drängen der Minister und anderer, die das Aussterben der Familie befürchteten. Da ich nicht heiraten wollte und meine Mutter keine Kinder mehr bekam, sollte die Familie eine zweite Frau aufnehmen.

Am Anfang nahm meine Mutter Kunsang überall hin mit, um alles im Haushalt zu erklären und sie im Dorf bekannt zu machen. Sie behandelte sie wie eine Tochter, und Kunsang blickte voll liebevoller Bewunderung zu ihr auf und tat alles, was sie sagte.

Ich hielt für eine Weile Abstand. Es fiel mir nicht leicht, meinen Vater mit einer anderen zusammen zu sehen. Ich fühlte mich ersetzt und neidete ihr die Zeit, die sie mit ihm verbrachte. Doch mit der Zeit akzeptierte ich sie, und wir fanden sogar zu einem vertrauten Verhältnis. Die Ehe blieb jedoch ohne den erwünschten Erfolg, denn auch Kunsang bekam keine Kinder.

Einen Monat nach dem Fall von Chamdo kam ein Bote mit der Nachricht, dass in Lhasa Chaos herrsche. »Die chinesische Invasion hat unter den Regierenden Verwirrung gestiftet«, berichtete er. »Sie streiten sich, wer das Land nun führen soll.«

»Taktra muss abgesetzt werden!«, sagte mein Vater mit sichtbarem Widerwillen. Er sprach von dem fünfundsiebzigjährigen Regenten, der die Geschicke des Landes lenkte, bis der junge Dalai Lama alt genug für seine Inthronisation war. »Er hat sich in den letzten Jahren immer unbeliebter gemacht und besitzt keine Autorität mehr.« Doch er wusste, dass der Vierzehnte Dalai Lama mit seinen fünfzehn Jahren noch zu jung für die Macht war. Und er war voller Sorge, was mit dem führungslosen Land geschehen werde. »Das sind bedrohliche Zeiten«, sagte er. »Wir brauchen jemanden, der uns führen kann.«

Ein paar Tage später platzte jemand in unsere Küche und rief: »Seine Heiligkeit der Vierzehnte Dalai Lama ist soeben inthronisiert worden!«

Er berichtete, die beiden Staatsorakel seien befragt worden, und nach einigem Drängen habe das Orakel von Gadong schließlich in Trance einen Wahrspruch getan. »Er sagte«, berichtete der Bote, »der Dalai Lama solle sowohl die spirituellen als auch die weltlichen Belange des Landes in seine Hände nehmen. Und so wurde Seine Heiligkeit am 17. November in sein Amt eingesetzt.«

Mein Vater war sehr froh über diese Nachricht. »Jetzt haben wir endlich wieder einen rechtmäßigen Herrscher auf dem Thron. Wir sind schon zu lange ohne spirituelles Oberhaupt.«

Ein halbes Jahr später sandte Seine Heiligkeit eine Delegation nach Peking. »Sie waren kaum angekommen«, erzählte uns das Oberhaupt eines angrenzenden Bezirks, »da wurden sie auch schon gezwungen, ein Siebzehn-Punkte-Abkommen zu unterzeichnen, das die Übertragung der gesamten politischen Entscheidungsgewalt an die Chinesen vorsah, die im Gegenzug versprachen, man werde die Autorität des Dalai Lama unangetastet lassen und die Religion und Kultur Tibets respektieren.« Er ging auf und ab, während er sprach. »Die Chinesen hatten die Stirn, dieses Abkommen mit einem gefälschten tibetischen Siegel zu versehen«, schäumte er, »und Seine Heiligkeit konnte dann nichts mehr daran ändern!«

Täglich kamen jetzt Männer aus ganz Gonjo und Markham, ja sogar aus dem Norden in unser Haus. Sie kamen mit Neuigkeiten für meinen Vater, Neuigkeiten vom Treiben der Chinesen. Einmal kam ich an der Tür zum Zimmer meines Vaters vorbei und hörte die bebende, beinahe tränenerstickte Stimme eines Mannes, der folgenden Bericht gab:

»Vor ein paar Tagen sind abends fünf chinesische Soldaten zu meinem Haus in Chamdo gekommen. Es war sehr spät, und wir schliefen schon, als sie an die Tür polterten. Ich rief: ›Was ist!‹, und stand auf, obwohl meine Frau mich im Bett zu halten versuchte. Aber sie warteten nicht auf mich und hatten die Tür schon aufgebrochen. ›Wir wollen eure Kinder abholen‹, sagten sie. ›Sie werden eine Schule im Mutterland besuchen.‹ Da stürzte meine Frau aus dem Nebenzimmer herein und warf sich ihnen zu Füßen. ›Nein, nein, bitte, nein, sie sind doch noch so klein‹, weinte sie laut.

Der Größte unter ihnen stieß sie mit dem Fuß beiseite. ›Deinen Kindern wird ein großes Glück zuteil‹, sagte er höhnisch. ›Es ist eine Ehre, im Mutterland zur Schule zu gehen.‹ Zwei der Soldaten durchsuchten das Haus nach den Kindern. Bald hörten wir von oben Schreie. ›Ama, Amala, Pala!‹, schrie mein kleiner Sohn. Ich machte einen Schritt, doch der große Soldat packte mich an der Schulter. Er gab mir eine heftige Ohrfeige. ›Bleib, wo du bist‹, sagte er. ›Das hier geht dich gar nichts an. Wir sind wegen eurer Kinder hier. Sie können sich glücklich schätzen, dass wir sie aus eurem unzivilisierten Haus holen, damit sie die Herrlichkeiten der Kulturrevolution kennen lernen.‹

Die anderen beiden Soldaten tauchten mit unseren Kindern wieder auf. Meine Tochter Pema ist acht Jahre alt und mein Sohn Paljor fünf. Paljor weinte, und Pema stand dicht neben ihm und hielt seine Hand. Als Paljor uns sah, wand er sich los und wollte mit ausgestreckten Armen auf uns zulaufen. Der Soldat hinter ihm riss ihn jedoch zurück. Paljor wand sich und versuchte nach den Kleidern meiner Frau zu greifen, doch der Soldat riss ihn immer wieder zurück.

›Bitte‹, bettelte ich, ›sie sind doch noch so klein. Wir sind arme Leute, und sie sind alles, was wir haben.‹ Der große Soldat trat vor und versetzte mir einen Schlag, der mich zu Boden warf. Er trat nach mir, immer wieder, in den Bauch, in die Rippen, bis ich keine Luft mehr bekam und zusammengekrümmt liegen blieb.

Während ich noch am Boden lag und meine Frau neben mir weinte, schleppten sie unsere Kinder aus dem Haus. Pema wandte sich nach uns um, Entsetzen in den Augen. Das ist mein letzter Eindruck von ihr, aber Paljor konnten wir noch lange ›Mama! Papa!‹ schreien hören.«

Der Mann brach in Tränen aus, und ich hörte, wie die anderen ihn zu trösten versuchten.

Als ich meinem Vater an diesem Abend das Essen brachte, stand er am Fenster und starrte hinaus. Er regte sich nicht, als ich die Tür öffnete, und auch als ich wieder ging, stand er noch genauso da. Es war das erste Mal, dass ich ihn so sah, und ich würde ihn von jetzt an häufig so sehen. Ich glaube sogar, dass dieser Tag der Anfang seines Endes war.

Tagelang bekam ich diese Geschichte nicht aus dem Kopf. Der verstörte, entsetzte Blick in den Augen der Tochter, die Schreie des Sohns. Immer wieder lief ihre Verschleppung vor meinem inneren Auge ab. Ich stellte mir eine Schule vor, ganz anders als die hiesigen. Ein riesiges Gebäude, kalt und ganz aus Beton, irgendwo in einem fremden Land, fern aller Wärme der Familie und des Freundeskreises. So ganz anders als meine eigene »Schule« in diesem großen, sonnenhellen Raum im vierten Geschoss unseres Hauses.

Die Fenster des Unterrichtsraums sind bereift an diesem Morgen. Ich vergrabe die Finger in der Lammwoll-Einfassung meiner Chuba und versuche mich warm zu halten. Lhamo, Sonam und Tashi sitzen neben mir auf zwei Läufern. Vor uns geht Gonlha auf und ab. Die weiten Ärmel seines Gewandes streifen seine Beine beim Gehen, und es klingt wie Flügelschlag. Er wartet, bis wir die schwarzen Holzbretter auf unserem Schoß mit dem Pulver aus den um unsere Hälse hängenden Beuteln bestäubt haben. Heute lesen wir nämlich nicht aus den heiligen Texten wie sonst meistens, sondern üben das Schreiben. Und während wir stäuben, bietet Gonlha uns einen besonderen Leckerbissen: Er rezitiert aus dem Gesar-Epos.

»Ich bin Gesar, der Löwenkönig von Ling, der große Überwinder und Heiler … Ich halte das Schwert der Wahrheit in der einen Hand und die Medizin des Friedens in der anderen … Wir sind die Verheißung dieser Welt, wir sind die Herrlichkeit …«

Gesar personifiziert sowohl Padmasambhava, den indischen Heiligen, der den Buddhismus nach Tibet brachte, als auch Chenresig, die Gottheit des Erbarmens. Das ist mir das Liebste an diesem ganzen Unterricht, wenn Gonlha die staunenswert mutigen Taten König Gesars rezitiert. Wie oft ich sie auch hören mag, ich kann nie genug bekommen. Aber heute sind meine Finger klamm vor Kälte, und ich habe viel Mühe, den weißen Kreidestaub aus meinem Beutel zu fingern.

Währenddessen behalte ich Gonlhas ewig weite Ärmel im Auge, denn im Unterschied zu anderen Lehrern schlägt er uns zwar niemals, doch wenn wir nicht recht bei der Sache sind, streift er uns gelegentlich mit seinem Ärmel am Kopf. Das ist eher eine kleine Beschämung als eine Strafe, aber genauso wirkungsvoll.

Jetzt habe ich meinen Beutel endlich aufbekommen, nehme eine Prise Staub, streue sie über das Brett und nehme dann meinen Bambusstift, um zu schreiben. Gonlha deklamiert weiter, während wir die großen runden Formen der tibetischen Buchstaben malen.

»Ich bin Gesar, König von Ling, und ich bringe Wohlstand, Würde und Freude, ich vernichte Feigheit, Verblendung und Sklaverei … Wir sind eins in der Würde, wir sind eins im Mut, wir sind eins in der Milde … Von heute an bin ich in euren Herzen.«

Ich schreibe, und Gonlha liest, und mir schwillt das Herz vor Stolz bei den Worten »Wir sind eins in der Würde … eins im Mut …«

Nach der kleinen Pausenmahlzeit sagt Gonlha: »Ich muss jetzt eine Weile fort. Übt ihr weiter das Schreiben.« Wir nehmen unsere Tafeln zur Hand, und er verschwindet durch den Vorhang vor der Tür. Tashi läuft zum Fenster. Er späht hinaus, bis er Gonlhas stattliche Gestalt unten vorbeigehen sieht. Dann hebt er den Daumen, um uns zu bedeuten: »Er ist weg.« Sofort springen wir auf.

Lhamo langt zu mir herüber und zieht mir die Schleife meiner Chuba auf. Sonam wirft mit ihrem Kreidestaubbeutel nach uns, und ich trete ihn wie einen Fußball. Er platzt und gibt eine Staubwolke von sich, und wir purzeln übereinander in den Staub. Zuletzt wirft sich Tashi noch über uns.

Zappelnd, quietschend, kichernd und kreischend balgen wir uns im Kreidestaub. Uns tut schon alles weh vor lauter Lachen. Bis urplötzlich Gonlha in der Tür steht.

»Ja«, sagt er und lässt den Blick über das Chaos am Boden schweifen, »ja, was haben wir denn hier?« Seine Augen werden ganz schmal vor lauter Missbilligung.

»Tashi«, flüstere ich atemlos, »du solltest doch aufpassen …«

Und dann fängt Gonlha an zu lachen. Das Lachen arbeitet sich tief aus seinem umfangreichen Bauch herauf, bis es den ganzen Mann schüttelt. Er lacht und lacht und schwingt seine Ärmel rechts und links nach uns, während wir in größter Eile das Zimmer wieder in Ordnung bringen.

Als wir schließlich alle wieder sitzen und zum Unterricht bereit sind, räuspert Gonlha sich und beginnt wieder zu rezitieren, als wäre nichts gewesen.

»Gesar und seine Kriegerschar stürmen im Galopp über die Brücke aus Rauch, einem Unwetter gleich, das über die weite Wüste fegt … Wie ein über den Himmel rollendes Eisenrad kommt Gesar daher, um die Dämonenhorden zu unterwerfen … Und die Erde wird still.«

Gonlha war ein außergewöhnlicher Mann, mitfühlend und gutmütig, stets lächelnd. Er war ein Mönch aus dem oberhalb unseres Hauses gelegenen Kloster, aber er lebte, so weit ich mich zurückerinnern kann, schon immer bei uns. Er wohnte in einem Zimmer neben unserem Altarraum, für den er zu sorgen hatte, und das ganze Jahr über stand er jeden Tag bereit, um mich und meine Freunde aus der Nachbarschaft zu unterrichten. Er stammte aus einer sehr einfachen Familie, brachte es aber bis zum Gelong in buddhistischer Philosophie, dem höchsten Grad, den man überhaupt erreichen kann. Deshalb lebte er als Mönch, also ohne Frau und eigene Kinder.

Doch über seinen Charakter und seine Intelligenz hinaus

besaß er auch noch magische Kräfte. Er war ein Sersung, ein Hagelschauer-Betrachter; er konnte mit der Kraft des Geistes das Wetter beeinflussen. Einmal, als ein Hagelsturm die Felder verwüsten wollte, setzte er seinen schwarzen Sersung-Hut auf und legte eine besondere dunkle Chuba an. Er nahm sein Ritualschwert in die Hand und begann zu singen und zu tanzen. Dabei nahm sein Gesicht langsam eine blasse, überirdische Farbe an. Er schwang das Schwert in Richtung der Wolken und blies sie schnaubend weg. Kleine Flammen waren an der Schwertspitze und auf seinem Kopf zu sehen. Ich habe sie mit eigenen Augen gesehen.

Ein andermal bewahrte er unser Haus vor Blitz und Donner. Der Himmel flammte taghell auf, der Donner krachte ohrenbetäubend. Gonlha tanzte im Kreis und schwenkte sein Schwert, und bald legte sich das Gewitter, und alles wurde ruhig.

Er half den Menschen im Dorf auch, wenn es Bisse oder Wunden gab, die sich entzündeten und nicht heilen wollten. Er erhitzte eine Sichel, bis sie zischte, berührte sie mit der Zunge und spie dann, mit gesegnetem Wasser im Mund, auf die Wunde. Solche Heilungen waren nichts Außergewöhnliches, denn es gab viele Tantriker, die das auch konnten. Die Kräfte eines Sersung waren jedoch im Vergleich wirklich erstaunlich. Es gab strenge Regeln für den Gebrauch dieser Kräfte. Man musste jahrelang studieren und in der Bergeinsamkeit meditieren, und danach musste ein Sersung noch besondere Gelübde ablegen, bevor er seine Tätigkeit aufnehmen konnte. Und die Kraft konnte nur für andere benutzt werden, die ihrer bedurften.

Gonlha musste in seinem früheren Leben eine Menge Verdienst angesammelt haben, um in diesem so reich begabt zu sein. Und er war nie hochmütig oder eingebildet. Für mich war er dieser große, sanfte Mann, der sich um unseren Tempelraum kümmerte und mich lesen lehrte. Dafür werde ich ihm immer dankbar sein.

Auch wenn immer weitere Neuigkeiten vom Treiben der Chinesen kamen, zu Hause ging das Leben weiter wie eh und je. Im Frühling wurden die Hügel um das Dorf wieder lebendig. Die Tier- und Pflanzenwelt wachte auf. Winzige grüne Sprossen, so zart, dass man sich kaum vorstellen konnte, wie sie bis zum Sommer halten sollten, drängten aus der Erde hervor, wo vor wenigen Wochen noch alles unter einer Schneedecke gelegen hatte. Würmer und Käfer kämpften und wanden sich nach langer Winterstarre ans Licht. Der vom Schmelzwasser angeschwollene Fluss toste in seinem Bett dahin und erfüllte das ganze Tal mit seinem Gesang. An seinen Ufern balgten sich junge Füchse und ließen manchmal ihr kleines heiseres Bellen hören.

Das war meine liebste Jahreszeit, denn jetzt wurden die Tage immer länger, und bald würden wir wieder zu den heißen Quellen aufbrechen. Um diese Jahreszeit lagerten dort viele Familien und genossen die langen Bäder im heißen Schwefelwasser. Oft gingen wir zu Fuß zu den Quellen, aber zu besonderen Gelegenheiten, wenn die ganze Familie samt den Bediensteten aufbrach, beluden wir die Pferde mit Nahrungsmitteln und Decken und Zelten und schlugen bei den Quellen ein Lager auf.

An jenem Morgen, ein halbes Jahr nach meiner Rückkehr, gab es ein verspätetes Schneegestöber. Blendend weiße Flocken schwebten durch die Luft wie heimatlose Geister. Sie legten sich auf alles Sprießende, begradigten kleine Mulden. Der Vogelsang fror für den größten Teil des Tages ein. Die Spinnweben hingen wie Spitzendeckchen am Tor, die Felder lagen wie mit Kreide bestäubt da. Ich wollte eigentlich keinen Schnee mehr, vermochte aber zugleich die Schönheit des Anblicks nicht zu leugnen.

Den ganzen Tag war ich bekümmert über diese Rückkehr des Winters. Vielleicht würde nun unser erster Ausflug zu den heißen Quellen nicht stattfinden. Jetzt am Nachmittag war jedoch die Sonne herausgekommen, und der Frühling drängte zurück in die Luft. Dieser schnelle Umschwung – am Morgen Schnee, jetzt ein lauer Wind – konnte nur durch Zauberei zustande gekommen sein. Vielleicht war Gonlha eingeschritten.

Nach dem Abendessen versammelten wir uns im Hof. Mama, Papa, Ani Rigzin, meine Freundinnen Lhamo und Sonam und ihre Familien. Tashi und Tenzin hatten die Pferde gesattelt. Anya und Pema trugen aus der Küche das Essen in Körben herbei. Die Hunde jagten einander unter den Pferden hindurch.

Als die Yaks beladen waren, brachen wir auf und folgten dem Flussufer. Vor uns ging der Mond auf und warf ein silbriges Licht über das Wasser, und dem frischen Gras gab er ein sonderbares Leuchten. Vom Boden herauf war das weiche Stampfen der Hufe auf feuchter Erde zu hören, und die Hunde liefen bellend voraus. Ein Ritt über Silberwiesen und mitten unter denen, die ich liebte – mir war zumute wie einem kleinen Hengstfohlen.

Irgendwo drehte Papa sich zu mir und Lhamo um und rief: »Seht ihr das da vorn an der Straßenbiegung? Das ist das Gespenst einer alten Frau. Sie trägt warme Geisterkleider – passt bloß auf! Sie braucht auch für ihre Kinder noch welche … haltet eure Chuba gut fest, sonst schnappt sie sie euch weg.«

Wir schrien auf und trieben unsere Pferde dicht aneinander. Ich spähte angestrengt nach vorn. Das Mondlicht narrte die Augen. Für einen Augenblick sah ich das alte gebeugte Haupt und die verstohlen herlangenden Arme, doch dann war es nur ein Strauch am Wegrand.

Hinter uns flüsterte Lhamos Bruder: »Heute Nacht gehen Gespenster um. Sie haben Hunger auf nichtsnutzige kleine Mädchen … Benehmt euch also … es sind nämlich *huuungrige* Geister auf der Suche nach Essbarem.«

Lhamo drehte sich um und schlug mit dem Tuch nach ihm, und dann ließen wir unsere Zügel schnalzen und stoben davon.

Es dauerte nicht lange bis zu der Stelle am Fluss, wo dampfend und Blasen werfend das heiße Wasser aufstieg. Die Bediensteten, Thupten, Pema und Chime, hoben die Essenskörbe und anderen Dinge von den hölzernen Tragegestellen der Yaks. Lhamo und ich liefen voraus zu der Stelle, an der die Frauen badeten, und zogen uns aus.

Wir hatten unsere Chubas und Unterhemden eben ausgezogen, als Sonam angelaufen kam und uns ins Wasser schubste. Es war weich wie Seide und warm. Es rann um meine Arme und Beine und leckte die nackte Haut, und ein scharfer Geruch stieg mir zu Kopf wie von zu alt gewordenen Eiern. Die Wärme drängte in alle Poren und wusch jede noch so kleine Öffnung sauber. Wie gut diese Wärme nach dem langen, badlosen Winter tat!

Lange schwebten wir wie entrückt in diesem Wasser, fühlten die Blasen den Rücken entlangperlen, sahen den Mond gemächlich über den Himmel wandern. Mama und Ani Rigzin hatten sich eine Stelle ein paar Schritte weiter ausgesucht. Ein Stück flussabwärts saßen Papa und Lhamos Vater im seichten Wasser und tranken Chang und sprachen leise miteinander.

Nach einer ganzen Weile brach Lhamo unser Schweigen und flüsterte: »Ich habe Mama und Papa letzte Nacht miteinander reden hören. Sie sprachen davon, dass ich Tenzin Phunsok, Yure Wangmos Sohn, heiraten werde.« Ich sah ihr ins Gesicht und erwartete Kummer darin zu erblicken. Aber im Mondlicht sah ich, wie ein Lächeln sich über dieses Gesicht ausbreitete. »Lhamo«, fragte ich, »bist du nicht traurig?«

»Darauf wartet sie doch schon seit Jahren«, flüsterte Sonam mir ins Ohr. »Du hättest nur sehen sollen, was für Blicke sie Tenzin zuwirft …«

Lhamo wandte das Gesicht ab, und trotz des bleichen Mondlichts glaubte ich ein Erröten zu sehen. Ich zog sie am Arm und schüttelte ein wenig. »Ist das wahr, Lhamo?«

Sie warf mir die Arme um den Hals und drängte ihren Mund ganz nah an mein Ohr und flüsterte: »Ja! Aber sag bloß nichts!«

Ihr Kopf bebte an meinem, als flösse ein seltsamer Strom zwischen uns. Ich spürte ihre Aufregung wie etwas Lebendiges. Zum ersten Mal in all unseren gemeinsamen Jahren merkte ich, dass wir verschieden waren. Ich betrachtete ihre breite Stirn und die starken Kinnladen und sah etwas, das mir noch nie aufgefallen war. Die erdhafte Gestaltung ihres Körpers, seine tiefe Verwurzelung in diesem Leben. Ein Körper, der sich Kinder wünschte, der zum Gebären geschaffen war. Im selben Dorf geboren und von Anfang an zusammen. Allenthalben die gleichen Einflüsse. Und doch machte etwas uns verschieden. Vielleicht war es die Folge früherer Leben, des Karma, das jede von uns angesammelt hatte. Was es auch war, jedenfalls würden unsere Leben verschiedene Richtungen nehmen, so viel sah ich jetzt. Ich wünschte mir ein Leben der Stille und des Gebets, sie war auf ein weltliches Leben aus. Von da an, wenngleich wir Freundinnen blieben, nahmen unsere Seelen verschiedene Wege, und ich empfand das Schwesterliche, das uns bisher verbunden hatte, nie wieder so wie bis jetzt.

Manchmal fragte ich mich seitdem, was die Menschen so verschieden macht, welche kleine Stimme sich da einschaltet und uns zu dem macht, was wir sind. Manchmal in der Nacht fühlte ich Seelen der Vergangenheit um mich schweben, auf den Funken wartend, der sie wieder ins Leben tragen würde. Wer mochte das sein? Woher kamen sie? Tagelang war ich dann gedankenverloren: diese Welt und die jenseitige; mein Vater, meine Mutter; dies Geheimnisvolle, das uns erschafft.

Im nächsten Jahr kam ein Teekaufmann aus dem Westen des Landes und berichtete von einem Unheil kündenden Vorfall. »Man hat einen Wolf auf den Wällen des großen Sakya-Klosters umherstreifen sehen«, erzählte er. Wir drängten uns um ihn, um mehr zu erfahren.

»Er wurde gehetzt und schließlich in einem trockenen Flussbett zu Tode gesteinigt. Sie trugen ihn ins Kloster, und dort wurde er ausgestopft. Sie hängten ihn an einen Pfahl vor dem Tor. Alle, die ihn da sahen, sagten, das sei ein Zeichen, dass die Chinesen nicht mehr fern wären.«

Mein Vater stimmte zu. »Ja, das war ein Omen. Bist jetzt ist Lemdha verschont geblieben, aber wie lange wird es noch so bleiben?«

Im Frühjahr 1953 wehten die Winde heftiger als sonst. Stürme von solcher Gewalt hatte man schon viele Jahre nicht mehr erlebt. Staub wurde in großen Wolken aufgewirbelt und fegte über das Tal. Etliche Masten mit Gebetsfahnen warf der Sturm um.

»Es ist ein böses Vorzeichen«, sagten viele. »Die Chinesen werden bald kommen.«

Nördlich von uns, in Amdo, so wurde erzählt, hatten die Chinesen mit Denunzierungen begonnen. Es gab Auseinandersetzungen, Festnahmen, Hinrichtungen, vereinzelt sogar Kämpfe. Tausende von Amdoern wurden getötet oder in Arbeitslager verschleppt.

Im Süden, in der Gegend von Gyalthang, teilten die Chinesen die Menschen in fünf Klassen ein, und bald erfasste eine

Verhaftungswelle das Land. Die Menschen der ersten drei Klassen – Landesherren, Landbesitzer und Lamas – wurden öffentlich gedemütigt und verurteilt.

All das schien sich immer noch ziemlich weit weg abzuspielen. Die neu gebaute Autostraße zwischen Derge und Chamdo kam uns jedoch schon näher. Tag für Tag kamen immer mehr Chinesen nach Kham; es hieß, das sei Teil eines großen Verdrängungsplans, nach dem die Menschen in Massen aus den übervölkerten Regionen Chinas in die weiten, leeren Gebiete Tibets umgesiedelt wurden. Das verlief so erfolgreich, dass es in manchen Landesteilen einige Jahre später schon mehr Chinesen als Tibeter gab und das tibetische Leben von einst allmählich von der Bildfläche verschwand.

1953 jedoch spürten wir einstweilen nur die Schatten dessen, was kommen sollte.

Zwei Jahre nach diesem Ausflug zu den heißen Quellen heiratete Lhamo.

Ich war bei Lhamo in ihrem Zimmer im dritten Geschoss, als der Bräutigam mit Familie und Freunden kam, um sie zu seinem Haus zu geleiten. Am Tag der Hochzeit, so wollte es der Brauch, durfte die Braut den Bräutigam nicht sehen; das würde Unglück bringen. Lhamo hatte Tenzin Phunsok natürlich schon früher oft gesehen, doch heute bestand ihre Mutter darauf, dass sie nicht ans Fenster ging.

Dafür schob Lhamo mich in Richtung Fenster. »Siehst du ihn?«, fragte sie. »Wirkt er glücklich?« Sie zupfte an ihren Ärmeln und fingerte nervös an den Perlen im Haar. Ich hatte sie noch nie so aufgeregt gesehen.

Doch als sie dann später in ihrer gelben Brokat-Chuba mit den blütenbestickten Säumen die Treppe hinunterging, strahlte sie. In ihre beiden Zöpfe waren Türkisperlen hineingeflochten. An ihren Ohren hingen lange goldene Ringe, und um den

Hals lag eine Kette aus Türkisen und Korallen. Die Handgelenke zierten Jadebänder, und an den Fingern trug sie Onyxringe.

Auf dem Hof wurde sie von Verwandten umringt. Sie verhüllten Lhamo mit einem weißen Tuch, hängten ihr das Symbol des Pfeils um den Hals und halfen ihr aufs Pferd.

Bei Tenzins Haus angekommen, wurde sie abermals von den Verwandten umringt, die ihr die traditionellen weißen Seidenschals um den Hals legten. Die Zeremonie fand im dritten Geschoss des Hauses statt. Khale Rinpoche leitete die Gebete. Am Ende segnete er Lhamo und Tenzin, und dann wurde unten in der Küche aufgetragen.

Drei Tage und drei Nächte dauerte das Fest. Draußen am Feuer boten Tanzgruppen ihre Künste dar, und im ganzen Hof wurden die Geschenke ausgebreitet, damit jeder sie sehen konnte. Gewehre, Edelsteine, Silberschalen, Pferde, Sättel, Decken und vieles mehr, was sich nicht alles aufzählen lässt.

Als ich mich am letzten Tag verabschiedete, sah ich mich noch einmal um im Raum. Die Brokatstoffe an den Pfosten waren erschlafft. An den Wänden entlang überall leere Chang-Schalen auf den Tischen. Im Hintergrund, neben großen Wasserbecken, Stapel von gebrauchtem Geschirr. Und in allen Ecken Geschenke, bergeweise. Mich ergriff bei diesem Anblick ein Unbehagen. So sinnlos erschien mir manches.

Die Worte meines Vaters fielen mir ein: »Wenn die Besitzgier keine Grenzen kennt, wird alles, was du tust, wertlos … Materieller Besitz geht nicht mit dir, wenn du stirbst.«

Nicht lange danach wachte ich eines Tages auf und empfand etwas Fremdes in der Luft. Es war nichts Bestimmtes, was ich hätte benennen können. Aber ich fühlte es in der Magengrube.

Das Gefühl folgte mir den ganzen Vormittag. Manchmal hielt ich ganz aufgeregt den Atem an, als wäre es der Tag vor dem Losar oder als stünde ein Ausflug bevor. Doch es mischte sich auch eine vage Angst hinein, als würde jemand weggehen.

Am späten Vormittag war ich mit Anya am Fluss, und da sah ich etwas. Auf einem Hügel oberhalb des Flusses stand ein Mann und blickte herunter. Er trug eine Jacke, lange schmale Hosen und einen sonderbaren runden Hut, der nur vorn eine Art Krempe besaß. Dergleichen hatte ich noch nie gesehen. Er sah uns eine Weile zu und wandte sich dann ab, um weiter die Straße hinaufzugehen. Ich blickte ihm nach, bis er verschwand.

»Ashe Pachen.« Anya hatte wohl gemerkt, dass ich ganz woanders war, und gab mir einen Stups. »Wonach schaust du denn da?«

Was hätte ich sagen können? Sicher, den Anblick des Mannes hätte ich beschreiben können, doch da war noch etwas anderes, ein Gefühl, das er auslöste. Eine Einsamkeit wie unter der Haut und in meinen Knochen, ein Gefühl, das mir Angst einflößte.

Aber das konnte ich nicht erklären, also hob ich nur die Schultern und wandte mich wieder der Wäsche zu meinen Füßen zu.

Einige Zeit später waren Anya und ich wieder mal am Fluss und standen knöcheltief im Wasser, um die gewaschene Wäsche auszuspülen. Wir hielten die Wäschestücke mit den Händen und ließen sie im Fluss treiben, bis das Wasser klar blieb, dann warfen wir sie zum Trocknen auf die Steine am Ufer.

Das Wasser hatte seine Sommerwärme schon verloren und war beißend kalt an den Füßen. Ich hob die Füße abwechselnd heraus, damit sie nicht zu kalt wurden. Dabei musste ich mich allerdings auch noch irgendwie auf den glitschigen Steinen halten und mich beim Ausspülen der Wäsche hinunterbeugen. Eben hatte ich wieder einen sicheren Stand gefunden, mit dem einen Fuß auf einem flachen bemoosten Stein und mit dem andern auf einem großen runden, als ich meinen Namen rufen hörte: »Ashe Pachen … Ashe …«

Es war die Stimme meiner Mutter. Sie klang höher als sonst; es schien wichtig zu sein. »Ashe … Pa…chen …« Ich verstand meinen Namen, doch den Rest verschluckte das Rauschen des Wassers.

Da kam Sonam auf uns zugelaufen. »Ashe, komm … deine Mutter möchte, dass du kommst … die Chinesen sind da …«

Die Chinesen. Die Worte durchfuhren mich wie ein Blitz. Ich warf die Wäsche ans Ufer und rannte. Ich vergaß sogar, meine Schuhe anzuziehen. Den Pfad hinauf, durchs Tor, die Eingangstreppe hinunter und dann wieder aufwärts zur Küche.

Fünf, sechs, sieben Männer standen hinten in der Nähe der Herdstelle. Alle trugen diese Jacken, die langen schmalen Hosen, den seltsamen runden Hut, der nur vorn einen Rand hatte. Einer wandte sich zu mir um, als ich eintrat. Aus der Nähe erkannte ich jetzt einen kleinen roten Stern an der Vorderseite seiner Mütze. Ich dachte dabei an Blut.

Der Mann nahm mich mit einem scharfen Nicken zur Kenntnis und wandte sich dann wieder meinem zwischen ihnen stehenden Vater zu. Ich beugte mich vor, um zu hören, was verhandelt wurde, doch sie sprachen in einer mir völlig unbekannten Sprache. Ein junger Tibeter, der neben ihnen stand, verwandelte ihre Worte für meinen Vater in tibetische. Er sprach allerdings so leise, dass ich mir auch mit der Hand am Ohr kein Bild machen konnte.

Nachdem die Chinesen wieder gegangen waren, traf mein Vater sich am Abend mit etlichen Beratern in seinem Zimmer. Durch einen Spalt in der Tür sah ich ihn auf und ab gehen. Ich legte das Ohr an die Tür und hörte Pema Tsering sprechen: »Sie haben Seide, Brokat und Silbermünzen für Getreide geboten. Sie sagen, dass sie kommen, um uns vor fremden Imperialisten zu schützen …«

»Aber es sind Soldaten«, erwiderte Shamo Chemi. »Im Norden haben sie das Kloster von Chamdo angegriffen …«

Mein Vater ging immer noch auf und ab. »Sie wollen uns bestechen und mit Versprechungen für sich gewinnen«, sagte er. »Ihre Worte sind wie auf ein Messer gestrichener Honig. Wenn du daran leckst, schneidest du dir in die Zunge. Man kann ihnen nicht trauen.«

Der eckige Kolben des Gewehrs drückte sich in meine Schulter. Es war schwierig. Ich drückte den kalten Abzug so fest ich konnte, und der Rückschlag warf mich gegen meinen hinter mir stehenden Vater. An der Brust verspürte ich einen Schmerz wie vom Huftritt eines Pferdes. Ich biss mir auf die Lippen und sagte nichts.

Ich war mit meinem Vater auf dem Dach. Er wollte mir beibringen, wie man mit einem Gewehr umgeht. Unten am Boden, ein Stück vom Haus entfernt, stand ein Pfahl mit einer kleinen Holzschachtel darauf. Die sollte ich zu treffen versuchen. Mein Vater beugte sich vor, um zu sehen, wie nah ich schon dran war.

»Da rüber«, winkte er. »Etwas nach links und höher.«

Er ergriff den langen Lauf und bückte sich neben mir, um meine Hand zu führen.

»Ganz still halten … nicht atmen. Jetzt – Feuer!«

Wieder dieser Schmerz auf der Brust.

»Getroffen!« Er fuhr mir begeistert durchs Haar. »Aber wenn das ein Chinese wäre, würdest du ihn töten können?«

Würde ich töten können? Die Worte polterten in mir wie Donner.

Ich höre Schritte hinter mir den Weg herunterkommen. Das scharfe Klappern schneller Schritte auf Stein. Wie Gewehrschüsse.

Ich drehe mich um. Ein Mann steht da, unsichtbar in den

77

Schatten. Unsichtbar bis auf seine Schuhe. Ausländische Schuhe.
Ich wende mich ab und laufe. Ich laufe ins Dunkel.
  Die Schritte sind immer hinter mir.

Ich erwachte schweißgebadet.

Den ganzen Tag konnte ich diesen Traum nicht loswerden. Am späten Nachmittag suchte ich Gonlha, weil ich meine Furcht nicht aus eigener Kraft zu beschwichtigen vermochte. Ich fand ihn im Altarraum des Hauses, wo er eine der hundert Messingschalen auf dem Altar polierte.

Als ich ihm meinen Traum erzählte, saß er still da, den Blick auf die im Schoß liegenden Hände gesenkt. Dann schwiegen wir miteinander. Manchmal dachte ich, er meditiere, dann kam es mir wieder so vor, als schlafe er.

Als ich schon dachte, es werde keine Antwort kommen, flüsterte er meinen Namen: »Lemdha Pachen.« Er bewegte ihn im Mund, als wäre er eine Gebetsperle. Langsam hob er den Blick und sah mir in die Augen und wiederholte meinen Namen.

»Lemdha Pachen. Die Welt, die du mit deinen Augen siehst, ist flüchtig wie ein Blitz ... wie der Tau. Nur die Welt jenseits der Gedanken und Erscheinungen ist wahrhaft wirklich. Du musst deinen Geist leer machen – weit wie der Himmel. Halte dich nicht bei Befürchtungen und Sorgen auf, bring ihn zur Ruhe.«

Er nahm meine Hand in seine und beugte sich zu mir hin, bis wir Stirn an Stirn waren. So blieben wir eine Weile sitzen. Dann stand er auf und verließ mit langsamem, hinkendem Schritt den Altarraum, um in sein Zimmer zu gehen.

Das Tageslicht schwand allmählich, und von einem nahe gelegenen Kloster tönten klagend die Hörner herüber.

Ich blieb und betete für mich allein im Licht von hundert Butterlampen.

Om Mani Peme Hung.

4.
Zum Kloster

Das Jahr des Holzpferdes begann wie jedes andere. Ein neues Jahr, ein neuer Anfang. Und wie der Neuanfang ein Zug der Natur ist, so liegt es in der Natur des Menschen zu vergessen. Wie das Gras nichts mehr vom Winterfrost weiß, wenn es frisch und neu in die Welt zurückkehrt, so verlor sich die drohende Anwesenheit der Chinesen nach und nach aus meinen Gedanken.

Hätte ich damals schon gewusst, dass Dinge, die uns aus dem Sinn gehen, nicht unbedingt auch aus der Welt verschwinden, wäre ich vielleicht nicht gar so sorglos gewesen. Denn tatsächlich hatten die Chinesen überhaupt nicht vor zu verschwinden. Sie hatten eine tibetische Delegation so weit übertölpelt, dass sie ein Papier unterschrieb, mit dem wir praktisch unsere Unabhängigkeit aufgaben. Und darin verbissen sie sich jetzt wie ein Hund, der seinen Knochen auf keinen Fall hergibt.

Jahrelang hatten sie uns mit Schmeicheleien und Geschenken in eine falsche Sicherheit gewiegt. »Unsere Regierung wird an der tibetischen nichts ändern«, hatten sie gesagt. Aber das war eine Lüge. Überall in Tibet zogen sie ihr eigenes Regime auf. In der Nachbarstadt Chamdo setzten sie ein von chinesischen Beamten geleitetes Volksbefreiungskomitee ein. Mein Vater sollte dort als Repräsentant für Gonjo auftreten, doch tatsächlich war er wie viele andere Tibeter nur nominelles Mitglied und wurde selten zu den Zusammenkünften geladen. In anderen Teilen Tibets begannen die Komitees Reformen durchzusetzen, doch unser Dorf blieb davon einstweilen noch unberührt, und das Leben ging weiter wie immer.

Die Welt der Komitees und Funktionäre war für mich zu dieser Zeit, Ende 1953, völlig uninteressant. Mein Dorf lag zwar nur einen Tagesritt von Chamdo entfernt, aber was sich dort ereignete, schien mir so weit weg wie ein ferner Stern.

Zwanzig Tage vor dem Beginn des neuen Jahres begannen wir mit dem Aufstocken unserer Ölvorräte. Dazu wurde Senfsaat geröstet, zu einer Paste gestampft und dann gekocht. Tagelang wurden Kapse, unsere Neujahrskuchen, in großen Pfannen in Öl gebacken, und bald waren alle Tische voll mit diesen dampfenden, knusprigen Leckerbissen, manche rot oder grün, manche salzig und manche süß.

Einige Tage vor dem Fest wurden noch andere Lebensmittel in Tongefäßen verstaut – eingelegte Rettiche, Hafermehl und zerkleinertes Fleisch, Kartoffeln mit Kohl, gekochte Schafsköpfe.

Am Tag vor dem Beginn des Losar, der Neujahrsfeiern, wurden die Häuser von oben bis unten geputzt, die Fenster- und Türbehänge gewechselt. Die Altäre wurden mit Gerste geschmückt; seitlich fanden Reis und ein Schafskopf ihren Platz. Um die Statuen der Gottheiten legte man frische Seidentücher, und die Stützbalken wurden mit Brokatstoffen umhüllt. In die Küche kamen neue Polster und Teppiche für die Gäste, die während der nächsten zehn Tage zu erwarten waren. Sogar die Glückszeichen an der Wand erhielten einen frischen Anstrich. Und am späten Nachmittag trug man Opfergaben von Kapse, Früchten, Würsten und Schafsköpfen zu den drei Klöstern in unserer Gegend.

Nachdem an diesem Tag alle Vorbereitungen getroffen waren, wurden am Abend riesige Kupferkessel mit Milch und Wasser auf die Feuerstelle gehoben, und bald erfüllten Dampf und Milchduft die Küche. Die Frauen badeten dann in der seidenweichen Flüssigkeit, wie es die Männer schon am Tag zuvor getan hatten. Während sie das Wasser die Arme hinunterlaufen ließen, wandten sie sich nach Osten, in die Richtung der Reinheit und des Friedens.

Ich sehe noch das Licht auf unserer Haut glitzern, den aufsteigenden Dampf. Meine Haut fühlte sich an wie Seide, gereinigt für das kommende Jahr. In dieser Nacht vor dem Losar kam in meinen Träumen immer wieder der mit Rauch gemischte süße Milchduft meiner Hände vor.

Am ersten Tag des Holzpferd-Jahres wachte ich sehr früh auf, Stunden vor der Morgendämmerung. Die Luft war beim Atmen beißend kalt. Schnell schlüpfte ich in meine Schaffell-Chuba, schnürte die Riemen um meine Stiefel und lief die Treppe hinunter.

Mama war schon in der Küche und eben mit dem Kupfereimer aus der Speisekammer auf dem Weg zur Tür. Ich schnappte ihr den Eimer weg und war zur Tür hinaus und auf dem Weg zum Fluss, bevor sie auch nur den Mund aufmachen konnte.

In den Fenstern einiger anderer Häuser sah ich flackerndes Licht. Hier und da kräuselte sich sogar schon Rauch aus den Kaminen in den Himmel. Doch so weit ich sehen konnte, war außer mir noch keiner auf dem Weg zum Fluss. Der halbe Mond hing tief am westlichen Himmel und warf genügend Licht, sodass ich nicht stolpern würde. Den Eimer auf die Hüfte gestützt, ging ich schnell weiter.

Unten am Fluss ließ ich mich erst einmal wieder zu Atem kommen. Unter der dünnen Eisdecke am Ufer floss das Wasser mit leisem Klirren und Klimpern wie von kleinen Silberglocken. Hinter mir hörte ich das Knirschen von Schritten. Als ich mich umdrehte, sah ich Pema Gyaltsens Sohn auf mich zulaufen.

Schnell, bevor er mich erreichte, nahm ich meinen Eimer und stieß ihn durch das zersplitternde Eis. Als er atemlos neben mir stehen blieb, hob ich den Eimer aus dem Fluss und setzte ihn mir auf die Hüfte. Ich sah sein enttäuschtes Gesicht und dachte einen Augenblick lang, er werde mir den Eimer aus den Händen schlagen. Doch dann lächelte er und gab mir einen freundschaftlichen kleinen Schubs.

»Du hast es, das goldene Wasser! Das erste Wasser des neuen Jahres. Es wird deiner Familie Glück bringen.« Ich beugte kurz den Kopf und wandte mich heimwärts.

Im Weggehen hörte ich ihn noch leise murmeln: »Die Familie eines Clan-Führers hat eigentlich schon genug Glück ...«

»Aufwachen! Aufwachen!«, riefen wir. »Papa! Ani Rigzin! Kunsang! Anya! Glückliches Losar!« Wir trugen eine mit Butter-Tsampa und Weizen gefüllte und mit Streifen Goldpapier geschmückte Kiste hinauf; das Wasser in einem silbernen Krug.

Ich nahm die Kleider und den Schmuck in die Hände, die ich am Abend zuvor neben meinem Bett bereitgelegt hatte. Beim Anblick des neuen Brokatstoffs meiner Chuba fielen mir die Kinderjahre ein, wo ich beim Aufwachen an diesem ersten Losartag stets neue Kleider und Schmuck unter meinem Kopfkissen vorgefunden hatte. Sie konnten nur durch Zauberei dorthin gelangt sein.

Einmal hatte es eine mit weißem Pelz eingefasste kleine weiße Chuba gegeben, dazu einen weißen Fellhut und zwei große *Dzi* an einer Silberkette – das sind geheimnisvolle Steine mit schwarz umrandeten »Augen«, die aus den Ozeanen längst vergangener Zeiten stammen sollten. An diesem Tag nannte mein Vater mich seine kleine Schneeprinzessin.

»Geh nicht so nah an den Ofen, meine kleine Schneeprinzessin, sonst schmilzt du.« Er lachte sein Bärenlachen und hob mich auf den Arm, um seine Nase in das Fell meiner Chuba zu drücken.

Aber jetzt war ich groß, und nichts lag mehr unter meinem Kopfkissen. Ich selbst legte die Sachen am Abend neben meinem Bett zurecht.

Im Altarraum unseres Hauses war zum Losar ein besonderes goldenes Thangka aufgehängt worden, ein Geschenk der Regierung in Lhasa. Vorn auf dem Altar stand eine lebensgroße goldene Statue von Guru Padmasambhava, zu beiden Seiten anmutige Göttinnen und dahinter Statuen aller Größen und Farben. In die roten Stützbalken der Decke waren goldene Drachen geschnitzt. Heilige Texte standen entlang der Wände. Auf Bänken lagen Glocken, Hörner und Trommeln bereit.

Über den hundert Butterlampen kräuselte sich der Rauch zur Decke hinauf, und ihr flackerndes Licht spiegelte sich in Padmasambhavas Gesicht. Manchmal glaubte man ihn atmen zu sehen. Ehrfurchtsvoll warfen wir uns dreimal vor ihm nieder, legten eine weiße Zeremonialschärpe vor ihn hin und hielten die zusammengelegten Hände an die Brust.

In unseren Gebeten baten wir darum, von der Neigung zu Festhalten und Anhaften frei zu werden, um unseres wahren Wesens, unserer ursprünglichen Weisheit teilhaftig sein zu können. Wir beteten um Reinigung von den drei Giften Unwissenheit, Hass und Begierde. Wir beteten um eine mitfühlende und freundliche Haltung gegenüber anderen. Wir beteten, dass es uns möglich sein möge, dem Pfad der Befreiung zu folgen.

Ich gelobte an diesem Morgen, dass ich mein Leben der Verwandlung meines begrenzten Ichs weihen würde, um den Regenbogenkörper zu erlangen und die Welt des Klaren Lichts zu finden. Möge ich die Anhaftungen meines Denkens durchtrennen, möge ich anderen gegenüber mitfühlend sein, möge mir beschieden sein, in Gyalse Rinpoches Kloster zurückzukehren und seine Unterweisungen zu hören. Beim Beten sah ich sein Kloster vor mir; es rief und lockte mich.

Den Tag über roch ich immer wieder mal an meiner Hand, an der sich der süße Duft der Milch noch hielt. Etwas anderes, Ungreifbares, schwang mit in diesem Duft. Es trug mich wie das Licht im Gras auf den Wiesen, wie der Wind im Geäst der Bäume, wie vom Fluss aufsteigender Dunst. Als der Duft schwand, hauchte ich auf meine Haut, und die Wärme brachte ihn für Augenblicke zurück. Letzte Spuren blieben mir noch den ganzen nächsten Tag.

Papa hatte seit dem Vormittag Chang getrunken und lachte lauter als gewöhnlich. Der Häuptlingshut, den die tibetische Regierung ihm verliehen hatte, saß etwas schief auf seinem Kopf. Auch seine gelbe Brokat-Chuba wirkte ein klein wenig derangiert. Er stand hinten in der Küche neben einem Kessel Chang und hatte die Arme seinem lieben Freund Pema Gyaltsen um den Hals gelegt.

»Pemala«, dröhnte seine Stimme durch den Raum; er bedachte seinen Freund mit dem besondere Hochachtung und Wertschätzung ausdrückenden »la«. »Pemala, mein guter Freund. Trink auf die Jahre unserer Freundschaft und die Tage unserer Jugend und unsere kühnen Taten … wir sind zusammen durch die Ebenen aus Gold geritten … wir haben den silbernen Pfeil abgeschossen …«

Bei solchen Zusammenkünften war mein Vater normalerweise eher zurückhaltend, es sei denn, er hatte wirklich etwas zu sagen – oder Chang getrunken, das ihm die Zunge löste. An diesem zweiten Tag des Losar kamen den ganzen Tag über Gäste. Es wurde viel gegessen und noch mehr getrunken. Es wurde getanzt, gesungen, gespielt, und bis zum Abend waren alle in Hochstimmung. Mein Vater gab sogar ein Lied zum Besten, nachdem er auf seinen guten Freund getrunken hatte.

Das gute Kampfpferd ist wie ein flinker Vogel,
der goldene Sattel wie sein Gefieder.
Sind der Vogel und sein Gefieder zusammen,
ist das große Hochland leicht zu durchqueren …

Wieder umarmte er Pema Gyaltsen und trank auf ihre Freundschaft.

Ich stand ein wenig abseits der anderen und sah zu. In der Mitte hatten einige Männer und Frauen, Jungen und Mädchen zu tanzen begonnen. Gemeinsam warfen sie die Beine, die Arme einander um die Hüfte gelegt.

»Ashe, komm!« Lhamo winkte mir zum Mittanzen. Ich lief rot an und drückte mich an die Wand. Ich schüttelte den Kopf. Sie sollten gar nicht erst hersehen. Ich bückte mich, als täten mir die Beine weh, doch Lhamo rief mich immer wieder.

Ich versuchte mich unsichtbar klein zu machen, ich wünschte mich weit weg.

Ashe ist eine ganz Stille … immer für sich. Die Worte drehten sich in meinem Kopf, und ich schloss die Augen.

Das Stimmengewirr im Raum wurde lauter. Hier und da Gelächter und Rufe. Saiten wurden angeschlagen. Ich öffnete die Augen.

Gegenüber sah ich Pema Gyaltsens Sohn Dhonyu, der mich anstarrte. Der Blick eines Wolfs, der sein Opfer beobachtet.

Ich drückte mich an der Wand entlang zu einem der Stützbalken und versteckte mich halb dahinter, doch sein Blick folgte mir. In diesem Augenblick spürte ich ein Zupfen an meiner Chuba, und als ich hinunterblickte, sah ich ein weißes Knäuel.

»Dolma!« Erleichtert ließ ich mich zu ihr hinunter und nahm sie auf den Schoß. Sie hechelte, die kleine rosa Zunge hing ihr feucht glänzend aus dem Maul. Sie wand sich unruhig unter meinen Händen. Ich legte ihr eine Hand auf den Kopf. »Ich weiß«, sagte ich, »zu viele Leute, zu laut.« Ich drehte sie auf den Rücken und streichelte ihr den rosigen Bauch und spürte dabei, wie ihr das Herz pochte in all dem Trubel. »Ist schon gut«, sagte ich und legte meinen Kopf an ihren, »hab keine Angst.«

»Ashe Pachen …« Lhamos Mutter auf der anderen Seite der Küche rief mich. Sie war eine korpulente Frau mit etwas watschelndem Gang. Sie kam und blickte zu mir herunter, bis ich aufstand. Ich hielt mir Dolma an die Brust und versteckte mein Gesicht halb hinter ihr.

»Tashi Delek und ein glückliches Losar«, sagte sie. Ich nickte ihr zu.

Sie wartete wohl auf eine Antwort, und als ich keine gab, sprach sie selbst weiter. »Ich habe gesehen, wie Pema Gyaltsens Sohn nach dir schaut.« Ich fühlte den bohrenden Blick ihrer kleinen Augen körperlich. Die Zunge klebte mir am Gaumen.

Als ich immer noch nichts sagte, fuhr sie fort: »Der Sohn des besten Freundes deines Vaters – das würde schon gut passen.« Ihr Mund blieb halb geöffnet. Wie bei einem Jungvogel, der gefüttert werden will, dachte ich.

Ich trat einen Schritt zurück und sah meine Mutter am Herd stehen. Ich tat so, als würde ich von ihr gerufen, und machte mich davon.

»Lhamo bekommt ein Kind«, hörte ich hinter mir noch, aber ich drehte mich nicht mehr um.

Mama richtete Rippchen und Nudeln auf Platten an. Sie

hatte sich die Blusenärmel aufgerollt, und einer ihrer goldenen Ohrringe hatte sich im Haar verfangen. Sie wirkte unwirsch, als sie mich sah, und winkte mich weg. »Steh doch nicht immer allein irgendwo am Rand herum … unterhalte dich mit den Gästen …«

Ich fühlte mich durch ihre Worte noch mehr in die Enge gedrängt und antwortete beinahe grob: »Ich mache, was *ich* will.« Ich ging an ihr vorbei wieder an den Rand der Küche und lehnte mich an die Wand und sah mich einfach um.

Ich beobachtete die Leute gern aus sicherer Entfernung. Das wurde mir auch nach Stunden nicht langweilig. Ich stellte mir gern vor, was hinter dem äußeren Anschein, den sie sich alle Tage gaben, vorgehen mochte. Sie mochten lächeln oder wütend oder traurig sein – ich sah stets mehr als das, was ihre Gesichter zeigten. Manchmal, wenn sie meinten, dass niemand hinsah, gaben die Gesichter gänzlich nach, und ich sah für Augenblicke ein kleines Kind oder eine alte Frau – einen völlig anderen Menschen. Manchmal verriet irgendeine winzige unwillkürliche Geste ein tiefes Geheimnis, und sie zeigten ohne es zu wollen, wer sie wirklich waren und was sie in der Tiefe wirklich dachten. Ich erfand zu jedem eine Geschichte. Ich hatte kein Talent zum Plaudern, ich hatte für Fragen nichts übrig. Ich sah lieber zu.

Spät am Abend kam noch Choenyi Dolma, eine Gesar-Sängerin aus unserem Dorf. Ich saß ganz am Rand, Dolma auf dem Schoß, und lauschte den Liedern von König Gesars Taten. Sie begann mit hoher, zitternder Stimme.

Falls jemand diese Gegend nicht kennt: Es ist das Reich Ling in der Mitte der Welt. Falls jemand mich nicht kennt: Ich bin Ma nene Karmo. Ich wohne im blauen Türkispalast im göttlichen Paradies …

Ihre Augen hoben sich beim Singen zum Himmel, und ihr Gesicht leuchtete wie von innen.

Du musst die Unterwelt aufsuchen, und hast du sie erreicht, so hüte dich vor den eberköpfigen und hundeköpfigen Geistern. Du wirst dort auch die kalte und die heiße Hölle finden. Und einen grundlosen Fluss gibt es da, den nur du auf deinem Pferd überqueren kannst …

Ringsum war es ganz still geworden, alle Augen auf Choenyi Dolma gerichtet. Einige hatten sich vorgebeugt auf ihrem Sitzplatz, im Gesicht ein Ausdruck des Staunens oder tiefer Sammlung.

Wenn du Feinde vernichtest, bringt Padmasambhava sie sogleich ins Reich des Himmels. Ich Ma nene Karmo, empfinde stets Mitgefühl und niemals Hass für die Lebewesen. Auch du musst tätig werden. Bleibe nicht hier in Ling. Suche die Unterwelt auf, um die Lebewesen zu retten. Folge dem weißen Licht.

Würde ich den Mut haben, mich den eberköpfigen Geistern zu stellen und die kalten und heißen Höllen zu ertragen? Und Lebewesen zu retten, war das nicht viel verdienstvoller als zu heiraten? Ich betete: *Om Mani Peme Hung*, gib mir den Mut.

So sang Ma nene Karma von König Gesars Abstieg in die Hölle. Vom goldenen Thron des Sieges herab betrachtete König Gesar, der Himmelsherrscher, Baum des Lebens für diese Erde, die Versammelten aufmerksam. Alle Väter und Mütter, Söhne und Töchter von Ling bekundeten dem König ihre verehrungsvolle Liebe und ihre guten Wünsche. Sie sangen Lieder und boten Tänze dar. Festlich gestimmt, tranken sie Tee und Gerstenbier. *Om Mani Peme Hung.*

Am Ende des Abends waren manche Gäste nach Hause gegangen, während andere auf den vielen Polstern im Zimmer schliefen. Mama setzte sich auf eine Bank an der Feuerstelle und rieb sich das Gesicht. Haarsträhnen hingen ihr ins Gesicht und klebten an der bleichen Stirn. Die goldenen Armreifen schienen zu schwer für ihre Hände, die Finger waren unter den Goldringen angeschwollen. An einer Stelle ihres Handgelenks, wo zwei Adern zusammenliefen, sah ich ihren hüpfenden Puls.

Der Anblick erschreckte mich. Sie ist so müde, dachte ich. Sie hat keine Zeit für Gebete oder ihre spirituelle Übung gehabt. Ihre Gesundheit könnte Schaden nehmen. Ich machte mir Sorgen. Wenn sie starb, was sollte dann aus ihrem Geist werden? Und was würde ich ohne sie tun? Es tat mir jetzt Leid, dass ich ihr so grob geantwortet hatte. Sie meinte es ja nur gut.

»Komm, lass mich dir ein bisschen über den Rücken streichen«, sagte ich und setzte mich hinter sie. Ich hob ihr Haar, und darunter kam ihr weißer, glatter Hals zum Vorschein, die Haut so seidig wie die eines Säuglings. Ich küsste die weiche Furche im Nacken und begann dann mit sanftem Griff ihren Rücken auszustreichen. »Süße kleine Mana«, flüsterte ich.

Am nächsten Tag flehte ich meinen Vater an, er solle sie für eine Zeit zu Gyalse Rinpoche ins Kloster gehen lassen, und nachdem ich eine ganze Weile weinend und händeringend gebettelt hatte, willigte er endlich ein. Einige Tage später bat ich, sie begleiten zu dürfen, und auch das erlaubte er.

Wir brachen zu dritt auf, Mama, Tashi und ich. Viele andere waren noch unterwegs zum Kloster, doch die meisten waren nicht beritten wie wir, sondern mussten zu Fuß gehen.

In den drei Wochen, die wir unterwegs waren, machten wir jeden Abend bei einbrechender Dämmerung Halt, um Holz für das Lagerfeuer zu sammeln. Einmal, in einem weiten grünen Tal, hielten wir früher an. Während die anderen abluden und die Zelte aufstellten, ging ich allein an den Fluss.

Es war ein schmaler Fluss, der in vielen Windungen dem Talgrund folgte. Stellenweise lag er frei, dann wieder verschwand er beinahe hinter dem hohen Gras. Die Luft war kalt, aber es lag trotzdem kaum noch Schnee, nur der Waldrand hatte noch einen weißen Saum. Ich setzte mich an eine freie Stelle des Ufers und warf eine Zeit lang ganz selbstvergessen Steine. Ich fand auch flache Kiesel, die mit zwei, drei Tupfern übers Wasser hüpften. Ich warf ganze Hände voll, die wie Regen in den Fluss fielen, und verfolgte die sich ausbreitenden Wellenringe.

Dann wurde ich auf etwas Weißes ein Stück flussaufwärts aufmerksam. Es konnte eigentlich nur ein Vogel sein, aber so einen hatte ich noch nie gesehen. Er stand auf seinen langen Stelzenbeinen im Wasser und wurde von der Sonne so angeleuchtet, dass er manchmal wie ein Mensch aussah. Vielleicht, dachte ich, ist es eine Gottheit, teils Mensch, teils Vogel. Ich muss ihn sehr lange betrachtet haben, denn als ich wieder einmal aufblickte, stand die Sonne ein ganzes Stück tiefer, und Mama rief mich.

Ihre Stimme muss den Vogel wohl erschreckt haben. Ganz plötzlich streckte er den Hals, der lang und gerade wie ein Speer wurde, der Kopf wandte sich ruckartig in alle Richtungen, und dann breitete er die Flügel aus und erhob sich mit einigen mächtigen Schlägen aus dem Wasser. Ich staunte über die gewaltige Spannweite dieser Schwingen, die Geräusche wie große Gebetsfahnen im Wind machten und den Vogel im Nu in den Himmel trugen. Ich sah ihm nach, bis er nur noch ein kleiner Strich am Himmel war, und ging dann zum Lager zurück.

Die ganze Nacht hörte ich das Schlagen von Schwingen über mir und sah das Aufsteigen langer, dünner Beine. Einmal glaubte ich den Schrei eines Nachtvogels im Wind zu hören. Das ist ein Omen, dachte ich. Mein Geist wird sich auch bald aufschwingen.

Am Morgen erwachte ich mit dem Gefühl, einen Segen empfangen zu haben.

An diesem Tag erinnerte ich mich beim Reiten, wie ich das erste Mal bei Khale Rinpoche gewesen war, um Gelübde abzulegen und Einweihungen zu empfangen. Ich war damals acht Jahre alt und hatte gerade Lesen und Schreiben gelernt. Gonlha hatte gesagt: »Die Dharma-Praxis beginnt man am besten mit den Gelübden der Zufluchtnahme und der Dorje-Phurba-Einweihung.« Der Gedanke erfüllte mich mit heiliger Ehrfurcht, und ich konnte tagelang an nichts anderes denken. Ich bettelte ihn an, er möge mich zu Khale Rinpoche bringen, doch er ging darauf überhaupt nicht ein, sondern kümmerte sich nur um seine täglichen Verrichtungen im Altarraum unseres Hauses, als wäre dieser Gedanke ihm gänzlich entfallen.

Aber einige Monate später, als ich schon überhaupt nicht mehr damit rechnete, sagte er, jetzt sei ich so weit. Ich erinnere mich noch sehr deutlich an den Tag, an dem wir aufbrachen. Ein weicher, warmer Wind strich durch die Gebetsfahnen vor unserem Haus. Das saftige Gras federte unter den Füßen, und die Hügel waren wie ein Sternenmeer von Blüten.

Wir gingen einen steilen, gewundenen Pfad hinauf und erreichten nach einer halben Stunde eine kleine Lichtung. Die Stelle lag etwas oberhalb des Klosters an einem Ort, der als eine der heiligen Stätten Chenresigs, des Buddha der Barmherzigkeit, angesehen wird.

Khale Rinpoche saß allein in einem Zelt, das am oberen Ende der Lichtung aufgestellt worden war, unmittelbar an einem Felsvorsprung. Im Näherkommen sah es so aus, als würden die hohen Felszacken sich schützend über das Zelt wölben wie die Finger einer Hand.

Khale Rinpoche erschien im Fenster, als er unsere Schritte hörte. Ich hatte ihn früher schon gesehen, wenn die ganze Familie zu den Unterweisungen ging, aber noch nie allein und nie so nah.

Ein Schatten gleitet auf das Fenster zu. Eine dunkle Gestalt tritt aus der Tiefe des Inneren hervor. Als das Tageslicht schließlich auf sein Gesicht fällt, sehe ich, dass sein Blick auf mich gerichtet ist. Ich senke den Kopf. Wie von selbst heben sich meine Arme, ich lege die Hände ehrerbietig zusammen. Ich berühre mit ihnen den Scheitel meines Kopfes, dann meine Kehle, mein Herz. Dann beuge ich mich, bis die Hände den Boden erreichen, dann die Knie, bis ich ausgestreckt und mit der Stirn am Boden daliege. Dreimal werfe ich mich so vor dem barmherzigen Khale Rinpoche nieder.

Danach macht Gonlha mich mit einer Kopfbewegung auf die Opfergaben von Kapse und Obst zu meinen Füßen aufmerksam. Ich nehme den Korb und das Tuch und gehe mit gesenktem Blick und aufgeregt schlagendem Herz weiter.

Als ich am Zelt stehe, unter dem Fenster, halte ich Korb und Tuch hoch, bis sie mir sanft abgenommen werden. Eine Hand streicht mir leicht über den Kopf, und ich hebe den Blick.

Vor mir sitzt Khale Rinpoche, das rotbraune Gewand fällt über einen Arm und die Brust. Sein langes, glattes Gesicht und die leicht einwärts gewölbten Wangen leuchten auf, und die Augen verengen sich zu einem Lächeln. Er öffnet den Mund.

»Das Leben ist eine Folge von Wiedergeburten und jedes Leben durch die Taten in einem früheren Leben bestimmt. Das nennen wir Karma. Es wird ständig Karma erzeugt. Wenn du mit guten Zielsetzungen handelst, wird dein Leben belohnt. Sind

sie schlecht, so leidet dein Leben. Solange du diesen Kreislauf-
charakter nicht erkennst, wird dein Karma sich Mal für Mal wie-
derholen, in diesem Leben und dem nächsten.«

Ein Schatten gleitet über Khale Rinpoches Gesicht, seine
Stimme senkt sich zu einem Flüstern.

»Du musst wissen, dass die Welt vergänglich ist wie Herbst-
wolken. Das menschliche Leben vergeht so schnell wie der Blitz,
rauscht vorbei wie ein Sturzbach. Wenn man das nicht weiß, ist
das Leben Leiden. Nur wenn du deinen Geist von Verblendung
befreist, kannst du wahres Glück finden; nur wenn du dem Pfad
zur Freiheit folgst, wirst du schließlich Frieden finden.«

Er sieht mich mit gütigem Blick an und fragt: »Möchtest du
dich diesem Pfad verpflichten? Möchtest du Zuflucht zum Bud-
dha nehmen, Inbegriff des reinen Geistes und des erbarmenden
Herzens? Möchtest du Zuflucht zum Dharma nehmen, der be-
freienden Lehre, dem Pfad zur Befreiung? Möchtest du Zuflucht
zum Sangha nehmen, der spirituellen Gemeinschaft, die dich
unterstützt, während du den Pfad gehst? Buddha, Dharma und
Sangha – möchtest du Zuflucht nehmen?«

»Tro la!«, sage ich mit innerster Überzeugung. »Das möchte
ich.«

Ich beuge den Kopf. Khale Rinpoche schneidet mir eine Locke
ab. »Du bist jetzt die Dharma-Halterin Dharma-Lampe«, sagt er
und nennt den spirituellen Namen, den er für mich gewählt hat.
»Eines Tages wirst du vielleicht eine Ani, eine Nonne.«

Er berührt mich am Scheitel mit Pfauenfedern und legt Reis-
körner in mein kurz geschorenes Haar.

»Dir wurde ein kostbares menschliches Leben mit Freiheit
und Segen gegeben«, sagt er. »Sei dankbar, nutze diese kostbare
Gelegenheit gut. Übe eifrig. Sei mitfühlend gegenüber allen Le-
bewesen.«

Eine Woge von Glück geht durch mich hindurch. Ich verneige
mich bis zum Boden.

Später an jenem Tag wurde ich noch in die Dorje-Phurba-Praxis eingeweiht. Nach vorbereitenden Gebeten forderte Khale Rinpoche mich auf, ihn als vor mir in der Luft schwebend zu visualisieren. So sah ich ihn mit seinen drei blauschwarzen Köpfen, seinen sechs Händen, seinen vier Beinen, seinen prächtigen Schwingen in all seinem Glanz als rasende Gottheit vor mir. Aus seinem Herzen strahlte saphirfarbenes Licht, unter seinen Füßen lagen niedergetretene Gestalten, Symbol des überwundenen Ego. Dazu gab Khale Rinpoche mir weitere Anleitungen.

»Du betrachtest dieses wild und zornig wirkende Wesen, das nun in deinen Körper eingeht, dich mit der Kraft seines Erbarmens erfüllt und dich befähigt, alle inneren Hindernisse zu beseitigen, die dich von der Freiheit trennen. Die Kraft seines Mitfühlens ist jetzt in dir und schneidet alle Verblendungen deines Geistes ab. Lass dich eins werden mit seiner Stärke und Kraft. Er ist jetzt dein Beschützer.«

Ich verließ Khale Rinpoche an diesem Tag mit einem ganz neuen Gefühl von Entschlossenheit. Ich war acht Jahre alt. Diese Entschlossenheit hat mich seither überallhin begleitet. Sie war auch bei mir, als ich 21 und mit meiner Mutter zu Gyalse Rinpoches Kloster unterwegs war.

Am letzten Tag unserer Reise erreichten wir den Yangzi. Am späten Nachmittag stiegen wir am Ufer von den Pferden. Der Fluss führte Schmelzwasser aus den Bergen und schäumte gegen die Uferfelsen. Die Überfahrt war bei diesem Hochwasser schwierig. Ein paar Männer luden die Yaks ab und trieben die Tiere ins Wasser; sie sollten aus eigener Kraft ans andere Ufer gelangen. Mama und ich saßen zusammen auf einer Kiste und warteten auf den Fährkahn.

Bald hörten wir hinter der nächsten Biegung die Stimme des Fährmanns. Er kündigte sich mit einem schrillen, vogelartigen

Schrei an. Dann tauchte er auf, gegen die Strömung anrudernd. Das Boot bestand aus über ein Gerippe aus Weidenzweigen gezogener Yakhaut und lag tief im Wasser. Am Ufer angekommen, stiegen acht Männer und zwei Esel aus.

Nachdem auch das Gepäck noch ausgeräumt war, gab der Fährmann Mama und mir ein Zeichen, und wir kletterten mit der Hilfe eines Mannes aus unserer Gruppe ins Boot. Brackiger Geruch von dem Schaum am Ufer lag schwer in der Luft. Ich fand einen unsicheren Stand an der Bootswand, während das Gepäck eingeladen wurde und die anderen zustiegen.

Der Fährmann, ein runzliger Alter in zerlumpter Chuba und abgewetztem Pelzhut, ging am sandigen Ufer auf und ab, bis alles fertig war. Dann kletterte er auf seinen Platz am Bug, ergriff mit seinen wettergegerbten Händen zwei Holzriemen und ruderte los.

Bald ergriff uns die Strömung, und ein kurzes Stück ging es durch das Gewoge einer kleinen Stromschnelle. Das Boot schlingerte, und wir wurden gegeneinander geworfen, Gischt spritzte uns ins Gesicht. Ich klammerte mich mit vom kalten Wasser weißen Fingern an das glatte Holz der Weidenäste und stellte mir Dorje Phurba als Beschützer neben mir vor. Das Bild seiner drei grimmigen Köpfe machte mir Mut, und ich gewöhnte mich bald an das Schaukeln des Bootes.

Wir kamen sicher drüben an. Ein viel benutzter, aber schmaler Pfad führte von dort aus in die Hügel hinauf. Wir waren noch nicht weit gekommen, als uns Pilger in langer Reihe von oben entgegenkamen. Wir drückten uns zur Seite, um sie passieren zu lassen. Ein kurzes Stück weiter kündigte Glockengeklimper eine Lastenkarawane an, die gleich darauf um die nächste Biegung kam. Wieder machten wir Platz für die Händler und ihre Yaks, die mit Gütern für die Märkte von Chamdo beladen waren. Nach einer scharfen Kurve führte der Pfad steil nach oben, und hier wären wir beinahe mit Kindern zusammengestoßen, die große Reisigbündel auf dem Rücken trugen. Sie kletterten mit großer Behändigkeit über die Felsen und kamen wie den Hang herunterpolternde Steine auf uns zu, lachend und im Vorbeistürmen »Tashi Delek!« rufend.

Kilometerlang wand sich der Pfad immer steiler werdend hinauf, hoch über rauschenden Bächen. Manchmal hörten wir noch weit unten die Glocken der Karawane von den Felswänden widerhallen. Shindruk strauchelte ein paarmal und wollte dann nicht weiter, bis ich ihn sanft dazu überredete.

Nach einer Stunde erreichten wir die ersten Kiefern und machten nach dem schwierigen Aufstieg Rast. Durch die bemoosten Kiefern sah ich weit unten ein dünnes Silberband, und wenn ich die Hand ans Ohr legte, konnte ich noch das Wasser rauschen hören. Während die anderen sich setzten, um Käse und Dörrfleisch zu essen, lehnte ich meinen Kopf an Shindruks Hals und streichelte über seine verfilzte Mähne. Guter Shindruk, flüsterte ich und vergrub das Gesicht in seinem scharf duftenden Fell.

Der Geruch seines feuchten Körpers, zusammen mit dem süßen Duft der Kiefern, entfaltete in mir eine Wirkung wie heiliges Räucherwerk. Auch Jahre später blieb die Erinnerung an diesen Tag stets eingehüllt in den Geruch von feuchtem Pferd und Kiefern, und untrennbar damit verbunden war das Bild von Gyalse Rinpoches Kloster.

Danach ging es nur noch ein kleines Stück weiter aufwärts und dann um eine Kurve, hinter der, wie eine Erscheinung, das Kloster lag. Es war gewaltig und leuchtete, zog sich wie ein Berg aus heiligen Steinen, Lage um Lage, den Hang hinauf. Die Butterlampen waren schon angezündet worden, und Tausende Lichter funkelten vor dem dunkler werdenden Berg. Rhythmischer Gongschlag hallte herüber, und die kühle Abendluft trug uns die dröhnenden Rezitationen der Mönche zu, tief, aller Zeit enthoben, wie dem Berg selbst entspringend. Ehrfurcht erfüllte mich.

Wir gelangten auf den großen Klosterhof. Ein Mönch in langem rotem Gewand erschien in einer Tür. Er begrüßte uns mit vor der Brust zusammengelegten Händen und neigte den Kopf.

Wir folgten ihm eine Steintreppe hinauf, an einer Reihe großer Gebetstrommeln auf der Terrasse vorbei in eine große, von einem Gewölbe überspannte Halle, das von den Schritten und hohen, dünnen Gongtönen widerhallte. Hunderte von Butterlampen erhellten den Raum. Lange, kühle Gänge gingen von hier aus in alle Richtungen. In der Luft lag der süße, würzige Duft von Räucherwerk. Stille umfing mich. Endlich. Nichts Beunruhigendes mehr. Niemand mehr, der beachtet, wie ich aussehe und was ich tue. Frei!

Das kleine Zimmer war dunkel, aber ausreichend. An der einen Wand lag eine Matratze, an der anderen stand ein Tisch, der als Altar dienen konnte. Dazwischen ein kleines Fenster zum zwei Stockwerke tiefer gelegenen Hof hin. Die Luft war kühl, als wäre das Zimmer lange nicht bewohnt gewesen. Auf dem Tisch mischten sich Staub und Räucherwerksasche. Die Matratze war feucht.

Für einen Augenblick erschien die Kargheit des Zimmers mir bedrückend. So ganz mit mir allein, wusste ich nicht, was ich anfangen sollte. Ich stand eine Weile unschlüssig in der Mitte des Zimmers, setzte mich dann auf die Matratze, stand wieder auf. Das Zimmer roch muffig. Ich nahm ein Tuch aus meinem Bündel und wischte den Tisch sauber. Ich faltete das Tuch, ging auf und ab.

Ah, mein Altar. Ich suchte in meinem Bündel, bis ich neun Wasserschälchen aus Messing gefunden hatte. Ich stellte sie in einer Reihe an der Vorderkante des Tisches auf und achtete auf gleiche Abstände. Dahinter stellte ich eine kleine goldene Chenresig-Statue, und an die Wand hängte ich ein Thangka von Dorje Phurba. Ich trat zurück und begutachtete mein Werk.

Chenresig und Dorje Phurba rückte ich noch ein paarmal hin und her, bis sie genau an der richtigen Stelle waren. Ich warf mich dreimal verehrungsvoll vor ihnen nieder und setzte mich dann zum Beten hin.

Stille schien in den Raum einzufallen wie das Licht durchs Fenster. Mein Atem ging allmählich langsamer, und ich wurde ruhig.

»Ashe«, rief Mama den Gang herunter, »sieh dir das an.« In ihrem Zimmer hatte man zu unserer Ankunft einen Tisch mit Schüsseln voll Fleisch, mit Butter, Tsampa und Tee hergerichtet. Auf dem Altar lagen Brokatstoffe, rot und golden. Über die Matratzen waren kostbare Webteppiche gebreitet. Für einen Augenblick bedauerte ich, dass ich nur das bescheidene Zimmer einer Nonne hatte.

»*Schlichtheit gehört zum spirituellen Leben.*« Khale Rinpoches Stimme erinnerte mich daran: Was ich hatte, war genug. Am Abend, als ich ins Bett ging, sah ich mich noch einmal im Zimmer um. Mein Blick folgte den Stoßlinien von Wänden und Decke. Klar und durch nichts verdeckt lief die Linie um das ganze Zimmer. Das Licht der Butterlampen auf dem Altar warf einen goldenen Schein über die leeren Wände. Etwas an der Leere dieser Wände und ihren klaren, geraden Linien berührte mich zuinnerst, und ich hielt den Blick auf sie gerichtet, bis ich in sanften Schlaf fiel.

Das Gesicht eines Mannes steigt langsam aus der Tiefe des azurblauen Wassers auf. Zuerst noch sehr undeutlich, dann immer klarer. Schließlich bricht es durch die Oberfläche, golden, strahlend. Sein Blick begegnet meinem, und mir stockt der Atem.

»Seine Heiligkeit!«, sagte ich beim Aufwachen.

»Ich habe Seine Heiligkeit im Traum gesehen«, erzählte ich Mama beim Frühstück. »Er war von einem goldenen Schein umgeben.«

»Ein Zeichen«, sagte Mama. »Er wacht über dich.«

Mein Herz tat einen Satz. Mir war, als hätte ich einen Segen erhalten.

Ein Novize brachte uns Buttertee aufs Zimmer und später in einem Eimer warmes Wasser zum Waschen. Kurze Zeit darauf erschien einer von Rinpoches persönlichen Betreuern und winkte Mama und mir, ihm zu folgen. Mir schlug das Herz bis zum Hals, als ich meine Opfergaben an mich nahm und dem Mönch durch die schmalen dunklen Gänge des Klosters folgte.

Wir kamen durch riesige Küchen, wo in großen Eisenkesseln der Tee auf den Herdstellen dampfte. Die Wände, schwarz wie die Nacht, lagen unter jahrhundertealten Rußschichten. Die Gesichter der für die Feuer verantwortlichen Mönche mögen sogar noch schwärzer gewesen sein, doch in ihren Augen leuchtete ein Gruß, als wir vorbeigingen.

Mit schnellen Schritten ging es unter ausgestopften Yaks, Bären und Tigern hindurch, die von der Decke hingen, dann wieder an Schwertern, Speeren und in kräftigen Farben bemalten Schilden vorbei. Vor dem Haupttempel, in dem Hunderte von Mönchen, zum Gebet verneigt, mit überkreuzten Beinen saßen, blieben wir kurz stehen. Das Licht von den Fenstern her mischte sich mit dem Rauch der Butterlampen. Von unserem Standort aus wirkten die endlosen Reihen kauernder Gestalten wie Felsblöcke in einer riesenhaften Höhle. Der Raum war erfüllt vom gedämpften Summen der betenden Stimmen. Von fern hörte ich Trompetentöne.

Wir gingen weiter, im Dunkeln immer ein wenig vorsichtig mit den Füßen tastend. Ich konnte nur ein kleines Stück weit sehen, und es schien mit jedem Schritt schummriger zu werden, bis ich nur noch weit voraus den Schein von Butterlampen erkannte. Ich griff nach Mamas Chuba.

Noch ein Stück weiter kamen wir an einem Altar Dorje Phurbas vorbei. Er stand in einem Flammenkreis, unter seinen Füßen die Feinde unseres Geistes. Blut strömte von der kleinen Erhebung herab, auf der er stand, und in seinen vielen Händen hielt er die egozerstörenden Waffen.

Ein Schauer durchrieselte mich, als ich ihn sah, und ich hielt an, um mich niederzuwerfen. »Erhabener Dorje Phurba, hilf mir, die Anhaftungen meines Geistes zu durchtrennen.«

Nachdem wir, wie es mir schien, eine Ewigkeit gegangen waren, erreichten wir endlich den innersten Bereich. Den Eingang bewachten Holzstatuen wild dreinblickender dämonischer Gottheiten. Unser Führer öffnete die Tür, und wir traten ein.

Nach einigen Augenblicken nahm ich allen Mut zusammen und hob den Blick.

Am anderen Ende des Raums saß Gyalse Rinpoche auf einem schlichten Polster, sein gewichtiger Körper in einen weiten roten Umhang gehüllt. Auf sein Gesicht fiel ein schmaler Streifen Sonnenlicht, das durch ein Fenster ganz oben in der Wand hereinfiel. Sein Gesicht strahlte wie das Goldgesicht eines Buddha; ich senkte schnell wieder den Blick. Von einem fast unerträglichen Glücksgefühl ergriffen, blieb ich stumm, die Hände im Schoß, den Kopf gebeugt.

Sein Betreuer setzte uns zur Begrüßung süßen Reis, Quark und Fleisch vor. Mama erzählte Rinpoche von unserem Weg hierher. Bevor wir wieder gingen, brachten wir unsere Opfergaben und die traditionellen weißen Schals dar. Auf dem Weg zur Tür sah ich mich kurz um in diesem Raum. Er war sehr schlicht, nur ein kleiner Altar und zwei Thangkas, eines zeigte den Buddha, das andere Padmasambhava.

Tagelang begleiteten mich die Schlichtheit dieses Zimmers und Rinpoches strahlendes Gesicht bei meinen Gebeten.

Am Abend beim Essen fiel mir auf, dass Mama schon besser aussah. Sie hatte wieder Farbe im Gesicht, und die Linien um ihre Augen glätteten sich. »Freust du dich, dass wir hier sind?«, fragte ich. Sie lächelte und senkte den Blick wie ein kleines Kind, das etwas besonders Schönes bekommen hat. Bevor ich ging, lehnte ich meinen Kopf an ihre Schulter. Sie schmiegte sich an meine Wange. »Ich bin froh, dass wir hier sind«, sagte ich und spürte dabei ihr Lächeln.

Am nächsten Morgen weckte mich rhythmischer Trommelschlag vom Dach des Klosters – so wurden die Unterweisungen angekündigt. Eilig zog ich mich an, um dann mit Mama und anderen aus den angrenzenden Zimmern zum Hof hinunterzugehen. Wir suchten uns Plätze zwischen den etwa hundert Zuhörern, die dort schon saßen und beteten. Die Luft war erfüllt von den Klängen der großen Messingtrompeten auf dem Dach und von den Rezitationen der Mönche im Tempelraum. Rinpoche hatte bereits auf einem großen hölzernen Thron Platz genommen. Wir setzten uns, und kurz darauf begann er.

»Ein jeder, der jetzt lebt, wird in hundert Jahren tot sein. Und alles, was ihr angehäuft habt, werdet ihr zurücklassen – wie ein aus der Butter gezogenes Haar, an dem nichts haften bleibt. Alles erworbene Eigentum bleibt zurück.

Doch selbst wenn euer Besitz nur ebenso groß wie ein Ameisenhaufen ist, wird daraus doch ein Berg von Leiden erwachsen, wenn ihr selbstsüchtig werdet. Haltet eure Wünsche klein, seid glücklich mit dem, was ihr habt, und kein böses Geschick wird euer Leben beherrschen können.«

So leicht schwebt Lhamo in ihrer gelben Brokat-Chuba mit dem blütenbestickten Saum die Treppe herunter. In ihr langes Haar sind Türkisperlen geflochten. An ihren Ohren große goldene Ringe. Ketten aus Korallen und Türkisen um ihren Hals. An den Handgelenken trägt sie Bänder aus Jade, an den Fingern Onyxringe.

Als das Fest zu Ende geht, hängen die Brokatstoffe schlaff an den Stützbalken, die Tische entlang der Wände stehen voller leerer Chang-Schalen, im Hintergrund türmt sich das Geschirr neben den Wasserbehältern, und in allen Ecke Geschenke, stapelweise.

So sinnlos wirken manche Dinge.

Ich dachte an Rinpoches Zimmer. Der schlichte kleine Altar. Die leeren Wände. Das Sonnenlicht auf seinem Gesicht.

Während des langen Gebetsnachmittags waren das die Bilder, die mich leiteten. Als ich am Abend in mein Zimmer kam, betrachtete ich meinen kleinen Altar. Eine Statue, ein Thangka, neun Wasserschalen. Mehr brauche ich nicht.

Am nächsten Tag setzte Rinpoche seine Unterweisung fort.

»Nichts ist beständig. Ihr seid wie der Blitz am Himmel, wie Blasen auf dem Wasser, wie Tau auf den Blättern der Bäume. Wenn ihr jedoch den Tod im täglichen Leben vor Augen behaltet, wird eure spirituelle Übung dadurch ein Fundament bekommen. Deshalb ist es so wichtig, den Tod und die Vergänglichkeit alles Lebendigen zu verstehen.

Alle Wesen sind eingetaucht in einen Ozean des Leidens, entstanden durch falsche Anschauungen, Zorn und Gier. Wenn ihr von diesem Leiden frei werden wollt, müsst ihr euch einen Lama erwählen und seine Lehre praktizieren – wie man einen Arzt aufsucht, um von einer Krankheit befreit zu werden.

Zunächst muss man den eigenen Geist betrachten lernen und die Sicht der Dinge vereinfachen. Bringt euren Geist in einen Zustand der Ruhe. Was auch immer dann für Gedanken und Gefühle auftauchen, lasst sie aufsteigen und sich wieder legen, ohne ihnen nachzugehen. Lasst sie durch euren Sinn ziehen, ohne dass sie dort Spuren hinterlassen, wie auch der Wind kommt und geht, ohne den Himmel zu verändern. Lasst den Geist ganz leicht bei etwas Schönem verweilen.«

Ich sah das Licht durch das Laub der Bäume blitzen. Es huschte als kleine goldene Schmetterlinge über den Boden. Der Rücken begann mir wehzutun, und ich änderte meine Haltung, doch der Schmerz blieb. Ich erinnerte mich, dass ich ihn schon während des Aufstiegs auf Shindruks Rücken gespürt hatte. Shindruk … denkt eigentlich irgendwer daran, ihn zu füttern? So schnell entschlüpften mir meine Gedanken, dass ich es kaum bemerkte. Bald war ich ganz in Erinnerungen versunken.

Ein weißes Hengstfohlen schmiegt sich an Mutters Beine. Gerade ein paar Tage alt und noch recht unsicher auf den Beinen. »Oh, Papa, sieh mal!« Ich deute auf das Fohlen. »Darf ich das für mich haben?«

»Bleibt gesammelt.« Gyalse Rinpoches Stimme ließ mich aus meinen Träumereien hochschrecken.

»Ganz gleich, was sich an Gedanken und Gefühlen einstellen mag«, wiederholte er, »lasst sie sein, wie sie sind, aber geht ihnen nicht nach.«

Ich überließ also meine Erinnerungen sich selbst und richtete die Aufmerksamkeit ganz auf den gegenwärtigen Augenblick.

»Seht Tag für Tag zu, dass ihr unrechtes Handeln vermeidet«, fuhr Rinpoche fort. »Auch kleine Verfehlungen haben Folgen, die eines Tages auf euch zurückfallen werden.«

Wieder kamen Erinnerungen.

Gase Gyamas Sohn lehnt sich an den Arm seines Vaters und blickt zu Boden, als wollte er sich unsichtbar machen. Ich schleiche mich von hinten an, lange um ihn herum und ziehe an seiner Chuba-Schleife. Schon fällt das Ganze auseinander. Schamrot steht der Junge da, zieht die Chuba wieder fest um sich zusammen und bindet die Schleife neu. Ich greife wieder hin, um noch einmal zu ziehen. »Hör auf«, bettelt er, beinahe in Tränen. Ich lache und lache.

»Es ist wie eine Frucht, die sich zeigt, wenn ihre Zeit gekommen ist. Handelt ihr gut, ist auch die Frucht eures Lebens gut; handelt ihr schlecht, wird eine faule Frucht daraus.«

»Du hast nichts als Unsinn im Kopf. Eines Tages wird es dir Leid tun.« Wie von fern hörte ich Mamas Stimme.

Erneut sammelte ich mich ganz auf Gyalse Rinpoche und hörte aufmerksam zu.

»Ihr könnt euer Leben erst ändern, wenn ihr euren Geist erneuert habt. Jeder möge sich daher um eine gute innere Haltung bemühen.«

Rinpoche schwieg einen Augenblick. »Ich will euch eine Geschichte erzählen, die das verdeutlichen soll.

Einst musste eine alte Mutter zusammen mit ihrer Tochter einen Fluss überqueren. Bei der Überquerung wurden sie jedoch vom Wasser mitgerissen. Beide trieben hilflos dahin, und die Mutter dachte, was mit ihr geschehe, sei völlig gleichgültig, wenn nur ihre Tochter gerettet werden könne. Und die Tochter dachte genauso. Für sie war einzig die Rettung der Mutter wichtig.

So dachten sie beide, und beide ertranken. Aber weil sie mit hilfsbereitem und mitfühlendem Herzen starben, wurden sie vom Gott Sang Pa sogleich ins Leben zurückversetzt.

Deshalb sollt ihr euer Leben für andere hinzugeben bereit sein. Denkt an andere wie eine Mutter an ihr Kind; denkt an sie, bevor ihr an euch selbst denkt. Das soll alle Tage euer Antrieb sein. Seht zu, dass euer Leben nicht von Stolz beherrscht wird; lasst euch durch von Herzen kommende Bescheidenheit leiten.

Und denkt an die Worte des Buddha: ›Im Getrenntsein liegt der große Jammer der Welt; im Mitfühlen liegt die wahre Kraft der Welt.‹ Wenn in dieser Welt etwas besser werden soll, müsst ihr euch in Mitgefühl, Toleranz und Achtung üben – das ist die Grundlage aller Religiosität. Solches Handeln ist schon im gegenwärtigen Leben eine Hilfe und für das nächste ein großer Vorteil. Denn sein Wesensgehalt ist unzerstörbar wie Diamant und widersteht selbst dem Tod.«

»Ich möchte gern freundlicher sein«, sagte ich beim Abendessen zu Mama. Sie sah mich fragend an, als erwartete sie, dass ich noch mehr sagte. Ich schwieg aber, und da lächelte sie und wandte sich wieder der Suppe zu.

Später betete ich: »Gib, dass ich meine Ungebärdigkeit beherrschen kann. Lass mich Verdienst ansammeln, um mein schlechtes Handeln abzuwaschen.«

Einige Wochen später kam eine junge Frau zusammen mit ihrer Familie an. Ich bemerkte sie eines Tages im Speisesaal beim Mittagessen. Sie war größer als ich, das zurückgebundene Haar hing ihr locker bis auf die Taille. Sie hatte einen klaren, rosigen Teint, in ihren dunklen Augen lag großer Ernst.

Am nächsten Morgen setzte sie sich im Altarraum neben mich. Ich sah, wie sie beim Beten die Perlen mit den Fingern bewegte, und bemerkte den Ausdruck der Hingabe in ihrem Gesicht. Sie erinnerte mich an mich selbst. Als sie aufstand und nach draußen ging, folgte ich ihr. Im Hof setzte sie sich auf ein Steinsims, von wo aus man einen Blick auf die weiten grünen Weideflächen im Tal hatte.

»Du bist gestern angekommen?«, eröffnete ich das Gespräch.

»Ja, aus Derge, drüben auf der anderen Flussseite«, antwortete sie. »Ich war schon zweimal hier. Gyalse Rinpoche ist mein Wurzel-Lama.«

»Ich war auch schon mal hier!«, sagte ich und freute mich über so viel Gemeinsamkeit. »Rinpoche ist das Licht, das mich leitet.«

Danach wollten wir mehr übereinander wissen und unterhielten uns stundenlang. Wir sprachen von den früheren Unterweisungen, von dem Wunsch, den spirituellen Pfad zu gehen, von den Versuchungen der Lust und der Vergänglichkeit des Lebens.

Ich war überrascht, wie mühelos wir einander verstanden. Ich musste nur ein paar Worte sagen, und sie wusste schon, was ich meinte. Und wenn sie den Mund öffnete, wusste ich manchmal schon, was sie sagen würde. Mit keinem anderen Menschen war mir der Austausch je so leicht gefallen. Bei anderen musste ich wieder und wieder erklären, was ich empfand, und vielleicht verstanden sie dann, oft aber auch nicht. Dekyong, so hieß die junge Frau, begriff augenblicklich. Wir waren uns in unseren Anschauungen und Gefühlen so ähnlich, dass Worte sich beinahe erübrigten.

»Bist du manchmal auch traurig, ohne einen Grund dafür zu wissen?«, fragte sie noch, als wir schließlich aufstanden.

Ich antwortete: »Wenn ich mich von den spirituellen Lehren getrennt fühle oder auch in der Nähe von nur an materiellen Dingen interessierten Menschen bin, dann kommt eine Traurigkeit, für die ich keine Erklärung habe.«

»Ja«, sagte sie. »Ich verstehe.«

Sehr schnell wurden wir unzertrennlich. Obwohl wir beide häufig in schweigende Betrachtung der Lehren versunken waren, bildete sich ein Band subtiler geistiger Übereinstimmung zwischen uns.

Wir fühlten uns einander sehr nahe, doch ich wusste auch da schon, dass »Gemeinsamkeit« eine Illusion ist, dass auch zwischen sehr vertrauten Menschen ein unendlicher Raum bleibt. Woran wir uns auch hängen, wonach wir auch greifen – es ist, als wollten wir den Wind fassen. Öffne die Hand, und nichts ist da. Kein Gegenüber, kein Ding, kein Ich.

Dennoch waren wir auch zusammen und eins wie das große V des Wildgänseflugs am Himmel. Das winzigste Insekt, der mächtigste Berg – zusammengehalten von unsichtbaren Fäden. Ein vielschichtiges Gewebe.

Als ich schon über einen Monat im Kloster war, ließ Gyalse Rinpoche mir mitteilen, es sei Zeit, meine vorbereitenden Übungen abzuschließen. Ich sprang von meiner Matratze auf, nahm schnell noch etwas Obst als Opfergabe mit und lief hinter Rinpoches Helfer die langen Gänge entlang.

Rinpoche saß ganz allein und still in seinem Zimmer. Ich schlüpfte durch die Tür hinein, warf mich dreimal nieder und setzte mich auf das vor ihm liegende Polster. Nach einigen Augenblicken fand ich den Mut, ihm ins Gesicht zu blicken. Er meditierte mit halb geschlossenen Augen. Da ich ihn nicht stören wollte, sprach ich still mein Mantra und zählte mit den Mani-Perlen. Eine Perle, ein Mantra. »*Om Mani Peme Hung.* Möge mein Geist offen sein für den barmherzigen Segen Chenresigs.«

Gyalse Rinpoche blieb schweigend sitzen. Seine Hände ruhten leicht auf den Knien, die Nägel lang und sorgfältig gerundet. In seinem über die Schulter gelegten granatfarbenen Gewand und dem safrangelben, die Arme bedeckenden Hemd saß er da wie eine große Buddhastatue.

Als ich schon dachte, dass ich vielleicht gar nicht hatte kommen sollen, begann er zu sprechen. Seine Augen blieben halb geschlossen, sein Gesicht regungslos und tief gelassen, seine Lippen bewegten sich kaum beim Sprechen. Er wechselte so mühelos vom Meditieren zum Sprechen, es schien da gar keinen Unterschied zu geben. Er blieb in der Weite und Ruhe, sein Geist so klar wie ein heiliger See.

Er sprach mit sonorer, das ganze Zimmer ausfüllender Stimme.

»Alle Freude in der Welt kommt daher, dass man anderen Glück wünscht. Alles Leid erwächst daraus, dass man alles Schöne nur für sich selbst will.

Der Geist, der haben will, verdeckt unser wahres Wesen. Wenn Zorn, Unwissenheit und Hochmut beseitigt werden, kann die ursprüngliche Weisheit sich zeigen. Lösche schlechte Eigenschaften durch Meditation aus; lass dein Verhalten anderen gegenüber aus mitfühlendem Herzen kommen.«

Er schwieg, als wollte er sichergehen, dass ich verstand. Ich verstand.

Ich fühle, wie mir die Zornröte ins Gesicht steigt. Das Fleisch auf meinem Teller ist mager, wenig ansprechend. Der Anblick ärgert mich, und ich schiebe den Teller weg.

»Ich will Fleisch, das Fett hat«, sage ich, mache meinen Schmollmund und verschränke die Arme vor der Brust. »Los, nehmt das hier weg!«

Anya ist schon neben mir, Thupten gleich dahinter.

»Ashe, nicht weinen«, bettelt Anya, als sie die Tränen in meinen Augen sieht. »Dieses Fleisch ist nun mal das, was gekocht wurde. Deine Mutter hat uns aufgetragen, dir zu essen zu geben. Achtjährige Mädchen sollten nicht weinen.«

»Du musst essen, was auf dem Tisch ist«, ergänzt Thupten. »Wir haben nichts anderes für dich.«

»Ich esse das nicht!«, sage ich und fege den Teller vom Tisch.

Er poltert auf den harten Holzboden, das Essen verteilt sich über den Teppich.

Ich stehe auf und stelle mich, die Hände in die Hüften gestemmt, vor sie hin. »Das sage ich Papa. Er wird euch bestrafen.«

Ich stampfe trotzig mit dem Fuß auf und wende mich zur Tür. Ich werfe noch einen Blick über die Schulter und sehe sie zusammengeduckt, bleich, mit zitternden Händen. »Denen werde ich es zeigen«, denke ich. »Das wird ihnen noch Leid tun.«

»Ein klarer Geist und Mitgefühl mit anderen«, fuhr Gyalse Rinpoche jetzt fort, »das ist die Essenz der Lehren.«

Ich schämte mich meiner bockigen Natur und senkte den Blick.

Rinpoche bewegte sich kaum merklich auf seinem Sitzpolster. Von dieser winzigen Bewegung abgesehen, blieb er in seinem Zustand vollkommener Ruhe, während er weitersprach.

»Die vorbereitenden Übungen enthalten alle Pfade«, sagte er mit besonderer Betonung. »Die ersten Übungen sollen dem Geist helfen, sich dem Dharma zuzuwenden, und am Ende wird er mit der erleuchteten Weisheit des Buddha vereinigt. Man darf keine Mühe scheuen, die Praxis zum Abschluss zu bringen.«

Er beugte sich mit immer noch halb geschlossenen Augen vor.

»Du hast mit der Praxis begonnen. Bist du bereit weiterzumachen?«

Bedrückt über mein selbstbezogenes Handeln, nickte ich nur.

»Wir fangen mit dem Reinigen der Kanäle an.«

Rinpoche leitete mich an, den Weisheits-Wind zu visualisieren und durch eine Nasenöffnung nach innen zu lenken. Die Luft auf der einen Seite nach unten ziehen, dann die andere

Seite hinauf und durch die zweite Nasenöffnung ausstoßen. Danach umgekehrt.

»Mit jedem Atemzug säuberst du die Kanäle von Zorn, Gier und Unwissenheit, und dabei treibst du Wind-, Galle- und Schleimkrankheiten aus«, sagte er am Ende dieser Übung. »Jetzt geh in dein Zimmer und übe.«

»Du bist so wählerisch beim Essen«, bemerkte Mama beim Abendessen, als sie meinen noch halb vollen Teller sah. »Iss doch auf.«

Ich merkte, wie ich rot wurde. »Ich esse, was *ich* will!« Ich stand auf und ging in mein Zimmer.

Vor dem Altar rang ich mit meinen Gefühlen.

»Ein klarer Geist und Mitgefühl gegenüber anderen …«

»Niemand ist so wählerisch wie du …«

Meine Gefühle zappelten wie ein Fisch auf dem Trockenen. Scham, Gereiztheit, Reue, Zorn.

»Mit jedem Atemzug säuberst du die Kanäle von Zorn …«

Ich atmete ein und stellte mir vor, wie Weisheit in meine Lunge strömte. Ich atmete aus und spürte Zorn aus meinem Körper entweichen. Ein. Aus. Ein. Aus. Ich kämpfte.

»Heute wollen wir Güte, Mitgefühl, Freude und Gleichmut wachrufen«, sagte Gyalse Rinpoche.

»Visualisiere ein klares Licht, das als Nektar von Guru Rinpoche zu dir herabfließt. Das Licht berührt dich. Es segnet dich und alle Lebewesen, es läutert deinen Körper, deine Rede und deinen Geist. Es geht in dich ein. Du und alle Lebewesen, ihr steigt auf wie ein großer Vogelschwarm, und ihr geht alle ein in Guru Rinpoche. Er seinerseits geht in der großen Weite auf, der höchsten Wahrheit. Alle gehen auf in das Bodhichitta der großen Leere.

Tag für Tag vertiefte ich mich in Gyalse Rinpoches Unterweisungen und rang mit meinen schlechten Gewohnheiten. Seine Worte begeisterten mich, doch wenn ich sie in die Tat umsetzen wollte, war mir, als müsste ich ein Schiff den Berg hinaufschieben.

Eines Morgens erwachte ich früher als sonst. Aus irgendeinem unklaren Grund war mir nicht wohl in meiner Haut. Der Steinboden fühlte sich bei den Niederwerfungen kälter an als sonst. Beim Ausleeren der Altarschälchen verschüttete ich Wasser. Ein Riemen meiner Stiefel riss beim Schnüren. Ich hatte Kopfweh. Meine Natur, seit dem Betreten des Klosters merklich gemildert, brach sich gewaltsam Bahn. Und was ich auch tun mochte, die Stimmung blieb. Ich schleuderte meinen Stiefel auf den Boden. Ich stampfte mit dem Fuß auf. All diese sinnlosen Dinge!, dachte ich.

Bin ich zu träge?, fragte ich mich, nachdem ich wieder ein wenig ruhiger geworden war. Ich möchte gern in Stille leben, ungestört durch weltliche Dinge. Geht es mir nur um mich und sonst niemanden? Habe ich genügend Stärke, um diesen Weg zu gehen? Lange saß ich still da und versuchte innere Ruhe zu finden.

Manchmal schwang sich mein Geist hoch hinauf, dann wieder war ich so schläfrig, dass ich kaum die Augen öffnen konnte.

Einmal ging ich, um Ruhe vor meinen Gedanken zu finden, ganz früh am Morgen auf den Klosterhof und blickte über das weite Hügelland. Am Himmel zeigte sich eben das erste Licht. Ein dünnes Wolkenband im Osten färbte sich bläulich rot. Es wand sich den Horizont entlang wie eine fliegende Schlange.

Und als wäre das der Funke, der ein Feuer entfacht, flammte Augenblicke später der ganze Himmel auf. Ein weicher rosafarbener Schleier wölbte sich von allen Seiten herauf, und die Kiefern auf den Hügeln in der Umgebung standen wie schwarze Federn da. Von unten herauf hörte ich den Ruf der Trauertaube.

Da gab etwas nach in mir und wollte nicht mehr kämpfen. Lange verfolgte ich das Farbenspiel am Himmel und lauschte den Klängen des Gongs aus dem Tempel.

»Belastet dich der Gedanke an das Leben, das deine Eltern für dich geplant haben?«, fragte Dekyong, als wir Hand in Hand den Gang hinuntergingen. »Ich jedenfalls bin hin und her gerissen zwischen ihren Erwartungen und dem Wunsch, meinem eigenen Herzen zu folgen.«

Dekyong formulierte genau den Zwiespalt, den ich in mir selber fühlte.

»Sie möchten, dass ich heirate und Kinder bekomme«, fuhr sie fort. »Ich wünsche mir ein Leben der Stille und des Gebets.«

Die Antwort fiel mir schwer. Ich spürte einen Ruf, das Weltliche hinter mir zu lassen, aber ich empfand auch die Verpflichtung der Familie gegenüber.

»Meine Tante Rigzin sagt mir immer, ich solle meinem Herzen folgen«, sagte ich schließlich. »Dem Buddha zu dienen, sagt sie, bringt mehr ein als das Familienleben mit Mann und Kindern.«

»Meine Eltern wären unglücklich, wenn ich nicht tue, was sie möchten«, sagte Dekyong. »Vielleicht wären sie sogar böse mit mir. Wenn ich den heirate, den sie für mich auswählen, wird das gut für die Familie sein. Wenn ich den spirituellen Pfad gehe …« Sie beendete den Satz nicht.

»Ich weiß«, flüsterte ich. »Mir geht es genauso.«

Wir gingen schweigend weiter, an den Schreinen und Tempelräumen des Klosters und dann an den großen Gebetstrommeln auf dem Hof vorbei. Wir wollten den Pfad gehen, der entlang der Außenmauern um das Kloster führte. Eine Stunde lang umrundeten wir andachtsvoll und mit den Gebetsperlen in der Hand das heilige Bauwerk. *Om Mani Peme Hung*. Tausendmal sprachen wir das *Om Mani Peme Hung* – bis der Himmel dunkel wurde.

Es bildete sich ein Rhythmus, nach dem die Tage abliefen. Ich erhielt Unterweisung. Mit Mama traf ich mich zu den Mahlzeiten. Dekyong und ich umrundeten gemeinsam das Kloster.

Alle Tage gab es innere Kämpfe, und ich machte meine Übungen, um innere Ruhe zu finden.

Am Ende der vorbereitenden Unterweisungen ließ Gyalse Rinpoche mich noch einmal zu sich rufen.

»Stell dir das Gesicht von Guru Rinpoche dir gegenüber vor«, sagte er mit einem Blick voller mitfühlender Liebe, als ich mich vor ihm niedergelassen hatte. »Stell dir vor, dass du selbst zu einer erbsengroßen Kugel zusammenschmilzt. Jetzt spring wie ein Funke und werde eins mit seinem Herzen, um anschließend in seinen erleuchteten Geist einzugehen. Es gibt keinen Unterschied zwischen dir und Guru Rinpoche – als hätte man Wasser in Wasser gegossen. Bleibe in dieser Verfassung, erlebe seine Weisheit.«

Er beugte sich vor, legte mir die Hände auf den Kopf, und ich fühlte den warmen Druck seiner Finger. Er sprach nicht, aber in mir löste sich ein wahrer Sturzbach von Gefühlen.

Am Abend beim Beten war mir so, als wäre die Grenze meiner Haut aufgehoben und als breitete sich mein Geist im Zimmer aus.

Später ein Traum.

Ich fliege durch ungeheure Weite. Unter mir die Hügel sind wie eine dünne Narbe der Erde. Neben mir heben und senken sich

*langsam gefiederte Arme. In dieser Himmelsweite fühle ich mich
als ein Teil von allem.*

Am nächsten Tag fragte Gyalse Rinpoche mich, ob ich mit den
vorbereitenden Übungen für die Geist-Schulung fertig sei.

»Einhunderttausend Niederwerfungen. Einhunderttausend
Mandala-Opfer. Einhunderttausend Gottheits-Übungen. Einhunderttausend Zuflucht-Mantras. Erst wenn die abgeschlossen sind, kannst du weitere Anleitungen bekommen.«

Ich dachte an meine über den kalten Steinboden rutschen-
den Hände, bis zu tausendmal am Tag, während meine Finger
die Mani-Perlen zählten und die Lippen die Gebete sprachen,
und konnte seine Frage ohne Zögern bejahen.

Von da an fand ich mich jeden Tag mit anderen auf dem Hof
zu weiteren Unterweisungen ein. Am ersten Tag las Gyalse
Rinpoche aus der Schrift »Der Flug des Garuda«.

Ich will nun dieses Lied von der Schau singen …
Es ermöglicht dir, alle Ebenen und Pfade schnell zu durch-
messen.

Ich saß vor den großen Gebetstrommeln am Rand des Hofes
und lauschte. Über mir zogen die Wolken schnell dahin. Wie
flehentlich Bittende wehten sie daher, die Köpfe an langen,
verdrehten Hälsen, kleine Hände wie im Gebet unter sich. Den
ganzen Vormittag zogen diese blassen Wesen über uns ihre
Bahn.

»Was ist die Schau?«, fragte Rinpoche. »Die Dinge so zu sehen, wie sie wirklich sind, das ist die Schau. Zu verstehen, dass
das Wesen des Geistes das Wesen aller Dinge ist. Zu wissen,
dass dieses Wesen die absolute Wahrheit ist.

Und was ist das Wesen des Geistes? Er ist wie der Himmel – leer, weit und rein. Wie die Sonne – leuchtend, klar, ohne Hindernis. Es ist stets gegenwärtig, es ist überall.«

Nach seinen einführenden Worten stellten wir uns in einer Reihe auf, um ein Mantra zu empfangen. Als ich an seinem hölzernen Thron vorbeikam, flüsterte er mir ins Ohr: »Licht ist das Wesen des Geistes, keine noch so große Verwirrung kann es verdunkeln.«

Danach gingen wir langsam die Steintreppe hinunter und in Richtung Wald. Die Männer versammelten sich in einem Tal, die Frauen in einem anderen. Dort scharten sich die Männer um einen Mönch, die Frauen um eine Nonne, und die beiden gingen stundenlang mit jedem Einzelnen geduldig die Worte durch, die er oder sie erhalten hatte.

Den ganzen Tag und die ganze Nacht, beim Beten und Essen, vor dem Einschlafen und nach dem Aufwachen hielt ich mir Rinpoches Worte gegenwärtig. »Licht ist das Wesen des Geistes …«

Ein helles Licht wanderte durch meinen ganzen Körper. Goldene Stränge von Licht, die sich in meinem Blut, in meinen Knochen ausbreiteten. Sie blendeten das Dunkel meines Denkens und vertrieben meine selbstsüchtigen Wünsche. Wie groß meine Verwirrung auch werden und wie sehr ich auch an den Dingen haften mochte, das wahre Wesen meines Geistes würde unverändert bleiben, unzerstörbar und allezeit leuchtend.

Tag für Tag fühlte ich das Licht in mir wachsen – wie ein Regenbogen, der sich über den Himmel ausbreitet. In der Nähe meines Herzens bildete sich eine leuchtende Wärme und blieb. »Licht«, sagte Dekyong eines Morgens zu mir. »Wir sind alle aus Licht.«

Im Laufe der Monate im Kloster wurde mir immer deutlicher, dass es so ist. Gedanken kamen und gingen, manchmal fühlte ich mich schwer und steif. Aber häufig lösten sie sich auf. Dann fühlte ich mich wie wogende Bänder aus Licht.

Tat-tat. Tat-tat. »Lemdha Pachen Dolma.« Tat-tat.

Ich drehte mich um im Bett.

»Dein Vater hat einen Diener geschickt, der dich nach Hause holen soll.« Mit lauter Stimme sprach Gyalse Rinpoches Gehilfe hinter der Tür. Tat-tat.

Es war noch dunkel im Zimmer. Unter der Tür hindurch sah ich ein flackerndes Licht wie kleine über den Boden wischende Flammen.

»Lemdha Dolma.« Die Stimme wurde lauter. »Dein Vater möchte, dass du nach Hause kommst.«

»Ah le«, rief ich zurück. »Ja, ich habe verstanden.«

»Der Diener wartet unten im Hof.«

»Ja, ich komme.«

Noch einmal flackerte das Licht unter der Tür, dann verschwand es, und ich hörte die verhallenden Schritte des Mönchs auf dem Gang.

Ich drehte mich auf den Rücken und blickte an die Decke. Die Linien waren in der Dunkelheit noch nicht zu erkennen. Etwas Drängendes regte sich in mir und breitete sich im Kopf aus. Die Füße waren wie Blei.

Auf dem Hof trat eine dunkle Gestalt aus dem Morgendunst auf mich zu. Es war Thupten, unter dem Arm hatte er ein zusammengerolltes Papier.

»Ich habe einen Brief von deinem Vater, Pomdha Gonor«, sagte er. Er war sichtlich froh, mir die Nachricht nicht mündlich überbringen zu müssen. In dem Brief las ich:

Meine liebe Lemdha Pachen.

Du bist nun sechs Monate fort. Es wird Zeit, dass du nach

Hause kommst und in die Pflichten der Tochter eines Landesherrn eingeführt wirst.

Gyalse Rinpoche ersucht darum, dass deine Mutter noch
bleiben kann, um ihre Übungen zu Ende zu führen. Du jedoch
bist noch jung und wirst später wieder einmal Gelegenheit haben, dich im Kloster aufzuhalten. Bis dahin wird er Khale Rinpoche bitten, deine Schulung fortzuführen.

Thupten wird dich begleiten.

Dein Vater Pomdha Gonor, Oberhaupt von Lemdha

Mir sank das Herz, aber ich wusste, dass es meine Pflicht war,
nach Hause zurückzukehren.

Wir brachen am nächsten Tag auf. Der Himmel war wolken-
verhangen. Von Osten wehte der Wind, und es sah nach Gewitter aus. Mama weinte, als ich sie zum Abschied umarmte.
Ich fühlte ihre zarten Schultern unter meinen Händen zucken, und aus ihrer Brust war ein leiser Laut wie von einem
Tier zu hören. Ich streichelte ihr die Wangen und küsste sie
auf die Stirn und war nicht in der Lage, ihr in die Augen zu
sehen.

Thupten drängte zum Aufbruch, bevor der Regen einsetzte.
Er winkte mir zu kommen. Ich verstaute meine wenigen Habseligkeiten, und als wir eben aufsteigen wollten, kam Dekyong
die Steintreppe heruntergestürmt.

Sie schlang ihre Arme um mich, und so standen wir eine
ganze Weile im einsetzenden Regen. Ich fühlte ihren warmen
Körper, ihr Herz, das an meinem schlug. Im gleichen Rhythmus der Herzen und des Atems standen wir umschlungen da,
bis wir wie ein Körper waren.

Und als wir uns schließlich trennten, war mir, als blieben
mein Blut und mein Atem zurück.

Dann stieg ich auf, und wir ritten durch das Tor, und hinter mir sah ich Dekyongs Hand, winkend, wie ein kleiner Falter über ihrem Kopf.

Als ich mich ein letztes Mal umdrehte, sah ich in einem Fenster im zweiten Stock Gyalse Rinpoches Gesicht, voll Klarheit und Ruhe. Güte lag in seinen Augen. Er beugte leicht den Kopf und hob die Hand. Erst in diesem Augenblick begann ich zu weinen.

Das war meine dritte Begegnung mit Rinpoche. Es war auch die letzte.

5.
Eine wachsende Bedrohung

In den Tagen nach meiner Rückkehr vom Kloster fiel ich in einen Zustand abgrundtiefer Verzweiflung. Alles war hier wie zuvor, und doch hatte sich etwas geändert. Ich fühlte mich unsichtbar, wie durch einen dünnen Schleier von den anderen getrennt.

Papa war zu einer Zusammenkunft unterwegs, als ich ankam. Er hinterließ keinerlei Anweisungen, keinen Hinweis darauf, weshalb er mich hatte holen lassen, und ich sagte mir mit einiger Erbitterung, dass es keinen rechten Grund zu geben schien. Die anderen waren gänzlich mit ihren täglichen Verrichtungen beschäftigt. Wenn sie abends mit ihrer Arbeit fertig waren, saßen sie am Feuer und tratschten über Nachbarn oder gingen die Ereignisse des Tages durch. Ich saß abseits und fühlte mich seltsam entfremdet.

Immer weiter zog ich mich in mich selbst zurück. Ich blieb lieber für mich allein oben in dem Zimmer neben unserem Altarraum.

»Ashe! Ashe!« Anya und Kunsang kamen dann an die Tür und versuchten mich herauszulocken. Ich folgte ihnen, wenn es um die täglichen Arbeiten ging, doch ihr Geplapper brachte mich den Tränen nahe, und ich floh so bald wie möglich wieder in meine Einsamkeit. Nur wenn ich die friedvollen Gesichter von Ani Rigzin oder Gonlha sah, spürte ich einen Widerschein dessen, was ich im Kloster erlebt hatte. Ihre Gesichter erschienen mir wie Spiegel, die mir mein eigenes wahres Wesen zurückwarfen. Und in dem Bemühen, dieses schwindende Gefühl festzuhalten und zu neuem Leben zu erwecken, wanderte ich nachts treppauf, treppab durch die Räume.

Einmal verließ ich das Haus und ging zum Fluss hinunter. Schon von weitem sah ich Sonam und Gose Pema Tsering beim Wäschewaschen. Als sie mich sahen, kamen sie winkend auf mich zugelaufen.

»Ashe, hast du dich verliebt?«, rief Sonam.

»Warst du schwanger und hast dich versteckt?«, kicherte Gose Pema Tsering.

Sie zupften mir an den Ärmeln meiner Chuba und knufften mich in die Rippen. Ich wusste nichts zu sagen, aber es schien ihnen nicht aufzufallen. Munter plapperten sie drauflos und erzählten mir, was sich in der Zwischenzeit zugetragen hatte. Es war, als würden sie jede ihrer Neuigkeiten erst einmal genüsslich abschmecken. »Die alte Ama Rinchen ist gestorben, und ihr Sohn ist weggelaufen … Lhamo hat ein Kind bekommen … Dechen und Tashi sind ein Liebespaar geworden …«

Ich nickte, sie redeten. In meinem Kopf war ein Kribbeln wie von tausend platzenden Blasen. Je mehr sie redeten, desto ferner fühlte ich mich ihnen, fast schon entschwunden.

Schließlich riss ich mich los und ging weiter. Ein Stück den Fluss entlang sah ich eine Frau mit einem Bündel im Schoß dasitzen. Um einen ihrer Finger klammerte sich eine winzige Hand. Sie wiegte sich vor und zurück, mit einer Hand hielt sie das Kind, mit der anderen spülte sie ein Wäschestück im Fluss aus.

Ich erkannte sie nicht gleich, das Haar war zurückgebunden, feine Linien zogen sich über die Schläfen. Aber von der Seite sah ich dann ein vertrautes Profil. »Lhamo, du bist es!«

Sie lächelte und nickte. Ich glaubte Einsamkeit in ihrem

Blick zu erkennen. Sie war voller geworden, und das Gesicht wirkte angestrengt und müde. Das muntere Mädchen, das ich so viele Jahre gekannt hatte, war nicht mehr da.

Wir versuchten uns zu unterhalten, doch die Worte waren schwerfällig und ohne Leben. Nach ein paar einleitenden Worten wollte das Gespräch nicht recht weitergehen, und ich verabschiedete mich bald wieder. Wie schnell wir uns auseinander gelebt hatten.

Die Gefühle, die im Kloster so lebendig gewesen waren, wurden immer schwächer und undeutlicher. Ich sprach die Gebete, machte die Niederwerfungen und Opferungen, aber es war nicht das Gleiche. Das Licht und diese Weite, von denen ich erfüllt gewesen war, schienen unerreichbar fern. Von der stillen Übereinstimmung mit anderen war nichts mehr übrig. Und wenn ich an Dekyong oder meinen geliebten Gyalse Rinpoche dachte, empfand ich das Weh eines unaussprechlichen Verlusts – als würden mir die Adern eine nach der anderen aus dem Fleisch gezogen.

Papa blieb weiterhin fern von daheim. Die Ereignisse im Norden hielten ihn fest, und er ritt von Dorf zu Dorf, um an den Versammlungen teilzunehmen. Wenn er mal zu Hause war, und sei es auch nur für einen Tag, blieb die Tür zu seinem Zimmer, in dem er mit seinen Beratern sprach, geschlossen.

Ich versuchte ihn auf mich aufmerksam zu machen. Ich pflückte einen Strauß Blumen und brachte ihn mit dem Tee auf sein Zimmer. Ich brachte Dolma bei, seinen Gürtel im Maul herumzutragen. Ich übte das Gewehrschießen vom Dach. Aber ich drang nicht durch.

»Vor vier Jahren hat Seine Heiligkeit eine Delegation nach Peking geschickt«, hörte ich ihn einmal zu seinen Beratern sagen, als ich an seinem Zimmer vorbeikam. »Damals, ihr wisst das ja alle, haben die Chinesen unsere Religion und Kultur zu respektieren versprochen.

Das war 1950, im Jahr des Eisen-Tigers. Seitdem haben wir vier Jahre lang den permanenten Bruch der Versprechen erlebt, und jetzt reicht es! Gerüchteweise hört man, Seine Heiligkeit sei nach China eingeladen worden. Unsere Leute in Lhasa sind angeblich gegen diese Reise. Ich hoffe inständig, dass er nicht nach China geht.«

»Seine Heiligkeit der Dalai Lama kommt nach Chamdo!«, rief ein Bote, als er auf dem Weg zum Zimmer meines Vaters durch die Küche lief. Sogleich erhob sich ein Stimmengewirr wie von seinen Füßen aufgewirbelter Staub. »Seine Heiligkeit kommt … nach Chamdo … wann will er denn kommen?«

Ich wollte nicht warten, bis weitere Neuigkeiten von oben herunterdrangen, sondern sprang auf und lief, immer zwei Stufen auf einmal nehmend, die Treppe hinauf. Atemlos erreichte ich das Zimmer meines Vaters, gerade rechtzeitig, um den Boten seine Nachricht wiederholen zu hören.

»Seine Heiligkeit der Dalai Lama wird in drei Wochen auf seiner Reise nach China durch Chamdo kommen. Ich bin geschickt worden, um den Landesherrn Pomdha Gonor aufzufordern, sich den anderen acht Oberhäuptern von Chamdo anzuschließen und mit ihnen die Hauptstadt Chamdo aufzusuchen, wo sie alle den Segen Seiner Heiligkeit empfangen werden.«

Beim Namen Seiner Heiligkeit ergriff mich ein unbeschreibliches Glücksgefühl. Die dumpfe Verzweiflung, in der ich seit meiner Rückkehr aus dem Kloster versunken war, verschwand beinahe augenblicklich.

Seine Heiligkeit! Emanation des barmherzigen Chenresig! Mein Herz tat einen Freudensprung. Kurz nach seiner Inthronisation hatten wir ein Foto von ihm bekommen, und vor dem konnte ich stundenlang knien. Er saß auf seinem Thron, unter ihm das große Rad des Lebens, um seine Schultern lagen prächtige goldene und rotbraune Gewänder. Er beugte sich etwas vor, die Lippen leicht geöffnet, als wolle er sprechen. Seine Augen blickten geradewegs in meine. Es lag so viel echtes Interesse in seinem Blick, dass ich mich in meinen tiefsten Gedanken gesehen fühlte.

Von da an fühlte ich mich von ihm verstanden und glaubte, dass er über mich wachte und mich meinen Weg führte.

»Sag meinen Beratern, sie sollen sich fertig machen.« Die Stimme meines Vaters unterbrach meine Gedanken. »Ich breche morgen mit acht Gehilfen und Dienern auf.«

Der Bote verbeugte sich und wandte sich dann so scharf um, dass ich den Luftzug seiner kurzen braunen Chuba spürte.

»Und was hast du auf dem Herzen, kleine Nyu?«, fragte mein Vater, als alle anderen gegangen waren.

Ich zupfte verlegen am Gurt meiner Chuba und überlegte, wie ich meine Bitte so aussprechen konnte, dass sie seine Zustimmung finden würde.

Hinter seiner strengen Miene sah ich ein Lächeln aufschimmern, und in seinen Augen blitzte etwas. »Könnte es sein, dass du mit mir nach Chamdo reiten möchtest?«

Ich fiel ihm um den Hals und küsste ihn auf beide Wangen.

»Na schön, du darfst mitkommen«, sagte er lachend und fuhr mir durchs Haar. »Aber sieh zu, dass du ganz früh bereitstehst.«

Am Morgen brachen wir auf, Papa, die übrigen acht Oberhäupter mit ihrem Gefolge und ich. Es war Spätsommer, die Zeit des Regens, und den ganzen Tag fegte der Regen in Schwaden über das grüne Hochland. Manchmal kam er von der Seite und so heftig, dass ich den Kopf beugen musste, damit er mir nicht ins Gesicht peitschte. Das Wasser rann mir über den Kopf und in die Chuba und zog dünne nasse Spuren den Rücken hinunter. Nach und nach sog sich meine Kleidung mit Nässe voll, und als wir endlich zum Nachtlager anhielten, war sogar meine Satteldecke durchweicht.

Von unserem Lagerplatz aus ging der Weg weiter in ein Tal hinunter, aber hier oben gab es ein paar Felsen, die uns zum Schutz dienen konnten. Etliche der Männer zogen eine Zeltplane über die Spitzen der Felsen, andere entfachten mit Yakdung ein Feuer, und dann drängten wir uns alle unter der Plane ums Feuer, um unsere Kleider zu trocknen. Später, umgeben vom Geruch feuchter Wolle, fiel ich in unruhigen Schlaf.

Ein Zug von Männern, fünfhundert Pferde lang, fahl und durchscheinend wie Regen, bewegt sich über die Hochebene. Adlige in prächtigen Brokat-Chubas, an einem Ohr ein Türkisring. Religiöse Würdenträger in rotbraunen Gewändern, die Spitzen ihrer dreieckigen Hüte weisen zum Himmel. Diener und Gehilfen in dunklen erdfarbenen Chubas. Mitten unter ihnen, von Regenbogenlicht umgeben, der Dalai Lama auf einem schneeweißen Pferd.

Wie vom Wind getrieben, in vorwärts fallenden Dunstschleiern, kommen sie daher, die Köpfe nach Osten geneigt, die Füße in Richtung Westen zuckend. Wie hin und her gerissen zwischen ihrem Bestimmungsort und der Heimat ziehen sie weiter, bis sie nicht mehr zu sehen sind.

Am nächsten Tag hielt ein junger Mann im Galopp auf uns zu und rief: »Ich komme eben aus den Wäldern von Poyul im Süden. Ich habe Seine Heiligkeit und seine Leute gesehen. Sie benutzten eine Straße, die die Chinesen hoch über dem Fluss in den steilen Hang bauen. Teilweise ist sie ausgewaschen oder liegt unter Schlamm. Alle mussten absteigen und meilenweit durch den knöcheltiefen Schlamm laufen, und dabei stürzten überall Steine ab, manchmal wie Hagel.«

Der junge Mann sah müde aus. Sein Pferd und er selbst waren mit Schlamm bespritzt. Er wischte sich den Schweiß von der Stirn.

»Einmal sind fünf Maultiere vom Weg abgerutscht«, erzählte er weiter, »und haben zwei der Treiber mit in den Tod unten auf den Felsen gerissen. Am gleichen Tag wurde später noch jemand von einem Stein erschlagen.

Man beriet sich über die Lage und kam zu dem Schluss, dass es keinen Sinn hatte, diesen Weg weiter zu benutzen. Sie baten die chinesische Eskorte, auf den alten tibetischen Handelsweg zurückkehren zu dürfen. Davon wollten die Chinesen aber nichts hören, und so musste der Zug weiterhin diese halb fertige Straße benutzen.

Als mein Weg dann eine andere Richtung nahm, bestiegen Seine Heiligkeit und die anderen gerade Lastautos und Geländewagen, die chinesischem Kommando unterstanden. Wenn alles gut geht, werden sie in weniger als einer Woche in Chamdo sein. Aber sie sind alle sehr gedrückter Stimmung.«

Niemand sprach nach diesem Bericht ein Wort. Die Augen meines Vaters blitzten vor Zorn. »Wir müssen uns beeilen, um rechtzeitig in Chamdo zu sein«, sagte er. »Wir müssen Seiner Heiligkeit unsere Ehrerbietung bezeigen, er braucht unseren Rückhalt.«

Als er sein Pferd in Richtung Chamdo antrieb, hörte ich ihn wie zu sich selbst sagen: »Das ist ein schlechtes Zeichen. Es lässt Böses ahnen für die Reise Seiner Heiligkeit.«

Die nächsten fünf Tage trieben wir unsere Pferde an und waren vom frühen Morgen bis zum späten Abend unterwegs.

Meine Knie waren wund gescheuert vom Zusammenpressen der Beine, und den Rücken hinauf zog sich der Schmerz bis zum Kopf. Doch ich dachte an das barmherzige Gesicht Seiner Heiligkeit und hielt durch.

Mein Vater ritt an der Spitze, vorgebeugt, als wolle er die Entfernung kleiner machen. Auch die Übrigen drängte es vorwärts, und sie setzten alles daran, nicht zurückzufallen.

Ich landete bald am Ende des Zugs, wo ich nur wedelnde Schweife und das stetige Auf und Ab der Hufe zu sehen bekam. Als ich bemerkte, dass ich immer weiter zurückfiel, begann mir der Mut zu sinken. Papa bezieht mich überall mit ein wie einen Sohn, dachte ich. Wenn es mit seinen Freunden zum Reiten und Schießen geht, darf ich oft dabei sein. Er achtet auf mich und hält mich immer an seiner Seite, damit ich keinen Gefahren ausgesetzt bin. Jetzt reitet er ohne mich und dreht sich nicht einmal nach mir um.

Als er um eine Wegbiegung verschwand und ich noch weiter zurückfiel, brach ich in Tränen der Enttäuschung aus. Ich rief ihn, doch der Wind erstickte meine Worte. Da sagte ich mir, dass Tränen nicht helfen würden, wischte sie mit dem schmutzigen Ärmel ab und ließ die Zügel an Shindruks Hals schlagen. Nach einigem Stolpern und Rutschen auf den nassen Steinen konnten wir die Übrigen schließlich wieder einholen.

Als ich glaubte, ich könne einfach nicht mehr weiter, kamen wir endlich in Chamdo an. Wir schlugen unser Lager am Ortsrand auf. Am nächsten Tag bereiteten wir uns auf die Begrüßung Seiner Heiligkeit vor. Es war ein warmer Sommertag, der Regen hatte aufgehört, und über den östlichen Hügeln ging die Sonne auf. In der vom Regen gereinigten Luft lag feuchter Grasgeruch.

Ich nahm meine braune Brokatchuba aus meinem Gepäck und legte sie über einer neuen weißen Seidenbluse an, um den

Hals ein Amulett. Papa und die anderen lösten zum Empfang Seiner Heiligkeit die normalerweise um den Kopf gewundenen Zöpfe und setzten die Hüte auf, die sie als Oberhäupter kenntlich machten. Wir wollten ihm Symbole für den Reichtum des Geistes darbringen und schnürten ein Bündel mit vielen Opfergaben, darunter eine goldene Schale und ein Silberkrug. Dann stiegen wir auf.

In den Straßen von Chamdo drängten sich die Menschen, manche beritten, andere zu Fuß, in den Händen Räucherwerkzweige, Körbe mit Nahrungsmitteln, Blumengirlanden.

Das Gedränge wurde so dicht, dass mein Vater uns absitzen ließ. Die Pferde blieben in der Obhut zweier Bediensteter zurück. Ich beeilte mich, meinen Vater nicht zu verlieren, und hielt mich an seiner Chuba fest, während wir uns durch die Menge drängten.

Hier und da machte man uns Platz, weil sein Hut ihn als Würdenträger auswies, doch mitunter ging es so eng zu, dass wir wie eingequetscht dastanden und uns kaum noch rühren konnten.

Es wurde unangenehm heiß, als die Sonne höher stieg. Die Luft war stickig, und die Menschen wurden reizbar. Neben mir schubsten sich zwei Kinder gegenseitig und begannen zu schreien. Sie wurden von den Müttern getrennt und bekamen jedes einen Klaps. Hinter mir beschwerte sich ein Mann, ich habe ihm auf den Fuß getreten. Vor mir bekam jemand einen Hustenanfall. Eine Zeit lang bewegten wir uns wie eine Woge, hin und her und wieder vorwärts schwappend, als wäre die Menge ein einziger Körper.

Über dem allgemeinen Stimmengewirr war jetzt noch etwas anderes zu hören. Eine Männerstimme, die irgendwie von oben zu kommen schien. Wir hielten an, um uns umzusehen. Zum ersten Mal fiel mir auf, dass wir von großen grauen Gebäuden umgeben waren. Sie wirkten kahl, ohne Farbe oder Gebetsfahnen, wie entlaubte Bäume. Sie waren vollkommen rechteckig, die Fenster ohne Markisen oder irgendetwas an Schmuck. Sie standen da wie Eindringlinge, wie böse Geister.

Mein Vater deutete auf sie und sagte zu einem anderen Anführer: »Die Chinesen.«

»Als ich das letzte Mal hier war«, erzählte er uns, »standen hier statt dieser Ungetüme noch lauter tibetische Häuser.« Er deutete auf eines, das so nah an einer Buddha-Statue errichtet worden war, dass man das Gesicht nicht mehr sah. Die andere Hand griff nach dem Gewehr, das er über der Schulter hängen hatte. Er und Anak Pon ereiferten sich darüber, was sie am liebsten tun würden.

»Sie mit bloßen Händen einreißen«, knirschte mein Vater. »Sie in Grund und Boden schießen.«

Über all dem Lärm war von oben immer noch diese laute, hallende Männerstimme zu hören. Manchmal sprach die Stimme in unserer Sprache, manchmal in einer fremden, die ich nicht verstand. Ich versuchte den Mann ausfindig zu machen, der zu dieser Stimme gehörte, doch sie schien aus kleinen Kästen zu kommen, die oben an langen Holzpfählen befestigt waren. Soweit ich verstand, pries sie überschwänglich die Freuden der Arbeit für das große Mutterland und wies die Leute an, wo man sich für diese Arbeit zu melden hatte.

Wer, überlegte ich, ist wohl die Große Mutter, wo ist ihr Land und was für Arbeit verrichteten die Menschen hier? Würde sie womöglich wie wir alle hierher nach Chamdo reisen, um mit uns das Kommen Seiner Heiligkeit zu feiern? Doch den Gesprächen meines Vaters mit seinen Freunden entnahm ich, dass die Große Mutter wohl etwas mit den Chinesen zu tun hatte. Jahre später sollte ich dann kaum noch etwas anderes zu hören bekommen, aber 1954 war ich erst einundzwanzig und die Worte sagten mir nicht viel.

Den ganzen Tag standen wir in der Menge. Manchmal drängte mein Vater weiter, aber bis zum Nachmittag strömten Tausende zusammen, und man konnte sich nirgendwohin mehr wenden. Langsam gelangten wir in die Nähe des Ortskerns. Wir kamen an etlichen Tempeln vorbei. Über ihren Eingängen hingen riesige Bilder breit lächelnder Gesichter. Wieder steckten Vater und Anak Pon und Norbuk Pon die Köpfe zusammen. »Der Vorsitzende Mao« war alles, was ich verstand.

Es berührte mich seltsam, ein anderes Bild als das Seiner Heiligkeit oder eines anderen Lama dort hängen zu sehen, aber vielleicht war der Vorsitzende Mao ja ein Lama aus China. Doch die Hitze und das Gedränge machten müde, und die Gedanken gingen mir nur so durch den Kopf, ohne dass ich sie verfolgt hätte.

Später lief dann auf einmal ein Murmeln durch die Menge. »Er kommt! Er kommt!« Die Nachricht verbreitete sich wie ein Lauffeuer. Ganz in der Ferne war Musik zu hören, wie Insektengesumm, in gemessenem Takt ansteigend und abfallend.

Dann trat plötzlich Stille ein. Mein Vater stellte sich auf die Zehen, dann hob er mich hoch. Ich blickte über Tausende Köpfe in die Richtung, die er gezeigt hatte, und sah ferne Staubwolken. Einmal erkannte ich ein erdgraues Motorfahrzeug.

Ich blickte angestrengt in die Richtung, um noch mehr zu erkennen, aber jetzt rückten Soldaten in braunen Uniformen vor und schwangen Stöcke, um die Menge zurückzudrängen. Es entstand ein heilloses Gedränge, in dem ich mich kaum noch auf meinen Füßen halten konnte.

Mein Vater fluchte halblaut, nahm mich bei der Hand und kämpfte sich dem Meer der Gesichter entgegen in Richtung Ortsrand. Ratlos überlegend, wo denn Seine Heiligkeit sei und was ich da eigentlich gesehen hatte, folgte ich ihm.

Später erfuhren wir, dass Seine Heiligkeit in einem Konvoi von Geländefahrzeugen nach Chamdo hineingefahren sei. In der Ortsmitte war er von einer Gruppe Akkordeonspieler und lächelnden, Blumen in den Händen haltenden chinesischen Frauen begrüßt worden. Er hatte die Menge gesegnet, wobei hinter ihm chinesische Soldaten Aufstellung nahmen, und dann hatte man ihn eiligst wieder in eines der Fahrzeuge verfrachtet, die ostwärts weiterfuhren.

Die ganze Nacht zogen mir Bilder von dünnen Staubschwaden und kreidig-grünen Motorfahrzeugen durch den Kopf und verschmolzen in mir mit dem barmherzigen Blick Seiner Heiligkeit.

»Die Chinesen haben das tibetische Volk beleidigt«, erboste sich mein Vater am nächsten Tag beim Aufbruch ein ums andere Mal. »Sie haben Seine Heiligkeit unehrerbietig behandelt, sie haben unsere Tempel entweiht. Ihr Herz kennt überhaupt nichts anderes als Machtgier.«

Am Abend, als wir bei einer Suppe aus Gerste, Rüben und Fleisch um das Feuer saßen, hielt er diesem erbärmlichen Tag einen anderen entgegen, an dem er selbst gesehen hatte, wie der fünfjährige Dalai Lama von seiner Heimat in Amdo, nördlich von Kham, nach Lhasa zum Potala-Palast eskortiert worden war.

Diese Geschichte von der Suche nach dem neuen Dalai Lama hatte ich schon viele Male gehört. Sie geht so: Im Jahr 1935 brach eine vom Regenten Reting angeführte Suchdelegation von Lhasa aus nach Süden zum See Lhamo Lhatso auf. Im Kristallwasser dieses Sees soll er eine Vision empfangen haben, die ihn zu einem bescheidenen Haus einer ländlichen Gemeinde in Amdo führte. Das Dorf hieß Taktser, und dort zeigte man ihm einen dreijährigen Jungen.

Diesem Jungen wurden nun etliche Gegenstände vorgelegt.

Einige hatten dem vier Jahre zuvor verstorbenen Dreizehnten Dalai Lama gehört, bei anderen handelte es sich um hervorragende Nachbildungen. Der Junge wählte jedes Mal den echten Gegenstand. Nach dieser bestandenen Prüfung wurde der Junge auf die körperlichen Zeichen eines Dalai Lama hin untersucht: große Ohren, tigerfellartige Streifen an den Beinen, in der Handfläche eine Spirale ähnlich einer Schneckenmuschel. Als auch diese Zeichen gefunden wurden, gab es keine Zweifel mehr an der Identität des Jungen. Er war eindeutig die Reinkarnation des Dalai Lama und wurde zwei Jahre darauf zu dem ihm zustehenden Wohnsitz gebracht, zum Potala in Lhasa.

Die Geschichte seiner Entdeckung hatte ich gewiss schon so oft gehört wie die Erzählungen von König Gesar, aber der Bericht von der Reise nach Lhasa war neu für mich.

Mein Vater war fünfundzwanzig, als er erfuhr, dass der neue Dalai Lama nach Lhasa gebracht werden sollte. Er ließ seine junge Frau und die sechsjährige Tochter zurück und ritt mit zwei anderen Gebietsoberhäuptern und Freunden nach Lhasa, wo sie auf der Doguthan-Ebene im Osten der Stadt Halt machten. Dort stand er an einem strahlend klaren Frühherbsttag unter Tausenden anderer entlang der Straße, die der Zug des Dalai Lama nehmen würde.

Die Luft war erfüllt vom elegischen Klang der Oboen, den Fanfaren der langen Trompeten, dem Rumpeln und Donnern der großen Pauken, die den Beginn der Prozession ankündigten.

Mit gelbem und weißem Farbstaub waren Linien entlang der Wegränder gezogen, beiderseits stieg Rauch aus den Räucherwerkschalen auf. Mit Gebetsfahnen behängte Masten standen wie große bunte Bäume da, dicht wie ein Wald.

Vorneweg schritt eine tibetische Armeekapelle und spielte »God Save the King«. Die Menschen beiderseits der Straße

schwenkten Glocken. Hunderte von Helfern in grünen Satin-
hemden, Lamas in golden eingefassten Gewändern und Staats-
vertreter in Umhängen von vielerlei Farben schritten langsam
vorbei.

Staub wirbelte auf und färbte sich in der Sonne golden. Aus
langen Trompeten, von Mönchen auf der Schulter getragen,
schmetterte es. Und dann tauchte aus dem Staubdunst langsam
eine goldbeschlagene hölzerne Sänfte auf. Hinter Vorhängen
aus Gold und bunten Papierblumen saß der junge Dalai Lama,
den Blicken entzogen. Zwei neben der Sänfte gehende Edelmän-
ner hielten einen Pfau-Sonnenschirm und einen Gold-Sonnen-
schirm über ihn. Durch Hörnerklang und heiligen Rauch glitt
die Sänfte vorbei. Alle verneigten sich und empfanden seine hei-
lige Gegenwart.

Am Tag vor unserer Ankunft daheim trafen wir einen alten
Mann mit einem Bündel auf dem Rücken, der in unsere Richtung ging. Seine Stirn war tief gefurcht, und am Kinn hingen
dünne weiße Haare in kleinen Büscheln. Sein rotes Gewand
und das safrangelbe Hemd gaben ihn als Mönch zu erkennen,
und seinen abgetretenen Stiefeln nach zu urteilen musste er
einen weiten Weg hinter sich haben. Als wir gleichauf waren,
hob er eine Hand, um meinen Vater anzuhalten.

»Habt ihr Neuigkeiten von Seiner Heiligkeit?«, fragte er.
»Ich habe gehört, er sei durch diese Gegend gekommen.«

Mein Vater erzählte ihm von unseren Erlebnissen in Chamdo. »Die Chinesen haben Seiner Heiligkeit jede Achtung verweigert«, wiederholte er mit Bitterkeit, sein Gesicht von den
Strapazen des Weges gezeichnet.

»Ah«, sagte der alte Mönch mit trauriger Stimme, »im Norden sollen die Chinesen angefangen haben, sich offen gegen
unsere Religion zu wenden. Sie sagen, sie sei ›für die Gesell-
schaft nutzlos‹. Sie sind in unsere Klöster eingedrungen, ha-

ben unsere kostbaren Statuen und heiligen Texte entwendet und nach China geschickt.«

Mein Vater stieg ab und kauerte sich hin, um dem alten Mann weiter zuzuhören.

»Im Süden«, fuhr dieser fort, »haben sie die Männer gezwungen, beim Straßenbau mitzuhelfen, sie haben ihnen sogar befohlen, hilflose Lebewesen zu töten. Mit Schaufeln haben Tibeter Feldmäuse erschlagen, mit bloßen Händen mussten sie Vögeln den Hals umdrehen, sie mussten auf Käfer und Spinnen treten.« Er hob den Kopf, und Zorn war in seinem Blick. »Unser Gelübde, alle Lebewesen zu schützen, ist gewaltsam gebrochen worden.«

Das Herz war mir schwer, als wir zu Hause ankamen. Anstatt das Gesicht Seiner Heiligkeit zu sehen, hatte ich Einblick in die Seele der Chinesen bekommen. Zum ersten Mal seit ihrer Anwesenheit in Tibet spürte ich, wie ihr düsterer Geist sich auch in unserem Haus breit machte. Nackte graue Gebäude, Autos in tristen Farben und dünne Staubfahnen vermischten sich in mir mit Bildern von Vögeln mit gebrochenem Genick. Und immer wieder glitt auf der halbdunklen Treppe oder im Gang plötzlich das Gesicht des Vorsitzenden Mao vorbei.

Dennoch, ich war Seiner Heiligkeit nahe gewesen, und das verband mich wieder mehr mit den Tagen im Kloster. Gyalse Rinpoches Unterweisungen wurden erneut lebendig in mir. Und mitunter, wenn ich es am wenigsten erwartete, hörte ich ihn sagen: »Wenn du den Tod im alltäglichen Leben sehen kannst, wird das deiner spirituellen Praxis ein Fundament geben.«

Und je mehr mir gegenwärtig wurde, was in unserem Land wirklich vorging, desto mehr besann ich mich durch diese Unterweisungen auf die unvergänglichen Wahrheiten. Mir wurde aber auch auf ganz neue Weise bewusst, dass zur täglichen

Übung mehr gehört als nur das Sprechen der Gebete. Das Meditieren im Sitzen war zu nichts nütze, wenn kein entsprechendes Handeln daraus wurde. Gyalse Rinpoches Worte begleiteten mich: »Wenn dies eine bessere Welt werden soll, musst du Toleranz und Liebe üben.«

Von da an versuchte ich Mitgefühl für die Menschen in meiner Umgebung und Verständnis für ihre Eigenarten zu haben. Ich musste allerdings sehen, dass das leichter gedacht als getan war.

Jeden Tag hielt ich mich einige Zeit im Altarraum unseres Hauses auf oder besuchte Ani Rigzin in ihrem Zimmer in Khale Rinpoches Kloster. Ich verbrachte immer mehr von meiner Zeit mit religiösen Übungen, und ich empfand Frieden und Klarheit wie nie zuvor.

Als ich einmal auf meinem Weg zum Kloster aus dem Haus trat, erschien am Tor eine junge Frau. »Lhamo lässt dich bitten, dass du sie besuchst«, sagte sie. »Ihr Kind ist krank. Ihr Mann und seine Familie sind mit der Ernte beschäftigt, und sie braucht jemanden, der ihr hilft.« Der Gedanke, meine religiösen Übungen zu unterbrechen, gefiel mir zwar nicht, aber hier konnte ich nicht nein sagen. Kurz kam mir der Gedanke, die Bitte auszuschlagen, doch mein Gelöbnis, mitfühlend zu handeln, setzte sich durch, und ich folgte der jungen Frau zu Lhamos Haus, wenn auch etwas widerwillig.

Ich fand Lhamo allein und mit dem Kind auf dem Schoß mitten im Zimmer am Feuer sitzend vor. Das Kind schrie, und Lhamo sah aus, als hätte sie tagelang nicht geschlafen. Ihre Chuba war von oben bis unten bekleckert, am Boden neben der Feuerstelle standen leere Töpfe und neben ihr auf dem Tisch halb leer gegessene Teller. Der Raum war dunkel und verräuchert; man musste sich um das Feuer kümmern.

Am liebsten hätte ich mich gleich wieder umgedreht und

wäre davongelaufen. Aber Lhamo hatte etwas so Verlorenes im Blick, dass ich tief durchatmete und mir die Ärmel hochkrempelte. »Jetzt räumen wir hier erst einmal auf«, sagte ich zu ihr. »Ein sauberes Zimmer, und du fühlst dich gleich besser.« Das könnte von meiner Mutter sein, dachte ich.

Den größten Teil des Tages spülte ich Geschirr und wusch die Wäsche, und zwischendurch hielt ich das Kind, während Lhamo zu schlafen versuchte. Doch sein lautes Jammern ließ keinen Schlaf zu, und Lhamo musste immer wieder aufstehen. Wenn das Geschrei zu laut wurde, gab sie ihm die Brust, um es zu beruhigen, dann legte sie sich hin, um abermals aufzustehen, wenn das Schreien überhand nahm.

Wenn Lhamo sich wieder einmal hingelegt hatte, trug ich das Kind im Zimmer herum und versuchte es mit schaukelnden Bewegungen in Schlaf zu wiegen. Doch wenn ich dabei auch nur einen Augenblick innehielt, lief das kleine Gesicht rot an, und es ertönte ein spitzer Schrei. Ich konnte kaum glauben, dass etwas so Kleines so viel Lärm machen kann. Manchmal war mir selbst zum Schreien zumute. Zum Glück tauchte jedes Mal, wenn ich die Fassung zu verlieren drohte, Lhamo neben mir auf.

Bis zum späten Nachmittag hatte sich bei mir ein dumpfer, pulsierender Kopfschmerz eingestellt, und der Rücken tat mir weh vom vielen Tragen. Ich wurde auch reizbar und hätte Lhamo beinahe angeschrien, als sie um eine Schale Tee bat. Und ich konnte dieses Kind einfach nicht mehr sehen. Dieses kleine rote Gesicht mit dem weit aufgerissenen Mund wirkte immer abstoßender auf mich. Als ich es nicht mehr ertrug, gab ich vor, meiner Mutter helfen zu müssen, und ging weg.

Auf dem Heimweg überkam mich die Entmutigung. Von Frieden und Klarheit war nichts mehr zu spüren, und auch der Gedanke des »Mitgefühls für andere« besaß nichts Aufrichtendes mehr.

Fast jeden Tag kamen jetzt Kuriere in unser Haus, die Neuigkeiten von den Chinesen brachten. Einer erzählte von einer Ortschaft im Osten, wo achtundvierzig kleine Kinder, alle weniger als ein Jahr alt, von Soldaten mitgenommen worden waren. Sie sollten nach China gebracht werden und dort die kommunistische Lebensweise eingetrichtert bekommen. Den Eltern sagte man, jetzt, wo die Kinder weg seien, könnten sie ja mehr arbeiten. Wer Einwände erhob, wurde in einem Fluss in der Nähe ertränkt.

Eines Morgens erschien ein Mann an unserer Tür. Sein Gesicht war staubbedeckt, das Haar zu einem Knoten zurückgebunden, und in den Augen hatte er einen beinahe irren Ausdruck. Ich erkannte ihn; er war ein reisender Händler, mit dem sich mein Vater vor ein paar Jahren angefreundet hatte.

»Pomdha Gonor«, stieß er hervor. »Ich muss den ehrwürdigen Landesherrn sprechen. Es ist dringend.«

Ich brachte ihn sofort zum Zimmer meines Vaters. Er saß meditierend auf seinem Bett, stand aber sogleich auf, um den verstörten Gast zu begrüßen.

»O Pomdha Gonor.« Der Mann konnte sich nicht länger beherrschen und brach in Tränen aus. »Mein kostbarer Lama Dhondun … mein heiliger Lama …«

Er konnte nicht weitersprechen, der Körper wurde von Weinkrämpfen geschüttelt. Mein Vater führte ihn sanft zu seiner Sitzgelegenheit, setzte sich neben ihn und wartete ab, bis er sich wieder gefasst hatte.

»In Kyiedo, es ist erst zwei Tage her, habe ich etwas Furchtbares gesehen«, sagte der alte Mann, als er wieder sprechen konnte. »Ich war ins Kloster gekommen, um mit Lama Dhondun zu beten, als plötzlich vier chinesische Soldaten hereinstürmten. Sie zerrten ihn aus dem Tempel. Draußen musste er sich vor den versammelten Mönchen und vielen Leuten aus dem Ort hinknien. In seinem Gesicht war aber weiterhin diese strahlende Ruhe, und er sah mit einem Blick voller Mitgefühl und Anteilnahme zu den Soldaten auf.

Das brachte einen der Soldaten offenbar aus der Fassung. Er ging zu Lama Dhondun hin und trat ihm mehrmals heftig mit dem Fuß gegen den Kopf. Als mein armer Lama ihn weiterhin so voller Güte ansah, während das Blut ihm aus dem Mund zu sickern begann, trat der Soldat ihn abermals und immer wieder, diesmal in die Rippen. Ein leises Stöhnen entrang sich Lama Dhondun, und er fiel nach vorn auf die Hände.

Daraufhin bestieg der Soldat ihn, legte ihm einen Strick um den Hals und ritt auf ihm wie auf einem Pferd. Ein weiterer Soldat kam dazu, knöpfte sich die Hose auf und pisste auf den armen geschundenen Kopf meines Lama. Der andere Soldat bog sich vor Lachen und gab den umstehenden Mönchen mit Gebärden zu verstehen, dass sie ebenfalls dieses Schicksal erleiden würden, wenn sie weiterhin bei ihren religiösen Übungen blieben. O Pomdha Gonor … es ist nicht zu sagen … es war furchtbar!« Wieder brach er in Tränen aus.

An diesem Abend versammelte mein Vater seine Berater in seinem Zimmer. Auch mich rief er dazu. Mir war das gar nicht recht. Ich fürchtete, man werde immer mehr von mir erwarten, je öfter ich an den Versammlungen teilnahm. Eigentlich wollte ich nichts weiter, als meiner religiösen Praxis nachzugehen. Aber natürlich konnte ich mich nicht verweigern.

»Bis nach Gonjo sind die Chinesen noch nicht gekommen«, sagte mein Vater, das Gesicht wirkte bleich und abgezehrt. »Doch das ist nur eine Frage der Zeit.« Er forderte die anderen auf, sich zu ihrer Einschätzung der Lage zu äußern, und beim Schein der Fackeln wurde bis spät in die Nacht diskutiert.

Zuerst sprach Gose Tsering, der älteste Berater meines Vaters. »Jahrhundertelang, wie der Körper, der dem Kopf folgt, haben wir in Gonjo unsere Steuern bezahlt und die von der Regierung Tibets erlassenen Gesetze befolgt. Doch innerhalb weniger Jahre« – und er hob zur Bekräftigung die Hand – »haben die Chinesen das alles geändert. Jetzt müssen wir alle Entscheidungen von einem betrügerischen ›Komitee für die Befreiung von Chamdo‹ fällen lassen.«

Die bloße Erwähnung dieses Komitees löste eine Woge des Zorns aus, denn jedermann wusste, dass es sich zwar nominell aus Chinesen und Tibetern zusammensetzte, tatsächlich aber die Chinesen das Heft fest in der Hand hatten.

Mein Vater erhob sich. »Ich bin zum Vertreter von ganz Gonjo ernannt worden, aber hat man mich je auch nur gefragt, wenn es um Entscheidungen ging, die uns alle betreffen? Ihr alle wisst, dass das *nicht* geschehen ist! Sie sind wie ein großes Insekt, das ein kleines frisst – sie scheren sich nicht um unsere Gedanken.«

Nach respektvollem Schweigen meldete sich Shamo Chemi zu Wort. »Ich habe erfahren, dass sie in das Unterland eingefallen sind und sich in den Ortschaften Kanze und Lingkha Shipa zur Versorgung ihrer Truppen die von unserer Regierung angelegten Kornvorräte ›ausgeborgt‹ und Silber und Gold als ›Darlehen‹ requiriert haben.«

»Ausborgen! Darlehen!«, schnaubte Gose Tsering. »Sie borgen mit vorgehaltenem Gewehr, nicht mit Worten …«

»Sie holen jetzt die Bettler von der Straße«, unterbrach Shamo Chemi ihn, »und schicken sie über Land, um die Leute von ihrem Besitz zu befreien.«

»Ah, die Diebe und der Abschaum«, sagte mein Vater verächtlich, »sie spielen sich auf wie Könige und stolzieren in chinesischen Brokatstoffen einher …« Er spie zum Zeichen seines Ekels auf den Boden. »Die chinesischen Soldaten sind schlau, sie töten uns einzeln – wie Finger, die einer nach dem anderen von der Hand abfallen.«

»Gar nicht langsam«, knurrte Gose Tsering. »In Amdo haben sie im Dorf Doi fünfhundert Grundbesitzer in der Ortsmitte zusammengetrieben und dreihundert von ihnen vor den Augen der Übrigen durch Kopfschuss umgebracht. Den Überlebenden wurde das Gleiche angedroht, wenn sie ihr Land nicht der ›Befreiungsarmee‹ übergaben.«

»Wisst ihr, was ich von dieser Armee halte?«, fragte mein Vater. Dann spie er abermals auf den Boden. »Sie erzählen uns, dass sie gekommen sind, um uns vor auswärtigen Unterdrückern zu beschützen, tatsächlich weben sie nur ihre Netze um uns wie Spinnen. Wir können nicht mehr einfach zusehen. Wir müssen endlich die Gegenwehr planen.«

In dieser Nacht schlief ich schlecht. Wieder träumte ich von Schritten auf dem Boden vor meinem Zimmer. Ich hörte sie einen langen Betongang herunterkommen. Kurze, schneidige Schritte, knallend, immer lauter werdend. Diesmal hielten sie vor meiner Tür an. Ich wachte auf.

Das ganze nächste Jahr überstürzten sich die Neuigkeiten vom Treiben der Chinesen nur so. Eine Zeit lang riegelten die Chinesen ein Gebiet östlich des Yangzi ab, sodass meine Mutter das Kloster von Gyalse Rinpoche nicht verlassen konnte. Ich tröstete mich mit dem Gedanken, dass es ihr nur recht sein konnte, mehr Zeit für ihre spirituellen Übungen zu haben. Doch der bloße Gedanke, dass ihre Rückkehr jetzt ausgeschlossen war, machte die Sehnsucht nur umso größer.

Zu seltsam, was unser Bewusstsein uns für Streiche spielt. Sie war ja nicht abwesender als im Vormonat; dass sie mir jetzt so sehr fehlte, lag vielleicht weniger an ihrer Abwesenheit als an dem Gedanken, dass sie nicht kommen konnte.

Die anderen empfanden offenbar nicht die gleiche Traurigkeit wie ich. Kunsang vertrat meine Mutter. Alles lief auch ohne sie reibungslos, und mein Vater schien davon gar keine Notiz zu nehmen. Er war ganz von seinen eigenen Aufgaben eingenommen, ritt unermüdlich von Ort zu Ort, um sich mit anderen Gebietsoberhäuptern zu beraten. Er traf sich mit Lamas, Anführern und den Leuten der Ortschaften, und sie schmiedeten Pläne, wie den Chinesen zu begegnen sei. Sie schworen einander, dass sie Widerstand leisten würden, wie die Erfolgsaussichten auch sein mochten. Jeder Gebietsherr stellte Männer und Waffen bereit. Außerdem sollte jede wohlhabende Familie drei Männer für den Widerstand ausrüsten.

Unterdessen konfiszierten die Chinesen weiter das Eigentum der östlich des Yangzi lebenden Tibeter. Sie richteten in tibetischen Dörfern Kommunen ein und karrten mit Lastwagen Landvolk aus allen Teilen Chinas heran, um diese Menschen in Tibet anzusiedeln. In Derge, Kanze, Nyagrong, Ba und Lithang mochten die tibetischen Anführer diese Vorgänge nicht länger hinnehmen und trommelten ihre Leute zu Tausenden zusammen. Mit Schwertern und Gewehren bewaffnet, überfielen sie chinesische Soldatenlager, um zu töten und zu plündern. Die Chinesen erlitten schwere Verluste und mussten den Rückzug antreten, doch die Folgen blieben nicht aus.

»Das Kloster von Lithang ist bombardiert worden«, schrie der Kurier und nahm sich keine Zeit für die üblichen Begrüßungen.

Er stieß unter Tränen halb erstickte Worte hervor, und mein Vater stand von seinem Sitz auf, um ihn zu beruhigen. Er nahm den armen Mann bei der Hand und führte ihn zu einem freien Sitzplatz. Dann beugte er sich über ihn und legte ihm die Hände auf die Schultern. Bald beruhigte sich der junge Mann, und mein Vater trat zurück.

»Erzähle«, sagte er mit fester Stimme, und jetzt überstürzten sich die Worte beinahe.

»Vor drei Monaten haben die Chinesen den Lamas unseres Klosters in Lithang befohlen, eine Aufstellung aller Besitztümer des Klosters zu machen. Die Lamas weigerten sich und riefen die Männer des Dorfs zusammen; sie sollten sich den Chinesen bewaffnet entgegenstellen. Man unternahm sogar einen Angriff auf ein chinesisches Lager im Tal unterhalb von Lithang. Sie konnten einiges aus dem Waffenlager entwenden, bevor sie dann in die Flucht geschlagen wurden. Von den Chinesen verfolgt, blieb ihnen kein Ausweg, als im Kloster Zuflucht zu suchen.

Die Chinesen umstellten das Kloster und schlugen eine gütliche Einigung vor, um die Männer aus dem Kloster zu locken. Alle im Kloster sollten sich ergeben, und dafür würden die Chinesen die Schaffung neuer Kollektive für zwei Jahre aufschieben. Sollten sie sich nicht ergeben, werde das Kloster bombardiert.«

Hier brach der junge Mann wieder in Tränen aus. Mein Vater beugte sich über ihn wie zuvor, legte ihm die Hand auf die Schulter und klopfte begütigend. Nach einer Schale Chang fuhr der Bote fort.

»Du musst verstehen, Pomdha Gonor, dass unsere Männer ja keine Ahnung hatten, was die Chinesen ihnen da androhten. Sie lehnten das Angebot ab, da sie nicht wussten, was dann geschehen würde. Vom Himmel herunter kam etwas, das wir noch nie gesehen hatten, fliegende Maschinen mit Flügeln wie Vögel. Dann entsetzlicher Donner, Gebäude flogen in die Luft, und drinnen schrien die Menschen. Zu der Zeit waren sechstausend Menschen im Kloster … viertausend von ihnen sind jetzt tot … Männer, Frauen, Kinder … viertausend Menschen getötet.«

Als er fertig war, wurde es sehr still im Raum. Was wir da

gehört hatten, war mehr, als wir zu begreifen vermochten. Eine ganze Zeit sprach niemand, und außer dem leisen Weinen des Boten war nichts zu hören.

Anfang 1956, im Jahr des Feuer-Affen, war zu hören, überall in Amdo und Kham werde jetzt ein Programm mit dem Titel »Demokratische Reformen« anlaufen. »Besitz und Herden der Landeigentümer und Klöster sind vereinnahmt worden«, sagte mein Vater und schlug sich mit der Faust in die Hand. »Sie werden ohne Verständnis für die Auswirkungen auf unser Volk neu verteilt. Sie sagen, es sei ›zum Wohl aller‹, aber welcher Nutzen könnte aus so etwas entstehen?«

Die Reformen, so erfuhren wir, wurden bei öffentlichen Zusammenkünften vorgestellt, und wen die Chinesen des Widerstands bezichtigten, hieß es weiter, werde in Ketten öffentlich vorgeführt. Ein Mönch, der an solch einer Zusammenkunft teilgenommen hatte, erzählte uns einmal: »Sie zwangen jeden im Dorf, bei der Zusammenkunft zu erscheinen. Dann wurden die Leute aufgefordert, die Widerständler zu kritisieren, zu demütigen und anzugreifen. Wir Mönche sollten uns gegen unsere Äbte wenden, die Dörfler gegen ihre Oberhäupter, die Kinder gegen ihre Eltern. Es war grauenhaft.«

»Die Chinesen versuchen uns auseinander zu treiben«, sagte mein Vater, »aber das wird ihnen übel ausgehen. So schüren sie nur den Widerstand.«

Beinahe jede Woche fanden sich die Berater meines Vaters in unserem Haus ein, um die Lage zu erörtern. Ich brauchte nur Gose Tserings lange, dünne Gestalt in der Tür zu sehen, dann wusste ich schon, was bevorstand. Bald würde ich die schweren Schritte von Shamo Chemi auf der Treppe hören, und gleich hinter ihm würde Atsang kommen. Manchmal waren noch Anak Pon, Norbuk Pon und andere Anführer dabei. Alle verschwanden im Zimmer meines Vaters, wo es Chang und Diskussionen geben würde.

Gelegentlich wünschte mein Vater auch meine Anwesenheit, doch ich fühlte mich von den anderen nie ganz angenommen. Manchmal, wenn sie meinten, dass ich sie nicht sah, bemerkte ich ihre Blicke, in denen sich Neugier, Ungläubigkeit und Missbilligung mischten, als fänden sie, dass eine Frau bei solchen Zusammenkünften nichts zu suchen habe.

Doch ihre Haltung störte mich nicht weiter, denn ich nahm ja nicht auf eigenen Wunsch teil. Viel lieber wäre ich zum Beten im Altarraum geblieben oder hätte in meinem Zimmer spirituelle Texte gelesen. Doch mein Vater wollte mich für den Fall vorbereiten, dass ich an seiner Stelle die Führung übernehmen musste, und er erinnerte mich immer wieder mal an diese Möglichkeit. Für mich war das unvorstellbar. Wie sollte ich wissen, was dann zu tun war, und wann würde ich noch Zeit für meine Übungen haben? »O erhabener Buddha«, betete ich, »möge es nie dazu kommen.«

Im Frühling dieses Jahres beorderte das tibetisch-chinesische Komitee alle Anführer des gesamten westlichen Kham zu einer Versammlung in Chamdo. Lamas, Gebietsoberhäupter, die Oberhäupter bedeutender Familien und Volksvertreter trafen sich, und die Beratungen dauerten mehrere Tage.

Der Vertreter Chinas, Wang Chimi, forderte die Tibeter zur Mithilfe bei der Durchsetzung der demokratischen Reformen auf. »Wenn ihr nicht mithelft«, drohte er, »werden die Reformen mit Gewalt durchgesetzt.« Mein Vater war einer von denen, die sich ganz entschieden gegen die Reformen aussprachen. Er stand auf und verkündete: »Ich werde nur die Befehle der tibetischen Regierung in Lhasa ausführen und den Wünschen des Volkes gemäß handeln. Niemals akzeptiere ich die Reformen allein auf Empfehlung der Chinesen hin. Tibet ist ein freies Land, das von Seiner Heiligkeit dem Vierzehnten Dalai Lama regiert wird. Nur seinen Befehlen gehorche ich.«

Begeisterte Zurufe von allen Seiten, und jetzt erhoben sich, von diesem Beispiel angespornt, auch andere tibetische Gebietsoberhäupter, um sich gegen die von China vorgeschlagenen Reformen auszusprechen. Es wurde abgestimmt. Hundert sprachen sich für die Reformen aus, über zweihundert dagegen.

Kurz danach wurde die Versammlung für beendet erklärt. Die Tibeter schickte man mit Geschenken – Bilderbücher, Schreibstifte und Seife – nach Hause.

»Bestechungsgeschenke!«, erregte sich mein Vater, während er in seinem Zimmer auf und ab ging. Sein Gesicht war rot, und auf der Stirn standen Schweißperlen. »Die glauben, dass sie mit ihren Bildern von China und ihren großartigen Tintenschreibern unsere Entschlossenheit brechen können ...« Er hatte sich so in seine Entrüstung hineingesteigert, dass er kaum noch atmen konnte, und wenn er mit den Händen fuchtelte, sah ich, wie sie zitterten. Die Gewalt seines Zorns schien ihn fast zu zerreißen.

Tagelang blieb er oben in seinem Zimmer und aß nichts. Jeden Tag ging ich an seine Tür, doch er winkte mich fort. Dann hörte ich eines Abends spät, als ich gerade zu Bett gehen wollte, Gose Tserings Stimme, als er auf dem Weg zum Zimmer meines Vaters durch die Küche ging. Etwas lag in seiner Stimme, das mich neugierig machte. Schnell warf ich mir die Chuba über und stieg ihm nach die Treppe hinauf.

Mein Vater saß auf einem Polster in der Ecke des Zimmers, als wir hereinkamen. Er war in sich zusammengesunken, und seine Augen wirkten im Halbdunkel blicklos, weit in eine unbestimmte Ferne gerichtet.

Anfangs schien er uns gar nicht zu bemerken, und wir standen unschlüssig da. Nach ein paar Augenblicken räusperte Gose Tsering sich. »Pomdha Gonor, ich komme mit Neuigkeiten von den Chinesen.«

Ganz langsam kam mein Vater zu sich. Sein Körper erschauerte, er nahm eine andere Haltung ein und hob endlich den Blick.

Gose Tsering erzählte. Sein Bericht dauerte bis spät in die Nacht. Was können sie denn sonst noch tun, fragte ich mich, während Gose Tsering eine Tragödie nach der anderen vor uns entrollte. Ich wusste zu dieser Zeit noch nicht, dass die Menschen auf all die Gräueltaten hin zum aktiven Widerstand übergegangen waren.

In der Ortschaft Nyagrong waren chinesische Soldaten zum Haus von Gyurme aus der Familie Chipa gekommen. Er war geschäftlich unterwegs, und die übrige Familie hatte sich gerade zum Abendessen gesetzt, als die Soldaten an die Tür pochten.

»Wir wollen eure Waffen«, sagten die Soldaten beim Eintreten. Gyurmes alte Mutter stand auf und blickte ihnen entgegen. Mit fester Stimme sagte sie: »Wir haben keine.«

Ohne ein weiteres Wort, ohne jede Vorankündigung hoben die Soldaten ihre Gewehre und erschossen alle. Gyurmes Mutter, seine Frau, sein kleiner Sohn und ein Bediensteter, alle tot.

Die Leute von Nyagrong waren außer sich. Zwei Wochen später führte Dorje Yudon, die schöne junge Frau des Gebietsführers Gyari Nima, einen Aufstand an. Sie scharte die Männer Gyari Nimas um sich, und bewaffnet bestiegen sie ihre Pferde und ritten einen Angriff auf die Drachen-Festung, in der die chinesischen Soldaten sich verschanzt hatten. Die Chinesen waren bestens mit Vorräten versehen und blieben einfach in ihrer sicheren Festung. Die Kämpfe zogen sich über Tage hin.

Als Gose Tsering mit seinem Bericht fertig war, gab mein Vater einen Laut von sich, der wie das Wimmern des Windes durch einen Riss in der Wand klang. Danach ein leiser Aufschrei, kaum hörbar. Sein Blick sank zu Boden, und für einen Augenblick glaubte ich, er werde das Bewusstsein verlieren. Doch kurz darauf hob er den Kopf und richtete sich auf.

»Wir müssen Hilfe schicken«, sagte er, als erwachte er wieder zum Leben. »Beruf eine Versammlung der Gebietsführer und Berater ein«, sagte er zu Gose Tsering, und mich forderte er auf, etwas zu essen zu bringen.

Der Wind wehte von den Hügeln herab, als Papa und ich aufsaßen und zu einem Ort an der Grenze zwischen Gonjo und Dagyab aufbrachen. Dort trafen wir Oberhäupter aus der ganzen Gegend. Ich erkannte Chime Gonpo und Raru Tennan aus Derge, Chungbhum Purpa aus Markham und viele andere aus den umliegenden Dörfern.

Als der Regen einsetzte, drängten sie sich auf ihren Pferden dicht zusammen, auf dem Kopf die Fuchsfellmütze und an der Seite das Schwert. Ihre Blicke waren so wild wie die der Pferde. Echte Khampa-Krieger.

Ich hielt mich etwas abseits und beobachtete ihre Beratung. Es wurde beschlossen, die Chinesen mit vereinten Kräften zu vertreiben. Sie kamen auch überein, keine Arbeiter für den Bau der Straße durch Gonjo zu entsenden. Sie würden kein Fleisch, kein Getreide, keine Pferde und keine Munition mehr herausgeben, wenn sie von den Chinesen dazu aufgefordert würden. Sie schworen, die chinesischen Aktivitäten in jeder erdenklichen Weise zu stören.

Als die Besprechung zu Ende war, stiegen sie einer nach dem anderen ab und schritten über ein frisch abgezogenes, noch blutiges Stück Tierhaut, um so den heiligsten aller Eide in Kham abzulegen. »Das besiegelt die Vereinbarung«, sagte mein Vater.

Er beendete die Versammlung mit den Worten: »Der Ausdruck ›Befreiung Tibets‹ ist ein todbringender Hohn. Tibet ist seit der Zeit von König Nyatri Tsenpo ein unabhängiges Land. Wir haben die Geschichte als Zeugnis dieser Tatsache. Verpflichten wir uns, niemals zuzulassen, dass die chinesischen Banditen uns gewaltsam unsere Unabhängigkeit rauben.« Er hob sein Gewehr hoch über den Kopf und rief: »Freiheit für Tibet!«

»Freiheit für Tibet!«, kam das donnernde Echo der Übrigen.

Von da an ging alles Schlag auf Schlag. In ganz Kham erhoben sich die Menschen, und da sie das Gelände gut kannten, errangen sie viele Erfolge. Dann begannen die Chinesen ihre Truppen massiv zu verstärken, um die Angriffe zurückzuschlagen. Ihre Soldaten waren gut ausgebildet und verfügten über hervorragende Ausrüstung – die Tibeter waren ihnen hoffnungslos unterlegen. Bald begannen die Menschen die Dörfer zu verlassen und ins Hügelland zu flüchten. Gegen Ende 1956 waren es nicht mehr Hunderte, sondern Zehntausende.

1957 kamen tausend Männer unter ihrem Anführer Chime Dorje aus Lingkha Shipa in das Nomadenlager, das im Hügelland oberhalb von Lemdha lag. Sie hatten ihr Land an die Chinesen verloren und suchten Unterschlupf.

Mein Vater ritt zu ihnen hinauf. In seine schwarze Chuba gekleidet, die Fuchsfellmütze auf dem Kopf, das Gewehr umgehängt und das Schwert an der Seite, galoppierte er durch das wogende hohe Gras hügelauf.

Papa stand hinten in der Nähe der Speisekammer, ein Blatt Papier in der Hand, und rief mit lauter Stimme die einzelnen Posten einer langen Liste von Lebensmitteln auf.

»Zehn Sack Gerstenmehl. Drei Sack Trockenfleisch. Vier

Beutel Reis …« Thupten und Tashi holten die Sachen aus der Vorratskammer und stapelten sie zu seinen Füßen.

»Die Pferde werden Futter brauchen«, fuhr mein Vater fort; dann mit einer Geste zu Kunsang und mir: »Und für alle Männer, Frauen und Kinder Kleidung zum Wechseln.«

Bei all der Geschäftigkeit hatte niemand meine Mutter eintreten sehen. Sie stand einen Augenblick da und betrachtete die Szene mit großen Augen. Sie kam unangekündigt vom Kloster zurück und landete mitten im Chaos. Alles voller Menschen, die auf Polstern saßen oder am Feuer kauerten oder sich an die Wand lehnten. Fremde Hunde, die aus und ein hinter unseren herjagten, hungrige und weinende Kinder.

Meine Mutter öffnete erschrocken den Mund, und sie blinzelte wie ein Maulwurf im plötzlichen Sonnenlicht.

»Mama!«, schrie ich, als ich sie bemerkte. Ich ließ fallen, was ich gerade in den Händen hielt, und war mit ein paar schnellen Sätzen bei ihr und warf sie beinahe um. Ich schlang die Arme um ihren Hals und drückte ihren zarten Körper an mich, ihr Herzschlag ein zaghaftes Hüpfen an meiner Brust. Ich nahm ihr Gesicht in die Hände und legte meine Stirn an ihre.

In dieser Nacht, in Mamas Arme gekuschelt, ihre warme Haut mit dem so vertrauten Duft von Milch an meiner, empfand ich zum ersten Mal seit dem Verlassen des Klosters wieder Frieden.

»Mama«, flüsterte ich wieder und wieder.

Ich küsste ihre Ohren und strich ihr das Haar aus der Stirn. Wir sprachen über Gyalse Rinpoche und seine Unterweisungen. Sie erzählte mir von der Großen Befreiung und dem Pfad des Klaren Lichts. Ich fühlte mich wie ins Kloster zurückversetzt.

Gyalse Rinpoche sitzt auf einem schlichten Polster im rückwärtigen Teil seines Zimmers. In seinem Gesicht leuchtet ein schma-

ler Streifen das Halbdunkel durchdringenden Sonnenlichts. Von Licht umgeben und strahlend wie ein goldener Buddha.

»Täuschen wir uns nicht«, las mein Vater aus einem unter den Gebietsführern zirkulierenden Brief von Lama Nyenjik vor, »die ›Befreiung‹ Tibets ist nichts weiter als brutaler Kolonialismus ... in ein paar Jahren will Mao Zedong acht Millionen Chinesen nach Tibet bringen. Das kann nur die vollständige Auslöschung eines Volkes und einer uralten Kultur bedeuten.

Rein kann das Gewissen der Welt nicht mehr sein, seit von keinem einzigen Land auch nur ein Finger gehoben wurde, um die Vereinnahmung eines freien Volkes noch zu verhindern. Welche Schande, dass kein einziges Land seine Stimme gegen das Gemetzel unter den Menschen Tibets erhoben hat ...«

Mein Vater legte den Brief vor sich auf den Tisch und rieb sich mit seiner großen Hand das Gesicht. »Es ist gut«, sagte er, als er den Inhalt des Briefs ein wenig überdacht hatte. »Gut, dass jemand sich die Zeit nimmt, an die indische Regierung zu schreiben. Wir brauchen Hilfe von außen. Auf uns allein gestellt, werden wir nicht überleben.«

»Jetzt wird doch ganz bestimmt Hilfe kommen«, sagte ich. »Wenn andere hören, was hier vorgeht, werden sie uns nicht allein lassen.«

Ich war jung und wusste noch nicht, wie es in der Welt zugeht. So fern war mir das Land jenseits unserer hohen Berge, dass ich mir auch auf Bilder oder das im Unterricht Gelernte hin nicht vorstellen konnte, wie es in dieser großen Welt aussah.

Ich wusste eigentlich nur, dass man Menschen, die aus der Fremde kamen, nicht trauen konnte.

Im Verlauf dieses Jahres, in dem die Chinesen immer schlimmere Verwüstungen anrichteten, verschlechterte sich der Gesundheitszustand meines Vaters. Der Gedanke, dass die Chinesen bald auch nach Gonjo kommen würden, zermürbte ihn.

»Die tibetische Regierung hat keine Strategie für den Kampf gegen die Chinesen«, sagte er. »Wir haben überhaupt nichts. Wenig Waffen, und von einer Armee kann nicht die Rede sein. Die Chinesen verfügen dagegen über ungeheure Kräfte, und deshalb wird es sehr schwer werden.« Das war seine Hauptsorge.

Unter diesen Sorgen verschlimmerten sich seine Blut- und Wind-Störungen, und bald begann sich in seinem Körper Flüssigkeit anzusammeln. Mehrmals kamen Ärzte aus umliegenden Ortschaften. Sie nahmen seinen Puls, sprachen Gebete, gaben ihm in Seide eingewickelte Pillen. Sie taten, was sie konnten, doch trotz allem wurde mein Vater immer schwächer.

Als 1958 das Jahr des Erd-Hundes begann, waren Papas Hände und Füße so sehr angeschwollen, dass er nur mit Mühe durchs Zimmer gehen konnte. Beinahe jeden Tag hatte er Kopfschmerzen und Atemnot. Wenn er nicht auf und ab ging, saß er häufig auf seinem Polster, die Schultern gebeugt und in den Augen eine große Ferne.

Mama, Kunsang und ich hielten uns immer in seiner Nähe auf für den Fall, dass er Hilfe brauchte. Wir lasen ihm aus heiligen Schriften vor. Wir baten sogar Gose Tsering, zum Würfelspiel zu meinem Vater zu kommen, aber was wir auch unternahmen, es ging immer weiter abwärts mit ihm.

»Wenn ich diese Krankheit überwinde«, sagte er an Tagen, an denen er sprach, »werde ich das größte chinesische Waffenlager im Norden zerstören. Ich werde diese Erde nicht verlassen ohne eine Tat, von der die Menschen noch nach Generationen sagen werden: ›Das hat Pomdha Gonor getan.‹ Ich werde meine Pflicht gegenüber Tibet erfüllen!«

An einem Tag im späten Frühjahr konnte Papa nicht vom Bett aufstehen. Es war das erste Mal seit dem Beginn seiner Krankheit, dass er im Bett blieb. Mama und mir kam es so vor, als wäre sein Geist nun endgültig gebrochen.

Den ganzen Tag hatten die Leuchter in seinem Zimmer gebrannt, und wenn man sein Gesicht im flackernden Licht betrachtete, glaubte man zu sehen, wie er zwischen dem normalen festen und einer Art flüssigem Zustand hin und her wechselte. Manchmal entglitt er in den Schlaf, dann wieder blickte er mit glanzlosen, auf nichts gerichteten Augen vor sich hin. Dann und wann beugte Kunsang sich über ihn und legte ihm ein frisches feuchtes Tuch auf die Stirn, doch er schien es nicht zu bemerken.

Kurz vor Mittag kam Mama mit einem Arzt aus einem nahe gelegenen Dorf. Er war schon betagt und ging mit gebeugten Schultern, als hätte er eine schwere Last zu tragen. Ein Gehilfe trug seine Tasche. Der junge Mann ging mit schüchtern gesenktem Kopf und Blick, als wäre es sein erster Hausbesuch. Er hantierte linkisch mit der prall gefüllten Tasche, und der Arzt bedeutete ihm mit einer ungeduldigen Geste, er solle sie auf den Tisch vor dem Bett meines Vaters stellen.

Der alte Mann setzte sich neben meinen Vater, nahm seine Hand und legte drei Finger an sein Handgelenk. Schweigend nahm er eine Weile den Puls, dann wandte er sich ab und öffnete seine Tasche. Als er die Lederklappe zurückschlug, verbreitete sich durchdringender Kräutergeruch im Zimmer.

Ganz aus der Tiefe holte er mehrere Fläschchen mit Pillen verschiedener Größe, die er seinen Gehilfen in einer Schale Wasser zerdrücken ließ. Als die Arzneien aufgelöst waren, führte er meinem Vater das Gefäß an die Lippen und flößte ihm die Mixtur ein. Mein Vater verschluckte sich ein paarmal, dann gelang es. Danach tätschelte der Arzt ihm die Hand, nahm meine Mutter bei der Schulter und ging mit ihr aus dem

Zimmer, wobei er ihr ins Ohr flüsterte: »Sorgt dafür, dass er sich ausruht.«

Am frühen Abend kam Ani Rigzin vom Kloster zurück und brachte Khale Rinpoche mit. Er trug ein ärmelloses braunes Gewand, darüber einen schweren Umhang, und um das Handgelenk die Gebetsperlen. Als er an das Bett meines Vaters trat, wirkte seine breite, dunkle Gestalt im schwachen Licht wie ein Berg der abgeklärten Ruhe. Er beugte sich vor und legte meinem Vater die Hand an die Stirn.

Nach einigen Augenblicken holte er einen in Brokatstoff eingeschlagenen Text aus seinem Beutel. Er wickelte den Text aus, schlug den Holzdeckel zurück und begann zu lesen.

Grund und Wesen deines Geistes sind Lichtheit und Leere in untrennbarer Einheit. Er weilt als lichte Weite jenseits von Geburt und Tod. Er ist der Buddha des unwandelbaren Lichtes.

Er nahm die Hand meines Vaters sanft in seine und hielt sie mit solch liebevoller Güte, dass schon die bloße Berührung meinem Vater Kraft zu geben schien. Er gab meinem Vater zu verstehen, dass er die Worte still für sich selbst wiederholen solle, und las weiter.

Da nun der Bardo des Sterbens mir naht, will ich von allem Halten und Verlangen und Anhaften lassen.
Ich werde ins klare Bewusstsein der Lehre eintreten, ohne Ablenkung, und meinen Geist in den Raum des ungeborenen Gewahrseins senden.
Und wenn ich diesen aus Fleisch und Blut gefügten Körper verlasse, werde ich wissen, dass ich in Frieden bin.

Er schlug den Text zu und beugte sich zu meinem Vater hin.

»Pomdha Gonor, du bist ein starker Anführer, ein treuer Ehemann und Vater gewesen. Mögest du, wenn du deine Reise antrittst, den Schutzlosen ein Beschützer, den Wandernden ein Führer, den ans andere Ufer Strebenden ein Boot, eine Brücke, ein Übergang sein. Mögest du allen kranken Lebewesen der Welt Arzt und Arznei sein. Mögest du wie der Raum und die großen Elemente der Erde stets dem Leben all der unzähligen Wesen eine Stütze sein. Mögest du in Frieden von diesem Ort deiner Geburt aus weiterziehen.«

Als Rinpoche gegangen war, schien es meinem Vater besser zu gehen. Eine Zeit lang war etwas von seinem alten Feuer zu spüren, und er begann von den Ereignissen der vergangenen Jahre zu erzählen. Besonders gern kam er auf seine letzte Begegnung mit dem Dalai Lama vor einigen Jahren zu sprechen. Die Rückerinnerung gab ihm Kraft, und es schien ihm sehr wichtig, uns davon zu erzählen.

»Alle Gebietsoberhäupter von Kham hatten sich versammelt, um seinen Segen zu erbitten. Seine Heiligkeit lächelte bei dieser Audienz und sah uns alle liebevoll an.«

Seine Augen leuchteten, während er davon sprach.

»Bevor wir entlassen wurden, bekam jeder von uns eine Zeremonialschärpe, und Seine Heiligkeit legte jedem von uns segnend seine warme Hand auf den Kopf. Ich betete dabei mit jeder Faser meines Herzens, dass ihm nichts zustoßen möge. Doch als ich mich dann zum Gehen wandte, kam eine tiefe Traurigkeit über mich, und Tränen traten mir in die Augen.«
Auch jetzt, während er es erzählte, füllten sich seine Augen mit Tränen, und die bleichen Lippen zitterten, als er weitersprach. »Jetzt scheint es so, als würden Tibet und Seine Heiligkeit in die Gewalt der Chinesen fallen.«

Später flüsterte er noch mit letzter Kraft: »Ihr dürft den Chinesen niemals trauen, sie sind gekommen, um zu zerstören.«

Am nächsten Tag war er zum Sprechen zu schwach. Die ganze Nacht hatten meine Mutter und Kunsang abwechselnd bei ihm gewacht. Als ich am Morgen in sein Zimmer kam, war meine Mutter bei ihm und strich ihm über die Stirn. Kunsang hatte eine Hand an seiner Schulter. Anya und Gose Tsering standen neben ihm, Ani Rigzin am Fußende seines Bettes.

Seine Haut hatte über Nacht ein fahles Grau angenommen. Sie hatten ihn mit aufgerichtetem Oberkörper gelagert, der Mund stand offen und war wie ein kleines schwarzes Loch in der grauen Haut. Sein dürr gewordener Hals mit den schlaffen Muskeln schien tief eingesunken oberhalb des Brustbeins. Ich setzte mich neben ihn und griff nach der schlaff auf seiner Brust liegenden Hand.

Er hatte die Augen fast ganz geschlossen, und aus dem hohlwangigen Gesicht schien mit jeder Minute die Fülle des Lebens zu weichen. Ich betrachtete seine Stirn, den Bogen der Wangenknochen, die feine, klare Linie der Nase. Tränen traten mir in die Augen.

Langsam und mit großer Mühe bewegte er seine Hand und legte sie auf meine. Er will mir sagen, dass er mich lieb hat, dachte ich.

Den ganzen Tag saßen wir bei ihm. Eine Zeit lang schien es, als erholte er sich ein wenig, und ich begann Hoffnung zu schöpfen. Am Nachmittag nahm Ani Rigzin mich bei der Hand. »Lass uns zum Beten gehen«, flüsterte sie. Ich folgte ihr, wenn auch schweren Herzens.

Früh am nächsten Morgen kehrten Ani Rigzin und ich vom Kloster Khale zurück, als Tashi uns winkend entgegengelaufen kam und schon von weitem rief: »Ashe Pachen! Ashe Pachen! Komm schnell! Deinem Vater geht es schlechter!«

Ich lief sofort los und schrie: »Was ist passiert?«

Als ich Tashi erreichte, stand er atemlos am Wegrand. »Sag

doch etwas!«, rief ich und schüttelte ihn. »Wird er am Leben bleiben?«

Tashi wirkte verstört und stammelte nur noch. Ich ließ ihn stehen und lief weiter zum Haus. Drinnen hörte ich Weinen, so laut, dass ein seltsames Vibrieren in der Luft lag.

»Was ist geschehen?«, fragte ich und fasste eine der an der Tür stehenden Nachbarinnen am Arm.

»Unser Glück hat sich gewendet«, schluchzte sie.

Ich drängte mich durch die Menge im Haus und rief: »Lasst mich zu ihm! Lasst mich zu ihm!« Wie betäubt lief ich die Treppe hinauf.

Vor dem Zimmer saß Shamo Chemi, einer der Berater, auf dem Stuhl meines Vaters. Ich wollte an ihm vorbei ins Zimmer stürzen, doch er stand auf und verstellte mir den Weg.

»Ich muss zu ihm«, stieß ich in höchster Aufregung hervor. »Bitte, ich verspreche, dass ich keinerlei Unruhe verursachen werde.« Shamo Chemi verstand meine Not und trat zur Seite.

Papa lag auf seinem Bett, und ich sah im Näherkommen sein hohl wie eine Maske gewordenes Gesicht, aus dem alle Farbe gewichen war.

Ich beugte mich über ihn und berührte ihn an der Stirn und erschrak. Sie war kalt und hart, sich verfestigend wie abkühlende Butter in einer erloschenen Lampe. Die Strömung, die ich immer zwischen uns gespürt hatte, war abgerissen.

Ich sah auf ihn herab und dachte an die Worte:

Sein Körper verlor alle Kraft, als sinke und falle er, von etwas ungeheuer Schwerem erdrückt. Er konnte den Kopf nicht bewegen. Seine Augen waren trocken.
Alle Wärme entwich seinem Körper. In seinen Ohren war ein Rauschen, ein großer Wind, der über die Welt hinfegte und das ganze Universum verschlang und ihn davonwehte.

»Papa«, flüsterte ich, »verlass mich nicht.«

Später wurde Tashi losgeschickt, um Khale Rinpoche zu bitten, das Phowa-Ritual auszuführen, um das Bewusstsein meines Vaters von seinem Körper zu lösen und es auf den weißen Pfad zum Paradies des Friedens zu leiten.

Am Abend wuschen Mama und Kunsang seinen Körper, schlugen ihn in weiße Tücher ein und knieten nieder, um zu beten. Ich saß daneben und hatte ihm eine Hand auf den Arm gelegt. Er ist gar nicht weg, dachte ich immer wieder. Eines Tages wird er wieder da sein.

Für drei Tage blieb der Leichnam meines Vaters im Haus, während Mönche und wichtige Lamas kamen, um Gebete zu sprechen. Sie saßen in der Küche, sie saßen im Altarraum, sie saßen im Kreis um seinen Körper und beteten. Ich hatte Mama in der Küche zu helfen und konnte mich ihnen nicht zum Gebet anschließen. Aber als ich einmal in sein Zimmer ging, um seine Essschale neu zu füllen, beugte ich mich über ihn, als gerade niemand hersah, und flüsterte ihm ein Gebet ins Ohr. Geh immer auf das Licht zu, flüsterte ich.

Während dieser drei Tage wurden die Vorbereitungen für seine Einäscherung getroffen. Mama bereitete seine Lieblingsgerichte zu, die neben ihn gestellt werden sollten. Kunsang und die Dienerschaft kochten für die Gäste. Tausend Butterlampen brannten ständig im Haus, und in den umliegenden Klöstern opferten wir Tausende weitere. Der örtliche Astrologe wurde befragt, welche Gebete gesprochen werden sollten, und auf dem Dach des Kornspeichers errichtete man den Scheiterhaufen.

Nach drei Tagen war sicher, dass der Geist meines Vaters seinen Körper gänzlich verlassen hatte, und die Bestattung, die der eines hohen Lama entsprach, konnte beginnen. Auf einer

Plattform in der Mitte sollte der Leichnam liegen, und darunter würde man das Feuer entfachen. Seitlich der Plattform standen Khale Tulku, Dorzong Tulku und Ngulra Tulku in ihren Brokatgewändern und warteten auf den Beginn der Zeremonie.

Ich stand mit anderen Gästen auf dem Dach unseres Hauses und sah zu, wie das Feuer angezündet wurde. Flammen schlugen knatternd in die Höhe, und als die Gestalt vom Feuer umschlossen wurde und langsam verschwand, brach um mich das Wehgeschrei los. Meine Mutter und Kunsang waren so außer sich in ihren Klagen, dass sie beinahe besinnungslos wurden. Ich stand regungslos und stumm mit geschlossenen Augen da und ließ meinen Geist eins werden mit seinem.

Seine Angehörigen weinten, doch er hörte es nicht mehr. Sein Körper fühlte keinen Schmerz und hatte keine Empfindungen mehr. Seine Gedanken und Gefühle waren zu Ende. Die vertraute Umgebung verblasste. Er schwebte in einem gestaltlosen und ausdehnungslosen Raum und ging ein in strahlendes Licht.

Er war wie betäubt und geblendet von Geräuschen und Farben. Blau, Weiß, Rot, Gelb, Grün traten wie Strahlen hervor, um sich dann zu Lichtpunkten zusammenzuziehen. Das Licht war blendend, der Lärm wie das Tosen von Millionen Wasserfällen. Langsam sich auflösend, schnellt er dahin wie Gischt auf einer endlos sich brechenden Woge.

Er kehrte in seinen ursprünglichen Zustand zurück. Er kannte keine Furcht mehr.

An diesem Tag war meine Kindheit endgültig zu Ende. Ich wusste, dass mein Traum von einem der Meditation und dem Gebet geweihten Leben sich nicht erfüllen würde. Ich konnte nicht meinem Herzen folgen, denn die Pflicht gebot, dass ich das Werk meines Vaters fortführte. Mein Land war bedroht, meine Familie in Gefahr, und so musste ich Kriegsvorbereitungen treffen. Von diesem Tag an war mein Leben ein ganz anderes.

6.
In den Bergen

Ich begegnete meinem Vater am Tag nach seiner Bestattung im Traum. Der Morgen dämmerte gerade, und das Jahr war eben erst geboren. Überall drängte frisches Grün aus der schwarzen Erde hervor. Das Land war übersät mit kleinen weißen Blüten und die Luft voll vom Singen, Pfeifen und Zwitschern der Lerchen, Sperlinge und Drosseln.

Ich sah ihn von weitem mir entgegenreiten. Er trug seine schwarze Chuba und die Fuchsfellmütze, über den Rücken das Gewehr, an der Seite das Schwert. In seinen Augen lag, als er näher kam, ein so zärtlich liebevoller Blick, dass ich zu weinen begann.

Er öffnete den Mund, und die Worte kamen wie ein Lufthauch. »Liebe Tochter …«, flüsterte er beinahe flehentlich, »wie lautet die Anweisung?«

Als mir aufging, dass er wohl spirituellen Rat brauchte, antwortete ich nach bestem Vermögen. »Lass alles Haften hinter dir. Bleibe frei von Furcht. Suche Zuflucht bei deinem Lehrer und den Drei Kostbarkeiten. Läutere alles Unreine. Gelingt es dir, so wirst du eines Tages wohl die letzte Befreiung finden.«

Ich fragte Lama Ratri: »Kann ich noch mehr für meinen Vater tun? Ist er wirklich vollkommen frei geworden?«

Rinpoche saß über seine Texte gebeugt und blickte nicht

auf. Das Gewand umhüllte seine mächtige Gestalt, und in seinem Schoß lagen die langen Querformatblätter.

Er schien eine Ewigkeit so zu verharren, dann legte er den Text beiseite und nahm seine Gebetskette zur Hand. Er ließ die Perlen zwischen Daumen und Zeigefinger weitergleiten, eine nach der anderen. »Dein Vater, Pomdha Gonor, hat sich schon dem Vajradhara zugesellt«, sagte er mit feierlichem Ernst nach einem Blick auf die Perlen. »Aber wenn du noch mehr zu seiner Unterstützung tun möchtest, werde ich dir einige weitere Gebete geben.«

Er gab mir hundert gesegnete Schnüre, hundert Päckchen mit Stücken von seiner Kleidung oder Haaren und hundert kleine Ton-Amulette als Opfergaben. Dabei wies er darauf hin, dass unser Stamm unter der Führerschaft meines Vaters der am besten organisierte in ganz Gonjo gewesen sei.

»Eure Anführer sind fähige Leute, den Menschen geht es gut bei euch, deine Männer sind stark und deine Pferde schnell«, sagte er. »Doch jetzt steht der Buddha-Dharma vor seiner Auslöschung. Es geht um den Fortbestand der Lehren.«

Fortbestand der Lehren! Mit diesen Worten gewann ich ein neues Zielbewusstsein. Jahrhunderte der Weisheit und unzählige heilige Texte waren bedroht. Wenn ich dazu beitragen kann, die großen Lehren des Buddha zu beschützen, dachte ich, dann werde ich tun, was dazu erforderlich ist. Sogar töten.

Doch bis ich zu Hause ankam, türmte sich die Aufgabe schon wieder wie ein Gebirge vor mir. Wo sollte ich anfangen? Lama Ratris Worte hatten mich aufgerichtet, doch nun galt es sie auszuführen, und das war etwas ganz anderes. Man kann sich leicht begeistern lassen, dachte ich, aber das Handeln ist viel schwieriger.

Wohin ich auch ging, überall begrüßten die Menschen mich als ihre Anführerin. »Pomdha Pachen, unsere Führerin Pa-

chen«, riefen sie mich. In ihren Gesichtern lag so viel Zuneigung und Bereitschaft, dass ich es ihnen nicht verweisen konnte, aber waren meines Vaters Schuhe nicht doch viel zu groß
für mich? Manchmal sehnte ich mich, in die Stille des Gebets
zurückzukehren.

Die nächsten Tage fühlte ich mich vollkommen allein. Wenn
ich am Zimmer meines Vaters vorbeikam, dachte ich jedes
Mal, ich würde ihn auf seinem Polster sitzend vorfinden. Oft
vergewisserte ich mich mit einem Blick ins Zimmer, doch das
Polster blieb leer. In der Küche erwartete ich seine Schritte auf
der Treppe. Ich lauschte, ob seine Stimme nicht »Nyu, Nyu«
rufen würde, und manchmal glaubte ich es wirklich zu hören.

Jeden Abend suchte ich eine einsame, dem Wind ausgesetz-
te Stelle am Fluss auf, wo ich sprach und sang und weinte,
meist aber einfach vor mich hin in das schwarze strömende
Wasser oder in die Wolken oder in dieses weltferne Licht starrte.

So seltsam war der Tod meines Vaters, sein völliges Verschwinden. Und noch seltsamer war, wie sein Geist in der Welt
lebendig zu werden begann. An dem Tag, an dem er starb,
wogte ein Zug Wildgänse über den Himmel. Ein paar Tage
später ein zartes Farbband in den Wolken – überall seine Spuren.

Die gewohnten Abläufe des Haushalts gingen ohne ihn weiter.
Mama behielt ihre Trauer für sich und ging ihren täglichen
Verrichtungen nach wie immer. Manchmal sah ich ihre stum-
men Tränen, wenn sie sich über einen Topf auf der Feuerstelle
beugte oder etwas aus dem Schrank nahm. Kunsang weinte
laut heraus und setzte sich, wenn sie nicht mehr stehen konnte, um die Hände vors Gesicht zu schlagen. Ich war still und
trauerte ganz für mich allein.

Neunundvierzig Tage nach seinem Tod beteten wir ununterbrochen. Sein Geist war in einem Zwischenzustand zwischen Befreiung und dem Kreislauf des Lebens. Mit Ritualen und Opferungen bemühten wir uns, seine Reise zum Klaren Licht voranzubringen. Wir beteten darum, dass er in einem höheren Zustand wiedergeboren oder gänzlich frei werden möge.

Die nächsten fünfzig Tage regnete es unablässig. Ein tobender Wind spie Staub und kleine Steine und Gras. Das ist Papa, dachte ich, er ist immer noch zornig auf die Chinesen.

In diesen Tagen kam die Sorge, dass mir alles über den Kopf wachsen würde. Papa hatte seine Pflichten so unauffällig erfüllt, dass ich kaum wusste, worin sie eigentlich bestanden. Jetzt kam alle Tage jemand, der etwas von mir wollte. »Wir brauchen mehr Pferde.« »Es ist Getreide gestohlen worden.« »Du musst die Steuern für Lhasa eintreiben.«

Wie soll ich das ohne ihn schaffen?, dachte ich.

Wenn ich durch das Haus ging, konnte ich kaum fassen, was wir alles besaßen. Einmal sagte ich zu Mama: »Lass uns doch alles den Klöstern geben, damit sein Verdienst noch größer wird. All dieser Besitz ist uns doch nur eine Last. Im Grunde besitzt er uns und nicht umgekehrt.«

Für kurze Zeit träumte ich davon, mit nichts weiter als einem Rucksack auf dem Rücken zu den heiligen Stätten zu pilgern.

»Die Zeiten werden immer widriger«, sagte Ani Rigzin, als sie von meinen Sehnsüchten hörte. »Man kann sich kaum noch frei bewegen. Die Gegenden im Norden und Süden von Amdo sind schon von den Chinesen besetzt. Überall sind Soldaten, an ein sicheres Reisen ist nicht mehr zu denken.«

»Aber Gyalse Rinpoche könnte Pomdha Gonor auf dem Weg zum Nirvana weiterhelfen«, wandte meine Mutter ein.

»Wenn wir ihn besuchen, können wir unsere spirituelle Praxis fortsetzen.«

»Die Chinesen kontrollieren den Yangzi«, sagte Ani Rigzin. »Man wird ihn gar nicht überqueren können, um zum Kloster zu kommen.«

Ich dachte an Lama Ratris Worte und sagte: »Selbst wenn wir fortkönnten, müsste ich bleiben. Ich habe die Aufgabe, Papas Werk fortzuführen.«

Ich ließ Papas Berater Gose Tsering und Shamo Chemi rufen. Als ich den vertrauten Klang ihrer Schritte auf der Außentreppe hörte, schien für einen Augenblick alles wie immer zu sein, und ich fasste Mut.

Doch als Gose Tsering eintrat, nahm ich erschrocken wahr, wie sehr er sich in letzter Zeit verändert hatte. Auf seiner Stirn hatte sich eine Furche gebildet, die die Augenbrauen hochzuziehen schien und seinem Gesicht einen Ausdruck von bestürztem Kummer gab. Seine Augen wirkten angestrengt wie von zurückgehaltenen Tränen. Sein Mund war unter dem Schnauzbart eine dünne, an den Enden abwärts gebogene Linie. Er wirkte wie ein Kind, das sich verlaufen hatte.

Hinter ihm trat Shamo Chemi von einem Bein aufs andere und sah Gose Tsering und dann mich an wie ein um seinen Herrn besorgter Hund. Sie waren die fähigsten der Berater meines Vaters gewesen, doch jetzt sank mir das Herz, denn sie strahlten so wenig Zuversicht aus wie ich selbst.

»Ich komme eben von Lama Ratri«, sagte ich in der Hoffnung, sie aus ihrer finsteren Ratlosigkeit reißen zu können. »Er sagt, es sei unsere Aufgabe zu helfen. Er sagt, dass unsere Religion und Kultur bedroht sind. Er möchte, dass wir den Kampf anführen.«

Ich rief ihnen ins Gedächtnis, dass mein Vater noch selbst Männer zum Kampf gegen die Invasoren ins untere Gonjo entsandt hatte. Er hatte in jedem Haus bekannt machen lassen, wie viele Männer, Pferde, Schwerter und Gewehre jede Familie bereitstellen sollte.

»Mindestens drei Waffen und Männer aus jeder größeren Familie, mindestens zwei aus jeder mittelgroßen und mindestens ein Mann und eine Waffe aus jeder kleinen Familie«, wiederholte ich die Anweisungen. »Seine Voraussicht erleichtert uns die Arbeit, aber jetzt liegt es an uns, das von ihm Begonnene fortzusetzen.«

Einen Augenblick lang schwiegen sie, dann hob Gose Tsering den Kopf und reckte die Schultern, als hätte er verstanden, dass ich seine Hilfe brauchte.

»Die Chinesen sprengen Straßen durch die Hügel im unteren Gonjo«, sagte er nachdenklich. »Wenn diese Straße erst fertig ist, werden sie mit Lastwagen massenhaft Nachschub für ihre Truppen nach Gonjo bringen. Wir dürfen nichts unversucht lassen, sie aufzuhalten.«

»Wir müssen jeweils fünfzig gut bewaffnete Männer losschicken«, fiel jetzt auch Shamo Chemi ein. »Unser Stamm hat über sechshundert, also müsste das ohne weiteres gehen.«

»Wir werden, wie von meinem Vater geplant, in jedes Haus gehen«, sagte ich und war erleichtert, dass sie mitzogen. »Wir werden die Männer sammeln und dafür sorgen, dass jeder ein kräftiges Pferd und eine brauchbare Waffe hat.«

Bevor sie gingen, nahm Gose Tsering mich noch beiseite, um mir im Vertrauen etwas zu sagen. »Die Leute von Lemdha sind froh, dass du die Aufgaben deines Vaters übernimmst, Ashe Pachen. Aber manche machen sich auch Sorgen. Sie wissen, dass du eigentlich dem spirituellen Pfad zugeneigt bist, und sagen, dass du nicht auf Dauer unsere Anführerin sein wirst …« Sein Blick schien zu sagen, dass er auch so dachte.

Natürlich war etwas Wahres an diesen Worten, aber es ärgerte mich auch, dass an meiner Treue gezweifelt wurde. »Du kannst ihnen sagen, dass sie ohne Sorge sein können. Ich stehe immer zu meinem Wort.«

Als er gegangen war, blieb ich eine Weile im Dunkeln sitzen. »Papa«, flüsterte ich, »warum bist du gegangen?«

Und in der Nacht betete ich: »Guru Rinpoche, führe du mich auf diesem Weg.«

In der Ferne erkenne ich eine dunkle Gestalt. Sie kommt durch Dunstschleier über ein weites Grasland auf mich zu. Immer größer werdend. Hier kann ich weder weglaufen noch mich verstecken.

Erst als die Gestalt schon ganz nah ist, wird das Gesicht klar. Ich stehe staunend.

Es ist Seine Heiligkeit. Er ergreift meine Hand, sanft und doch fest.

Alles wird gut, dachte ich beim Aufwachen. Seine Heiligkeit ist bei mir.

Den Rest dieses Jahres arbeiteten wir an Strategien. Seit dem Tod meines Vaters war Anak Pon aus einem nahe gelegenen Dorf der mächtigste Anführer. Ihm oblag die Gesamtplanung. Zu den Treffen bei ihm ging ich nicht selbst, sondern entsandte Gose Tsering und Shamo Chemi.

»Ihr habt zusammen mit meinem Vater die Pläne erarbeitet«, sagte ich, »und wisst deshalb am besten, was er im Sinn hatte. Ich vertraue darauf, dass ihr mich gut vertreten könnt.« In Wirklichkeit hatte ich jedoch andere Gründe. Ich wollte daheim bei Mama und Ani Rigzin bleiben, ich wollte sie in Sicherheit wissen. Und ich hoffte ein wenig Zeit für Abgeschiedenheit und Gebet finden zu können.

Zugleich wusste ich, dass ich alles mir Mögliche zur Verteidigung des Landes unternehmen musste. Meinem Vater zu

Ehren und für Seine Heiligkeit stürzte ich mich in die Aufgabe, die Streitkräfte von Lemdha zu organisieren.

Ich wandte mich jetzt auch an andere, die meinem Vater geholfen hatten. Einen von ihnen, Dhondrub Norbu, hatte mein Vater besonders gemocht. Er wohnte in der Gegend der Nomaden, und ich schickte ihm einen Boten und ließ ihn zu einer Zusammenkunft rufen. Da nichts geschah, schickte ich einen zweiten Boten. Ich schickte noch drei weitere Boten, doch er kam nicht.

Wenn mein Vater ihn rufen ließ, war er immer sofort zur Stelle gewesen. Sein Fernbleiben war demnach ein Zeichen von Respektlosigkeit. Vielleicht widersetzte er sich, weil ich eine Frau war und er meine Autorität untergraben wollte. Mit jedem verstreichenden Tag wurde ich noch wütender und schwor, dass er nicht ungestraft davonkommen würde. Offenbar erfuhr er von meiner Ungehaltenheit, denn eines Tages stand er doch vor der Tür.

Ich war oben im Altarraum, als Anya erschien und mir sagte, dass er gekommen war. »Er soll warten«, erwiderte ich knapp. »Ich komme nach unten, wenn ich fertig bin.« Ich ließ mir Zeit und sprach mehr Gebete als sonst, damit er auch wirklich lange genug zu warten hatte.

Als ich schließlich die Küche betrat und ihn an der Feuerstelle stehen sah, wäre mein Zorn beinahe verflogen. Diese fein gezogene, leicht einwärts gewölbte Linie des Kiefers unter den hohen Wangenknochen, die breite, glatte Stirn, die frische Gesichtsfarbe vom Leben im Freien. Rote Schnüre waren in sein langes schwarzes und wie ein Turban um den Kopf gewundenes Haar geflochten. Er stand aufrecht und erhobenen Hauptes da, ein Mann, dessen Schönheit einem nicht entgehen konnte. Aber etwas an seiner stolzen, beinahe trotzigen Haltung ärgerte mich, und der ganze Zorn war wieder da.

Ich stellte mich mit verschränkten Armen direkt vor ihn und sprach kein Wort. Er legte die Hände vor der Brust zusammen und beugte den Kopf. »Ich wollte deine Autorität nicht in Frage stellen«, sagte er. »Du besitzt meine größte Hochachtung.«

Ich fiel ihm ins Wort: »Ich will deine Ausflüchte nicht hören.«

Gewiss, er war schließlich doch freiwillig gekommen und brachte eine Art Entschuldigung vor, aber mir war nicht danach, ihm einfach Straferlass zu gewähren. Immer wieder kam der Gedanke, dass er mir nicht gehorcht hatte, weil ich eine Frau war, und das empörte mich. Wenn ich es ihm durchgehen lasse, sagte ich mir, um den Wunsch nach seiner Bestrafung vor mir selbst zu rechtfertigen, werden andere vielleicht auch ungehorsam. Das wäre in der gegenwärtigen Lage verheerend.

Ich blickte ihn aus ganz schmalen Augen kühl an und drehte mich dann zu Thupten um, der eben mit einem Getreidesack auf der Schulter aus der Vorratskammer kam. »Thupten«, sagte ich im strengsten Tonfall, der mir möglich war, »bring die Peitsche!«

Thupten ließ den Sack fallen und starrte mich ungläubig an. Anya, die am Herd stand, hörte auf zu rühren. Mama machte eine Bewegung in meine Richtung, bedachte sich dann aber und trat etliche Schritte zurück.

Das Auspeitschen war eine Strafe für schwere Vergehen. Ich hatte nie selbst die Peitsche zu spüren bekommen oder anderen zu spüren gegeben, doch es erschien mir wichtig, alle wissen zu lassen, dass ich nicht weniger entschlossen und zu Bestrafungen bereit war als ein Mann.

Ich ging auf all die Reaktionen überhaupt nicht ein, sondern starrte weiter in Dhondrubs Augen, und der Blick, mit dem er meinen erwiderte, verriet keinerlei Regung angesichts meiner Worte. Das brachte mich noch mehr auf. Ich befahl Thupten:

»Hol Samten und Phunsok vom Feld. Ich brauche zwei starke Männer, um ihn zu halten.«

Thupten verschwand die Treppe hinunter, während ich Dhondrub weiter fixierte.

Wir standen einander nur ein paar Handbreit entfernt gegenüber. Er ließ die Arme locker hängen und stand in ebenso entspannter wie kraftvoller Haltung da. Ich hielt die Arme weiter verschränkt und starrte ihn an wie ein Raubtier, das seine Beute mit dem Blick bannt.

Seine Augen blieben klar und regungslos. Sie waren dunkelbraun mit kleinen gelben Sprenkeln um die Pupille, die seinen Blick weich erscheinen ließen. Etwas Sanftes und Freundliches lag in diesem Blick, das mich unsicher machte.

Für einen Moment richtete ich meinen Blick auf seine Brauen. Sie bestanden aus nach oben gekrümmten schwarzen Haaren, und dazwischen stand helleres, sehr feines Haar. Auf so etwas, dachte ich, würde eine Mutter achten, dieses feine Haar im Gesicht ihres Kindes. Meine Entschlossenheit geriet ins Wanken, aber ich starrte ihn weiterhin an.

So standen wir eine ganze Weile, die Blicke ineinander gekrallt. Fast unmerklich kleine Bewegungen und Ausdrucksänderungen ging zwischen uns hin und her, und es entspann sich ein Gespräch ohne Worte.

Dann erschien Thupten in der Tür und sagte: »Hier bin ich mit der Peitsche und den Männern, wie du mir aufgetragen hast.« In der Hand hielt er die schulterhohe Peitsche mit ihrem Holzgriff und den geflochtenen Lederstriemen. Neben ihm Samten und Phunsok, die Chubas noch voller Spelzen vom Dreschen. Sie standen mit gesenkten Köpfen da, zerknirscht ob der Tat, die sie nun begehen sollten.

Da packte mich die Panik. Als ich Kunsang im Hintergrund auftauchen sah, gab ich den anderen mit einer Geste zu verstehen, dass sie warten sollten, und ging schnell auf sie zu.

»Kunsang.« Ich zog sie in die Vorratskammer. »Ich habe eine Auspeitschung angeordnet und kann den Befehl jetzt nicht zurücknehmen. Ich brauche deine Hilfe. Wenn Thupten die Peitsche hebt, kommst du zu mir gelaufen und bittest mich, Dhondrub zu verzeihen. Ich werde ihn auf deine Bitte hin begnadigen.«

Kunsang sah mich unsicher an. »Bitte«, flehte ich und packte sie an der Schulter. »Ich möchte nicht, dass jemandem wehgetan wird.« Kunsang seufzte und nickte. Ich drückte ihre Hände und kehrte in die Küche zurück.

»Ich bin bereit«, sagte ich zu Thupten. »Du kannst anfangen.«

Thupten trat in die Mitte des Raums und bedeutete Dhondrub, er solle sich auf den Boden legen. Dhondrub, dessen Gesicht immer noch keinerlei Regung zeigte, kniete sich zuerst nieder und streckte sich dann mit dem Gesicht nach unten aus. Samten band ihm die Füße zusammen und zog die Beine gerade. Phunsok hielt seine Schultern am Boden.

Thupten holte mit der Peitsche aus. Ich sah ihre Spitze hoch in der Luft, ich sah den Schwung der langen Striemen.

Wo blieb Kunsang?

Mit einem scharfen Knall fuhr die Peitsche herab. Ein Zucken lief von den Schultern bis zu den Beinen durch Dhondrubs Körper. Wieder und wieder landete die Peitsche knallend.

Kunsang! Ich hielt verzweifelt nach ihr Ausschau.

Weiter knallten die Schläge durchs Zimmer, und ich sah die wirbelnden Striemen glitzern, wenn sich das Licht der Lampen in ihnen fing.

Nach zehn Schlägen hielt Thupten die Peitsche wieder ganz ruhig an seiner Seite, und es war völlig still im Zimmer. Nur Dhondrubs lauter gewordener Atem war zu hören.

Ich stand mit eingezogenen Schultern da. Mein Zorn war

verraucht, und an seiner Stelle spürte ich einen Schmerz, als wäre ich selber geschlagen worden. Ich betrachtete den vor mir am Boden liegenden Körper und sah die kleinen, feuchten roten Flecken, die sich auf seinem Hemd ausbreiteten.

»*Om Mani Peme Hung*«, flüsterte ich wieder und wieder. »Vergib mir.«

In dieser Nacht fand ich keinen Schlaf. Das Bild des sich hebenden Peitschenschaftes verfolgte mich. Die schimmernden Lederstriemen wanden sich wie Schlangen in der Luft. Ich hörte das knallende Klatschen auf Dhondrubs Rücken.

Was ist nur über mich gekommen?, dachte ich. Was habe ich getan?

Gyalse Rinpoches Worte kamen mir immer wieder in den Sinn: »Wenn der Hochmut beseitigt ist, kann die ursprüngliche Weisheit offenbar werden. Behandle andere aus mitfühlendem Herzen.«

Später fragte ich Kunsang, weshalb sie nicht dazwischengegangen war. »Ich hatte Angst«, sagte sie.

In den folgenden Monaten verschlimmerte sich die Lage in Kham und Amdo zusehends. Wir erfuhren, dass die Volksbefreiungsarmee in großer Stärke von Norden her nach Kham eingedrungen war, während die in Sichuan und Yunnan stationierten Truppen sich nordwärts bewegten. Die Chinesen nannten diese Taktik »Großer Kreis«. Sie wollten »die aufrührerischen Kampas« einkesseln und in die Knie zwingen.

In dem zu Kham gehörenden unteren Gonjo zogen sich die kriegerischen Auseinandersetzungen hin. Von reisenden Händlern hörten wir alle Tage Neuigkeiten. Männer aller Stämme waren an den Kämpfen beteiligt, doch die Chinesen waren hoffnungslos überlegen, und so zogen unsere Leute sich immer mehr in die Berge zurück. In Derge und Lingkha Shipa gab es

Gebietsverluste, der Prinz von Derge und viele Kämpfer aus Lingkha Shipa waren in unsere Gegend geflohen. Wir versorgten sie so gut es ging mit Nahrungsmitteln und anderem Notwendigen, doch unsere Vorräte waren begrenzt.

In anderen Teilen Tibets, so hieß es, wurden in landwirtschaftlichen und nomadischen Gemeinschaften Kommunen eingerichtet. Nach wie vor wurden die wichtigen Führungsgestalten aus dem Verkehr gezogen, Lamas und Mönche als Volksfeinde hingestellt.

Die Lage spitzte sich so sehr zu, dass sich die Widerstandskämpfer schließlich in Lhokha, einer Ortschaft südlich von Lhasa, zu einer großen Armee vereinigten. Sie nannten sich *Chushi Gangdruk*, »Vier Flüsse, Sechs Reiche«. Man kaufte in Indien Waffen, und schließlich griff auch die CIA unterstützend ein.

»Gefängnis für jeden, der Chushi Gangdruk unterstützt!«, rief Gose Tsering, als er die Treppe heraufkam. »Die Chinesen haben unsere Regierung zu dieser Proklamation gezwungen!«

Beim Eintreten in die Küche sagte er: »Es wird nicht mehr lange dauern, bis sie richtig losschlagen. Sie werden alles tun, um uns aufzuhalten.«

In der ersten Hälfte des Jahres 1959 setzten die Chinesen ihre Flugzeuge über den etliche Tagesritte südlich von Lemdha liegenden Ebenen von Jangthang ein. Ihre Bomben machten dort jeglichen Widerstand nieder, und über tausend Menschen starben. Als diese Nachricht kam, berieten wir uns mit den Anführern von Derge und Lingkha Shipa, die ihr Lager in den Hügeln oberhalb unseres Hauses aufgeschlagen hatten. Wir fassten den Plan, im Land der Nomaden ein Hauptlager einzurichten.

An einem klaren, kalten Tag, der Boden war noch schneebestäubt, versammelten wir uns in einer südlich des Dorfes gelegenen Gegend namens Nachen Thang. Dort standen wir vor einem Haufen Mani-Steine und sahen dem aufsteigenden heiligen Rauch zu. Lamas aus einem nahe gelegenen Kloster rezitierten für unseren Erfolg und unser Leben. Sie brachten Opfer dar und segneten uns. Dann bestiegen wir die Pferde und ritten hinauf in die Berge, jeder ein Gewehr auf dem Rücken, ein Schwert an der Seite und die rote Fuchsfellmütze auf dem Kopf.

Wir bildeten zu mehreren nebeneinander einen Zug von fast einer Meile Länge. Ich ritt ganz weit vorn, hinter den drei Männern, die unsere Fahne trugen. Die Sonne schien hell, und der Schnee warf gleißendes Licht zurück. Er knirschte unter den dumpf aufschlagenden Hufen. Mit jedem Schritt sah ich den Ort meiner spirituellen Übungen weiter entschwinden. Und während wir den Fluss entlangritten, ging mir die Frage nicht aus dem Sinn, ob ich wirklich würde töten können.

Wir überquerten den Fluss und kamen in ein Weidegebiet, das mir sehr vertraut war. Hier hatte mein Vater mir die ersten Reitstunden gegeben.

»KI KI KIHEE! Lha Gyal Lo!« Papas Stimme hinter mir lässt mich mein Pferd antreiben. Ich schlage die Zügel hin und her an seinen Hals, wie Papa es mir gezeigt hat. Ich beuge mich vor und flüstere: »Lauf! Lauf!«

Als ich mich einmal umdrehe, sehe ich Papa herangaloppieren. Sein langes Haar weht im Wind, einen Arm hat er hoch erhoben, in seinem lachenden Gesicht blitzen weiß die Zähne. »Ich komme, Nyu«, ruft er, »pass auf!«

»KI KI KIHEE!« Er ist neben mir und langt herüber und zieht mir die Mütze vom Kopf. »KIHEEEE! Lha Gyal Lo!«, schreit er und prescht davon, die Wiese hinauf.

Oben zügelt er das Pferd und wendet und lacht, während ich
herankomme. Aus seinen schwarzen Augen blitzt es, die Wan-
gen glühen. »Tja, kleine Nyu«, lacht er und gibt mir einen liebe-
vollen Puff, »beinahe hättest du mich ausgestochen.«

Ich sehe ihn an, betroffen von der Schönheit dieses Gesichts,
von seiner herrlichen Haltung, aber ich mache ganz schmale
Augen und zeige ihm das Gesicht des Herausforderers. Mit ei-
nem kühnen Kopfschwung lasse ich ihn wissen: »Beim nächsten
Mal werde ich das auch.«

Am frühen Abend erreichten wir das Nomadenlager. Wir wa-
ren erschöpft, keine Kraft mehr für freundliche Worte, und so
hielten wir uns jeder für sich. Ich fand etwas abseits eine kleine
Bodenmulde. Hier fegte ich den Schnee zur Seite, stellte mein
Zelt auf, entrollte mein Schaffell und stellte meine goldene
Amulettschachtel ans Kopfende.

Die anderen hatten ein Feuer entfacht. Zu seiner Wärme
zog es mich hin. Stunden vergingen, während wir Tee tranken.
Manchmal stand jemand auf, um ein Stück Dung ins Feuer zu
werfen, aber wir achteten darauf, dass keine hohen Flammen
entstanden, die uns hätten verraten können.

Es war Neumond und die Nacht schwärzer als gewöhnlich.
Nur das niedrig brennende Feuer verbreitete ein wenig Licht.
Ich versuchte mich auf die Flammen zu sammeln, um die Sor-
gen aus meinem Kopf zu verbannen. Doch je weiter das Feuer
zu bloßer Glut herunterbrannte, desto größer wurde mein
Unbehagen.

Die Verantwortung für so viele Leben drückte mich schwer.
Ich war die einzige Frau unter all den Männern und gar nicht
sicher, ob ich wusste, was zu tun war. Ich blickte in die Runde.
Alle Gesichter hatten den gleichen Ausdruck. Tatsächlich hatte niemand von uns je einer »Armee« angehört. Niemand
wusste so recht, wie jetzt vorzugehen war.

Als ich später unter meine Zudecke kroch, sehnte ich mich nach Mamas warmer Haut an meiner.

Jeden Tag brachen Männer nach Süden auf. Viele waren jung und stolz. Sie brannten auf Kampf, denn Kampf war für sie noch bloße Vorstellung. Das Herz war mir schwer, wenn sie loszogen. Ich wusste, dass ich manche nicht wiedersehen würde.

Jeden Morgen traf ich mich mit den übrigen Anführern. Wir erhielten täglich Berichte aus dem unteren Gonjo und entsandten Männer nach Süden. Doch nach diesen Zusammenkünften gab es eigentlich nichts mehr zu tun. Manche erzählten zum Zeitvertreib Geschichten. Andere unterhielten sich miteinander oder beteten. Ich widmete mich meinen Rezitationen. Darüber hinaus geschah nichts bis zum nächsten Tag, wenn der Kurier mit Neuigkeiten kam. Manchmal kamen auch keine Kuriere, und die Anführer versammelten sich nur kurz.

Wochen nach unserem Aufbruch in die Berge kam eines Tages Shamo Chemi ins Lager geritten. Ich sah ihm an, dass er schlimme Neuigkeiten brachte.

Er sprang vom Pferd und händigte mir einen Brief aus. Er war auf Tibetisch abgefasst, trug jedoch eine chinesische Unterschrift. Ich las: »Kehre zu deiner Familie zurück, und ich stehe dafür ein, dass dein Besitz unangetastet bleibt. Wenn du darüber hinaus alle in Pomdha Gonors Rundschreiben aufgelisteten Waffen übergibst, wird dir dafür außerdem ein angemessener Rang zuerkannt. Lass uns deine Antwort durch Shamo Chemi wissen.«

Ich war außer mir. Dergleichen konnte mich in meinem Entschluss, im Versteck zu bleiben und die Vorbereitungen voranzutreiben, nur bestärken – Übergabe kam überhaupt nicht in Frage! Ich dachte an all die von den Chinesen in Gonjo Getöteten, an die leidenden Menschen überall in Tibet. Und die eindringlichen Mahnungen meines Vaters fielen mir ein: »Wir dürfen uns nicht von den schlauen Lügen der Chinesen täuschen lassen.«

»Lieber sterben wir, als dass wir uns den Chinesen ergeben«, sagte ich aufgebracht zu Shamo Chemi. »Sie glauben, ich übergebe die Waffen meiner Leute, nur weil ich eine Frau bin? Was für eine Frechheit! Geh und sag ihnen, dass ich mich niemals ergebe!«

Shamo Chemi flehte mich an, zu meinem Haus zurückzukehren. Er versprach, dass mir und meiner Familie ganz sicher nichts geschehen werde. »Bitte ergib dich, ergib dich«, sagte er immer wieder. »Wenn du bleibst, wird es böse enden.«

Die Chinesen setzten ihre Angriffe auf unsere Männer im unteren Gonjo fort. Viele Gefechte wurden verloren, viele Tibeter starben. »Die Chinesen haben regelmäßigen Nachschub an Munition«, erzählte uns ein Kurier, »und unsere Männer müssen mit dem auskommen, was sie bei sich tragen. Manchmal können wir bei gefallenen Chinesen Waffen erbeuten, und dann haben wir vielleicht zehn Kugeln mehr, aber wenn die auch verschossen sind, haben wir nichts mehr.«

Bei dieser Knappheit an Munition und sonstigem Nachschub wurden unsere Truppen immer schwächer.

Und eines Tages, während wir wieder einmal die Lage erörterten, ertrug ich es nicht länger. Ich konnte im Lager wenig tun und fühlte mich nutzlos. Deshalb ersuchte ich die anderen Anführer, mich nach Süden in den Kampf ziehen zu lassen. »Welchen Sinn hat es, hier draußen im Lager auszuharren, während die Kämpfe anderswo stattfinden«, sagte ich erbittert. »Ich komme mir so vor, als würde ich überhaupt nichts tun. Ich möchte zu den Truppen im Süden und für Tibet kämpfen!«

Einer der Anführer ließ heimlich nach meiner Mutter schicken und ihr mein Vorhaben mitteilen. Sie brach sofort mit Gose Tsering zum Lager auf, um mir den Plan auszureden. Sie flehten und bettelten, und meine Mutter weinte so laut, dass ich schließlich nachgab.

»Die Chinesen sind nur noch einen Tag von hier entfernt!«, rief der Kurier, als er ins Lager einritt. »Sie sind schon in Ober-Gonjo. Es kann nicht mehr lange dauern, bis sie hier sind.«

Männer liefen aus den Zelten zusammen und riefen nach den Übrigen. Wir drängten uns zusammen und berieten, was zu tun sei.

»Lemdha Pachen«, sprach Anak Pon mich mit meinem offiziellen Titel an. »Geh zurück nach Lemdha und ruf so viele Familien zusammen, wie du kannst. Wir Übrigen reiten weiter ins Oberland und werden da auf dich warten. Dann ziehen wir alle zusammen in Richtung Lhasa.«

Viele, die ihre Heimat in Kham verlassen hatten, um zu kämpfen, zogen sich jetzt in Richtung Lhasa zurück oder waren in die Lager der wichtigsten Widerstandsmacht Chushi Gangdruk geflohen. Auch uns fiel nichts Besseres ein, und so setzten wir alle Hoffnung darauf, Lhasa zu erreichen oder uns vielleicht mit Chushi Gangdruk zu vereinigen.

An diesem Morgen nach der Beratung ritt ich in den Ort hinunter, um meine Leute von unseren Plänen zu unterrichten.

Daheim brach sofort eine Panik los, und alle stoben durcheinander wie ein Vogelschwarm, in den man einen Stein geworfen hat. Gonlha und Ani Rigzin liefen in den Altarraum, um die Statuen, Thangkas und Texte zu holen. Mama und Kunsang suchten Schmuck und Gold zusammen. Anya, Tashi und Thupten schleppten Nahrungsmittel aus der Vorratskammer.

Ich leitete die übrigen Bediensteten an, die Lasttiere zusammentrieben und zum Beladen fertig machten.

Wir wollten so viele Schätze wir nur eben möglich vergraben, doch im Keller war der Boden noch gefroren. Kunsang scharrte sich schier die Hände blutig, bis endlich Thupten mit einer Hacke dazukam. Sie gruben stundenlang. Den ganzen Tag hörte ich polternde Schritte auf den Treppen, das Klingen der Hacke im harten Erdreich und das Geräusch, mit dem über mir Säcke am Boden entlanggeschleift wurden.

Gegen Abend hatten sie einen riesigen kupfernen Wasserbehälter, in dem zehn Menschen Platz gefunden hätten, mit heiligen Texten gefüllt und mit Erde abgedeckt. Sechs Truhen mit Statuen, goldenen Götterbildern, Trompeten, Trommeln und Silberornamenten wurden in flachen Gruben vergraben. Zu schwere Schmuckstücke verschwanden in Mauerritzen.

Am Abend versammelten wir uns ein letztes Mal im Altarraum. So all seiner Pracht beraubt, war er ein leeres Zimmer wie jedes andere. Das Licht einer einzigen Butterlampe warf die Schatten der hier Betenden an die nackten Wände. Es war nichts außer Gonlhas Stimme zu hören.

»Je hilfloser die Lebewesen sind, desto wichtiger ist es, sie zu lieben – mögen alle Wesen Befreiung finden in diesen finsteren Zeiten. Möge der Ursprung des Guten sich ausweiten, möge die Lehre des Buddha ewig währen.«

Bevor wir zu Bett gingen, redeten Mama und Ani Rigzin mir zu, ich solle für mich allein aufbrechen. »Du kommst dann viel schneller voran. Wir sind nicht mehr jung und werden dich nur aufhalten.«

Ich lehnte es ab. »Wenn wir sterben müssen, werden wir zusammen sterben. Wenn wir überleben, dürfen wir nicht allein sein. Was auch geschieht, wir halten zusammen.«

Am Morgen luden wir von unseren Wertsachen so viel wie eben möglich auf Dris, Yaks und Maulesel. Wir banden uns Schmuckstücke um den Leib, und was so nicht unterzubringen war, stopften wir in Satteltaschen. Gold wurde eingeschlagen und kam ganz zuunterst. Unser Familien-Thangka – ein Geschenk der Tibetischen Regierung, auf dem die Position unserer Familie, die Größe unseres Landes und unsere Rechte als Gebietsoberhäupter festgehalten waren – wurde zusammengerollt und auf ein Maultier geladen. Blätter von heiligen Texten mit in Goldfarbe gemalten Buddha-Bildnissen kamen in einer besonderen Kiste auf ein Dri. Wir nahmen sogar eine Kuh mit, um Milch zu haben.

Als das Licht der Sonne hinter den Hügeln aufleuchtete, brachen wir auf. Auf halber Strecke zum Fluss blickte ich noch einmal zurück zu unserem Haus. Am Tor sah ich ein kleines weißes Bündel sitzen. »Dolma!«, schrie ich. Mama warf mir einen Blick zu. Wir hatten bereits darüber gesprochen, die Hunde blieben in der Obhut eines Bediensteten. »Zu Hause sind sie besser aufgehoben«, hatte Mama gesagt. Die Tränen traten mir in die Augen, doch ich wischte sie ab und ritt weiter.

Einige Male drehte ich mich noch um. Der kleine weiße Fleck wurde mit jedem Schritt noch kleiner. Als wir den Fluss erreichten, sah ich durch den Tränenschleier nur noch einen Punkt.

Am Ufer trafen wir auf andere Familien aus Lemdha. Auch Thupten, den wir meine Großmutter aus einem Nachbardorf hatten holen lassen, kam dazu, Anyas Pferd am Halfter führend. Das Eis war in diesem Jahr früh aufgebrochen, und das Wasser floss schwarz und glatt dahin. Wir überquerten den Fluss an einer Furt und erreichten trocken das andere Ufer.

Weiter oben in den Hügeln trafen wir auf Gruppen aus den

Ortschaften Lingkha Shipa, Markham und Derge. Wir waren mehrere Tausend Menschen, als wir uns schließlich in Richtung Lhasa auf den Weg machten – Mütter, Väter, Kinder, Hunde, Pferde, Yaks, Dris, Maultiere und Habseligkeiten jeder Art. Wie eine Karawane der alten Zeit zogen wir westwärts über die Ebene.

Nach einigen Stunden kamen wir auf den Gedanken, dass eine so große Menschenansammlung leicht von der chinesischen Luftaufklärung ausgemacht werden konnte. Es war besser, wenn wir uns in mehrere Gruppen aufteilten. Wir aus Gonjo wollten am nächsten Tag zu den Leuten aus Derge und Lingkha Shipa oben bei den Nomaden stoßen. Die aus Markham suchten sich einen anderen Weg.

Ich schickte einen kleinen Spähtrupp voraus, um den Weg, den unser Zug aus Gonjo nehmen wollte, nach Chinesen absuchen zu lassen. Diese Männer sollten uns die beste Route über den Berg suchen. Als sie zurückkehrten und meldeten, der Weg sei frei, entsandte ich fünfzehn Männer als Vorhut, die uns vor Überfällen bewahren sollten. Dann sah ich, wie die ersten von ihnen den Gipfel erreichten und andere schon in Richtung Pass weiterritten, und teilte sechs Männer als Nachhut ein, die uns vor möglichen Angriffen von hinten schützen sollten. In dieser kahlen, baumlosen Gegend und unter einem völlig klaren Himmel würden wir im Falle eines Angriffs nirgendwo Deckung finden.

Mehrmals sahen wir in der Ferne ein Flugzeug. Da ich bisher nur von ihnen gehört hatte, glaubte ich zuerst einen Riesenvogel zu sehen. Dann flüsterte ein Mann neben mir: »Ein Flugzeug.« Ich staunte. Es flog ohne Flügelschlag, und sein Brummen war keinem Geräusch ähnlich, das ich je gehört hatte.

Immer wenn wieder ein Flugzeug auftauchte, wuchs die

Angst. Einmal bei der Teepause ließ ein Mädchen einen Topf-deckel fallen, der laut aufschlug, und uns alle packte das Ent-setzen, weil wir dachten, ein Flugzeug habe sich unbemerkt genähert und bombardiere uns jetzt.

Am Nachmittag ließen wir die Ebene hinter uns, und es ging wieder hinauf in die Berge. Der Pfad wurde steiler, und bei-derseits ragten Felsvorsprünge in den Weg. Eine Zeit lang wur-de das Gelände so schwierig, dass wir absteigen mussten und neben den Tieren hergingen, bis der Pfad ein erneutes Aufsit-zen zuließ.

Ich schickte meine Familie und alle Übrigen mit den besten Kämpfern voraus und blieb bei der Nachhut. Als wir sicher waren, dass alle wohlbehalten die Hügelkuppe passiert hatten, wollten wir nachrücken.

Wir stiegen gerade auf, als Thupten aufgeregt auf einen Hügel ganz in der Nähe deutete. Drei chinesische Soldaten in gelbgrünen Uniformen kamen gerade mit erhobenen Gewehren über die Kuppe.

»Chinesen!«, schrie ich in panischer Angst. Sie eröffneten das Feuer, bevor wir Deckung suchen konnten. Das Rattern der Maschinengewehre erschreckte die Packtiere so heftig, dass viele sich losrissen und hügelabwärts Reißaus nahmen.

»Verteilt euch!«, schrie ich. Die anderen warfen sich hinter größere Steine, und ich lief zu einem hohen Felsbrocken. Ich bückte mich, mit der einen Hand die Zügel haltend, während ich mit der anderen die Pistole zog. Ich wartete. Mein Herz schlug wie wild.

Tat-tat-tat! Wieder das Maschinengewehr, diesmal aber nä-her. Ich hob meine Pistole mit zitternder Hand. Ich zielte dicht neben die Soldaten, doch ich konnte die Hand nicht stillhal-ten. Ich hielt mit der anderen Hand das Handgelenk und zog ab. Ich sah Erde aufspritzen, und einer der Soldaten zog sich zurück. Ich feuerte noch mehrere Schüsse. Die übrigen Soldaten verschwanden.

Ich lehnte mich mit dem Rücken an den Felsen und wischte mir den Schweiß von der Stirn. Ich atmete tief durch. *Om Mani Peme Hung.* Niemand war getötet worden.

Ich ließ einige Zeit vergehen, aber wir wurden nicht wieder beschossen. Ich sah mich um und winkte den anderen. Wir schlichen uns den Hügel hinauf und folgten dabei den Spuren unserer Leute.

Am Abend stießen wir in Dagyab wieder auf sie. Später kamen noch der Prinz von Derge und das Oberhaupt von Lingkha Shipa, müde, aber unversehrt. Da wir wegen möglicher Späher kein Feuer machen konnten, setzten wir uns in der Dunkelheit zusammen, aßen Trockenfleisch und Brot, tranken warme Milch von unserer Kuh und erzählten einander, was wir an diesem Tag erlebt hatten.

Viele Packtiere und ein Großteil unseres Besitzes waren verloren. Am meisten traf mich, dass unser Familienthangka und die goldenen Handschriften auf einem der entlaufenen Lasttiere gewesen waren.

Ich überlegte, ob ich nicht danach suchen sollte, doch die anderen meinten, das wäre der helle Wahnsinn. »Wir können uns ja kaum selber am Leben halten«, sagte Mama, »geschweige denn unsere Besitztümer zusammenhalten.« Später erfuhr ich, dass dieses Lasttier zu den Nomaden oberhalb von Lemdha zurückgefunden hatte und eine der Nomadenfamilien die Schätze für mich aufhob. Viele Jahre sollte es dauern, bis ich sie zurückbekam.

In der Nacht zog ich mir das Schaffell über den Kopf und lag wach in der Dunkelheit. Hier, wo niemand mich sehen konnte, weinte ich das erste Mal seit unserem Aufbruch. Mama wälzte sich im Schlaf, erwachte jedoch nicht.

Am nächsten Morgen stand ich früh auf. Eben berührten die ersten Sonnenstrahlen die Gipfel der umliegenden Berge. Weiter oben im Tal sah ich die Zelte der Leute aus Derge und Lingkha Shipa.

In unserem Teil des Lagers schliefen die meisten noch, doch der Rauch aus einem der Zelte ganz in meiner Nähe ließ erkennen, dass hier schon Tee gekocht wurde. Noch schlaftrunken kroch ich behutsam aus dem Zelt, um Mama, Großmutter, Kunsang oder Ani Rigzin nicht zu wecken. Mit einer Trinkschale in der Hand wollte ich ans Feuer der Nachbarn gehen.

Da zerriss Kanonendonner die Stille. Chinesische Soldaten kamen schreiend und aus Maschinengewehren schießend auf uns zugelaufen. Es hagelte Geschosse, und überall spritzte der Staub hoch. Es entstand ein heilloses Durcheinander. »Auf! Auf!«, schrie eine Stimme und »Haltet die Pferde zusammen!« eine andere. Die Pferde wieherten, die Yaks brüllten und dazwischen die Entsetzensschreie der Menschen.

Ein kleiner Junge mit schreckgeweiteten Augen lief an mir vorbei und schrie nach seiner Mutter. Einen Augenblick später lag er mit zerfetzter Schulter am Boden. Direkt vor mir riss sich ein Pferd los. Es bäumte sich auf und wurde in den Hals getroffen. Überall Geschrei, überall rennende Menschen. Manche sprangen auf ungesattelte Pferde, andere liefen ohne Stiefel vorbei.

Plötzlich fielen Mama und Großmutter mir ein. Ich lief zum Zelt und schrie: »Kunsang! Hilf Anya … Mama … Ani Rigzin!« Ich lief zu den Pferden. Der Gurt meiner Chuba löste sich und schleifte am Boden, sodass ich beim Laufen stolperte.

Die Pferde waren in Panik, bäumten sich auf oder rissen an den Stricken. Ich griff nach Shindruks Halfter. Ein Schlag fegte mir die Mütze vom Kopf. Ich konnte nichts denken als *Om Mani Peme Hung*. Heiliger Dorje Phurba, beschütze uns. Ich griff mir die Mütze und lief mit dem Pferd am Halfter zum Zelt zurück.

Kunsang zog Großmutter gerade von ihrem Lager hoch und stand neben ihr und hielt sie am Arm. Die alte Frau konnte nur mit Mühe stehen, in ihren Augen stand fassungsloses Entsetzen.

Keine Zeit mehr, Shindruk zu satteln. Ich hob Großmutter auf seinen Rücken, dann sprang ich hinter sie und beugte mich schützend über sie und winkte den anderen, uns nachzukommen.

Ich lenkte Shindruk den Hügeln entgegen. Andere flohen in die gleiche Richtung, und in dem ganzen Chaos rempelte jemand mit uns zusammen. Ich behielt die Hügel im Blick und trieb Shindruk an. Er scheute mehrmals und hätte uns beinahe abgeworfen. Wir kamen an einem toten Pferd vorbei, dann an einem Mann, der nur noch sein halbes Gesicht hatte. Dann ein weiterer, dem ein Fuß abgerissen worden war. Und immer weitere … zu viele …

Wir machten erst wieder Halt, als wir in der Nähe der Passhöhe ein Wäldchen erreichten, das uns Schutz bot. Mama, Ani Rigzin und Kunsang waren direkt hinter mir, und bald kamen noch andere dazu. Wir stiegen ab und drängten uns eng zusammen. Ich überlegte, was jetzt zu tun war.

Während wir warteten, wurden die Schüsse unten allmählich seltener, und schließlich war es still. Etwas später kam eine junge Frau aus Lemdha vorbei und sagte, die Chinesen seien abgezogen. Die Gefahr schien erst einmal vorüber zu sein, und gleich wurde mein Kopf wieder klarer. Mir fiel ein, dass wir alle unsere Habe zurückgelassen hatten. Wir hatten nichts mehr außer dem am Körper versteckten Schmuck – nicht einen Löffel Tsampa.

Ohne etwas zu essen, dachte ich, werden Mama, Anya und

Ani Rigzin vielleicht verhungern. Zu Kunsang sagte ich: »Uns bleibt nichts anderes, als zurückzugehen und herzuschaffen, was noch übrig ist.« Als wir hinunterritten, kamen uns immer noch Einzelne aus dem Lager entgegen, doch die Übrigen, einige Tausend, waren schon weg.

Über das ganze verlassene Lager verstreut lagen Tote, manche mit aufgerissener Brust, andere mit blutüberströmtem Kopf, etlichen fehlte ein Arm oder Bein. Nichts regte sich mehr. Hier und da lag auch ein Pferd, ein Yak oder ein Maultier. Überall Kleidungsstücke, Säcke mit Nahrungsmitteln, dazwischen verstreut heilige Texte, manche schmutzig oder blutbespritzt.

Ich atmete tief durch und warf Kunsang einen Blick zu. Einen Augenblick zögerten wir. Dann trieb ich Shindruk weiter und heftete den Blick einzig und allein auf die Stelle, wo wir unser Zelt aufgeschlagen hatten. Fast alles war noch da.

Während wir die Pferde mit Fleisch, Butter und Tsampa beluden, kam Shawaramo, eines unserer Maultiere, auf mich zugelaufen und brüllte und fiepte, als freue er sich, uns zu sehen. Gleich vergrub er seine Nase in meiner Chuba. »Shawaramo, wo kommst du denn her?«, fragte ich verwundert. Ich kraulte ihm die Ohren.

»Mach schnell.« Kunsang war nervös.

Wir luden die restlichen Lebensmittel Shawaramo auf und ritten wieder zum Pass hinauf. Die anderen waren schon weitergezogen, und wir folgten dem Pfad ins Tal.

Nach Stunden erreichten wir den grasbewachsenen Talgrund. Nicht weit voraus stand eine Frau mitten auf dem Weg; ihr Pferd hatte sie an einen Strauch gebunden. Sie war groß und schlank, und sie ging hin und her, als wartete sie auf jemanden. Als wir nahe genug waren, erkannte ich sie. Es war Dekyong.

Ich ließ Shawaramos Strick fallen und ritt zu ihr hin. Sie

blickte mir entgegen. Als sie mich erkannte, breitete sich auf ihrem Gesicht ein Lächeln aus. Tränen traten ihr in die Augen, doch sie blinzelte, und die Tränen waren weg.

Bei ihrem Anblick kamen Sehnsucht und Traurigkeit in mir hoch. Zum ersten Mal seit dem Tod meines Vaters fühlte ich die ganze Last all dessen, was in den letzten Monaten geschehen war.

Ich wischte meine Tränen ab und glitt vom Pferd. Lange standen wir eng umschlungen wortlos da. Kurz blitzten die Gesichter meines Vaters und Gyalse Rinpoches vor mir auf, zusammen mit blutüberströmten und zerfetzten Gesichtern.

Wir lösten die Umarmung und sahen uns an. »Du siehst müde aus«, sagte sie und strich mir über die Wange. »Ich war in Sorge um dich.«

Ich gab Kunsang ein Zeichen, mit den Nahrungsmitteln weiterzureiten. Dekyong und ich setzten uns mit dem Rücken gegen Felsbrocken am Weg. Es war ein klarer und frischer, aber windstiller Tag. Wir blickten in Richtung Berge.

Dekyon rieb sich das Gesicht und sagte: »Es ist wie ein Traum. Ich hoffe immer, dass ich aufwache.«

Ich bemerkte unter ihren Augen und um den Mund die Zeichen der Sorge und des Kummers. Ihr Gesicht war voller geworden, wirkte jedoch angespannt.

»Meine Familie hat alles Land verloren«, sagte sie. »Wir sind nach Dagyab geflohen und dort zu den Leuten aus Lingkha Shipa gestoßen. Als ich hörte, dass deine Familie auch da war, habe ich im Lager nach dir gesucht. Aber so viele Menschen ... und dann der Angriff.«

Sie drehte ihre Hände im Schoß. Sie waren rissig und voller aufgescheuerter Blasen. Der Anblick tat mir weh – so zart und glatt waren diese Hände einst gewesen.

»Heute Morgen habe ich dann deine Mutter getroffen«,

fuhr sie fort. »Sie erzählte, dass du Lebensmittel aus dem Lager zu bergen versuchen wolltest. Ich hatte Angst, sie würden dich erschießen.«

Ich antwortete nicht, und wir schwiegen. Ein leichter Wind hatte sich erhoben, und ich zog meine Chuba fester um mich.

»Und du?«, fragte Dekyong nach einer Weile. »Dein Vater...?«

»Tot«, sagte ich. »Es hat ihm das Herz gebrochen ...«

Ich hielt inne, als plötzlich die Gefühle über mich kamen. Ich ließ meine Mani-Perlen durch die Finger gleiten.

»Nach seinem Tod musste ich unsere Leute anführen, aber innerlich war ich wie betäubt. Es ist alles so unwirklich ...«

»Ich weiß«, stimmte sie zu. »Mein Vater ist auch gestorben. Wir haben uns bei der Flucht aus den Augen verloren. Mama und ich mussten weiter und konnten nicht mehr nach ihm suchen. Erst Monate später haben wir erfahren, dass er tot ist.«

Wieder saßen wir schweigend da.

Was war nur geschehen?, dachte ich. Was für ein blindes Rasen war da über uns hereingebrochen?

»Im Namen meines Vaters«, sagte ich und schüttelte den Kopf, um die Tränen zurückzudrängen, »habe ich gelobt zu kämpfen, sogar zu töten. Nach den Geboten dürfen wir nicht töten, aber in solchen Zeiten haben wir keine Wahl. Die Verteidigung des Landes und der Lehren geht vor.«

»Bis Tibet wieder frei ist, muss jeder kämpfen, um Buddhas Lehre zu bewahren«, sagte Dekyong traurig.

Wir erzählten einander, was sich in den Jahren unserer Trennung ereignet hatte. Und wir malten Bilder einer möglichen Zukunft.

Dekyong sah eine kleine Hütte auf einer Lichtung an einem Bach. Eine Zeit der Stille und der Betrachtung, stilles Eintauchen in die Geheimnisse ihres eigenen Geistes. Für mich war es ein Felsvorsprung, überwuchert von feuchtem Grün, dahinter eine kleine Öffnung zu einer Höhle. Ein Ort, an dem man still die Texte lesen und den Vögeln und Grillen lauschen konnte.

Ich lehnte den Kopf an einen kleinen Erdhügel, streckte die Füße der Sonne entgegen und überließ mich den ziehenden Gedanken.

»Wolf und Schaf« – Lhamo sang den Namen unseres Spiels immer wieder. »Wolf und Schaf, Wolf und Schaf.« Wir setzten die Steine in den Schlamm am Ufer. Sie kauerte sich hin und betrachtete die Steine, dann sprang sie plötzlich über einen von meinen. »Ich hab dich!«, schrie sie begeistert. »Der Wolf holt sich das Schaf!«

Gewehrschüsse ließen uns aufspringen.

»Wir können hier nicht bleiben«, flüsterte ich, »die Chinesen sind hinter uns her.«

»Die Schüsse sind hinter dem Hügel«, sagte Dekyong. »Wir haben Posten aufgestellt, um die Chinesen aufzuhalten.«

Wir blickten in die Richtung der Schüsse. Für einen Augenblick waren wir unschlüssig.

»Denk an Tibet«, sagte Dekyong.

Und wie aus einem Mund riefen wir: »Kampf!«

Der Großteil unseres Zuges hatte schon den Weg über den vor uns liegenden Hügel fortgesetzt, und die Schüsse kamen von hinten. Wir ritten den Weg ein Stück zurück bis zu einer Hügelflanke, wo wir die Pferde an Sträucher banden und ihnen zusätzlich Fußfesseln anlegten, damit sie nicht fliehen konnten, wenn wir schossen. Hinter einem Felsblock legten wir uns auf die Lauer.

»Dorje Phurba«, flüsterte ich, »beschütze uns.«

Etliche Schüsse peitschten von dem Hügel hinter uns her-

187

ab. Dekyong flüsterte: »Unsere Wachen schießen auf die Chinesen weiter unten.«

Vom unteren Talende her kamen fünf Männer in gelbgrünen Uniformen den Weg entlang auf uns zugelaufen. Dekyong stieß mich leicht an und deutete auf sie. Sie holte Luft und hob ihre langläufige Pistole.

Ich griff in meine Chuba und zog die Pistole meines Vaters, eine Waffe mit kurzem Lauf. Meine Hand zitterte. Ich wusste, dass diese Pistole für kurze Entfernungen gut war, denn ich hatte mit ihr vom Dach unseres Hauses aus geschossen; aber ich war mir nicht sicher, ob diese Soldaten nicht doch noch außerhalb ihrer Reichweite waren.

Ich atmete ein und nickte Dekyong zu, als Erste zu schießen.

Dekyong drückte drei-, viermal ab. Unten auf dem Weg sahen wir den Staub aufspritzen, und zwei Soldaten fielen. Die übrigen drei machten sofort kehrt und suchten Deckung. Ich schoss, doch die Kugeln erreichten die Soldaten nicht.

»Ich habe keine Patronen mehr«, flüsterte Dekyong. »Lass uns verschwinden.«

Da die Chinesen keine Pferde hatten, würden sie uns nicht einholen können. Wir banden unsere Pferde los, sprangen auf und galoppierten in die Richtung, in die unsere Leute gegangen waren.

In Tripa stießen wir am Abend wieder zu ihnen. Unsere Familien, die natürlich in Sorge um uns waren, hatten einen Mann geschickt, der uns suchen sollte. Alle waren erleichtert, als wir hinter ihm ins Lager einritten.

Wir versammelten uns um ein niedriges Feuer, um von den Ereignissen des Tages zu berichten. Wir erzählten von den chinesischen Soldaten, die wir zurückgeschlagen hatten. Dennoch blieb die Stimmung angesichts der vielen Toten und Verwundeten gedrückt. Viele waren mit der Versorgung der Verwundeten beschäftigt. Sie verbanden Wunden mit Tuchfetzen, die mit tibetischen Kräuterarzneien getränkt waren, und nahmen wenig Notiz von unseren Gesprächen.

Später erfuhren wir noch, dass viele sich nach dem ersten Angriff zur Heimkehr entschlossen hatten, darunter auch Kunsang und ihre Familie und viele andere, die ich kannte. Sie sagten sich, das sei immer noch besser, als hier das Leben aufs Spiel zu setzen.

Wir Übrigen zogen auf dem Weg in Richtung Lhasa weiter nach Shothalhosum, wo wir Zuflucht zu finden hofften. Niemand wusste, dass Lhasa bereits in die Hände der Chinesen gefallen und der Dalai Lama nach Indien geflohen war. Es war eine Zeit, in der Nachrichten sich sehr langsam verbreiteten, und ich hörte erst fünf Jahre später nähere Einzelheiten über diese letzten Tage.

Anfang März jenes Jahres 1959 hatten die Chinesen dem Dalai Lama eine Einladung zu einer Theatervorstellung im chinesischen Lager zukommen lassen. Dabei schärften sie ihm ein, die Einladung geheim zu halten und auf keinen Fall in Begleitung bewaffneter Wachen zu kommen.

Als sich herumsprach, dass Seine Heiligkeit ohne Begleiter zu den Chinesen gehen wollte, wurde gleich geargwöhnt, dass die Chinesen ihn gefangen nehmen wollten. Bis zum Morgen des zehnten März hatten sich an die dreißigtausend Tibeter um den Norbulinka-Palast versammelt. Die nächsten Tage hielten sie hier Wache, damit Seine Heiligkeit den Palast nicht verließ und keine Chinesen hineingelangen konnten.

Bis zum sechzehnten März spitzte sich die Situation derart zu, dass selbst die Chinesen kopflos zu werden begannen. Als am Nachmittag Schüsse vor dem Palast zu hören waren, wurde Seine Heiligkeit davon unterrichtet, dass möglicherweise ein Massaker bevorstand. Man beschwor ihn, die Stadt zu verlassen. In tibetischer Armeeuniform und Pelzkappe gelangte er unbemerkt durch die Menge zum Fluss, wo ein Boot wartete, das ihn, seine Familie und eine kleine Beratergruppe flussabwärts tragen sollte, wo eine Gruppe Khampa-Krieger bereitstand. Zu Fuß ging es dann über die Berge nach Indien.

Die Chinesen hatten von alldem nichts gemerkt und nahmen den Norbulinka vier Tage danach unter Beschuss. Norbulinka, Potala, mehrere Klöster, Schulen und Privatgebäude wurden schwer beschädigt. Tausende kamen ums Leben.

Hätten wir damals gewusst, dass unser ersehntes Ziel bereits in den Händen der Chinesen und unser geliebtes Oberhaupt geflohen war, wir hätten wohl den Mut ganz verloren. Sehr niedergeschlagen waren wir ohnehin. Wir hatten viele unserer Lasttiere und beinahe unseren gesamten Besitz verloren. Männer, Frauen und sogar Kinder unseres Dorfs waren ums Leben gekommen. Ogmatsang Rinnam, einer der fähigsten Unteranführer von Derge, war verwundet.

Als Gongma Ranangtsang, einer der angesehensten und bewährtesten Anführer, tödlich verletzt dalag, halfen etliche Männer ihm noch einmal auf die Beine. Sie hoben seine Arme zu einer trotzigen Siegesgeste.

An diesem Tag wurden wir von chinesischen Truppen angegriffen. Wir wurden besiegt und auseinander getrieben. Das war der Beginn der Zeit in den Bergen.

7.
Das Ende der Freiheit

Die Nacht war still und ohne einen Lufthauch. Ganz aus der Ferne war dumpfes Donnerrollen zu hören. Oder war es ein Flugzeug? Ich blickte hinauf zum Himmel. Unzählig die Sterne über mir, und über den Horizont stieg eine dünne Mondsichel auf.

Ich zog das Schaffell fester um mich. Hinter mir der geschwungene Hügelkamm, finster und abweisend. An diesem Ort schien es nichts als Traurigkeit zu geben, und wie ich mich auch drehte, wohin ich auch blickte, stets trieb ein Gewirr von Bildern vor meinen Augen. Eine abgerissene Hand am Boden. Ein zertrümmertes Gesicht. Ein neben seiner Mutter zusammengekrümmtes Kind.

Dann ein Vogelschrei, und ich sah etwas Dunkles über mir dahinstreichen. Ich sah die Flügel schlagen und hörte das Sausen im Gefieder. Ach, könnte ich doch fliegen. Weg von diesem Ort des Jammers und in irgendeine andere Welt. Ich glaubte Gyalse Rinpoches Gesicht mit einem Blick voller Liebe auf mich herabblicken zu sehen. *Om Mani Peme Hung*, betete ich. Heiliger Rinpoche, führe mich auf dem Weg.

Mit trauriger Stimme wandte sich der Prinz von Derge an die Menge. »Gestern sind viele umgekommen«, sagte er. »Wir haben gesehen, wie gefährlich es ist, so große Verbände zu

191

bilden. Auch wenn wir zusammenzubleiben gelobt haben, jetzt müssen wir uns aufteilen und getrennte Wege gehen.«

Mit Handbewegungen zu den übrigen Anführern hin fuhr er fort: »Die Leute aus Lingkha Shipa werden nach Zayul gehen. Die aus Gonjo und Derge ziehen weiter nach Pelbar, um sich dort vielleicht mit Chushi Gangdruk zu vereinigen. Die Chinesen sind dicht hinter uns, wir können hier nicht bleiben. Später werden wir dann entscheiden, ob wir nach Lhasa weiterziehen. Sammelt eure Sachen zusammen und brecht sofort auf.«

Es entstand ein ziemliches Durcheinander, in dem Kinder nach ihren Müttern riefen und Lasttiere führerlos umherirrten. Dekyong bahnte sich durch die Menge einen Weg zu mir. Sie weinte und schlang ihre Arme um mich. Wir hielten uns aneinander fest und wussten doch, dass nichts zu ändern war. Beide mussten wir mit unseren Leuten gehen und uns um sie kümmern und konnten nicht zusammenbleiben. Kaum dass wir uns wiedergefunden hatten, wurden wir auch schon wieder getrennt.

»Ashe Pachen!«, rief meine Mutter in höchster Aufregung und winkte.

Ich streifte einen goldenen Ring ab und steckte ihn Dekyong an den Finger. Ich hielt ihre Hand, als wäre sie das Einzige, was mich retten konnte. Wir weinten beide.

»Ashe!«, rief meine Mutter wieder.

Ich drückte Dekyongs Hand und wandte mich ab, um zu meiner Mutter zu laufen. Einmal drehte ich mich um und sah sie mit tief bekümmertem Gesicht noch so stehen, wie ich sie verlassen hatte. Dann war sie in der aufbrechenden Menge nicht mehr zu sehen.

Wir wandten uns an diesem Tag nordwärts in Richtung Rewoche, einer Ortschaft in der Nähe von Chamdo. Mir war die

Kehle wie zugeschnürt von den zurückgehaltenen Tränen. Bei jedem Schritt, den Shindruk tat, musste ich gegen die Tränen ankämpfen; bei jedem Schritt sah ich Dekyongs Augen vor mir.

Aber das Land war mir noch vertraut. Es lag Trost in dem Gedanken, dass wir immer noch durch Khampa-Land zogen, eine Gegend, die noch zu meiner Heimat gehörte. Der Gedanke linderte meine Einsamkeit ein wenig.

Wir ritten meist im Schutz der Nacht, und nur wenn weit und breit keine Gefahrenquellen zu erkennen waren, setzten wir den Weg auch bei Tage fort. Immer wenn wir uns über die einzuschlagende Richtung nicht ganz klar waren, baten wir Khale Rinpoche um ein Mo, wie das tibetische Orakel genannt wird. Was er dann sagte, wurde blind befolgt, und auf diese Weise blieben wir von den Chinesen verschont, wenngleich ihre Gegenwart deutlich zu erkennen war.

»Ein Massenmord!«, rief ein Mann.

Wir erreichten eine Stelle, an der offenbar ein Überfall stattgefunden hatte. Zerfetzte Zelte und überall Leichen.

Beim Näherkommen erkannte ich auf den Toten Geier mit Fleischfetzen im Schnabel. Von manchen Menschen war kaum noch mehr als das Gerippe übrig. Am Rand des Lagers nagten Hunde an Gliedmaßen, die sie hatten ergattern können. Überall flatterten blutgetränkte Kleidungsstücke im Wind.

Wir blieben den größten Teil der Nacht in Bewegung, wie verfolgt von diesem Anblick. Gepeinigt von den Bildern und in der Hoffnung, vergessen zu können, schloss ich die Augen und schlief auch bald auf Shindruks Rücken ein.

Als ich aufwachte, waren die anderen nirgends zu sehen.

Es war eine dunkle und windstille Nacht, der Mond bereits untergegangen. Ich hörte ganz in der Nähe Zweige knacken. Ich sah die geduckte Gestalt eines Soldaten. Ich hielt den

Atem an, aber es regte sich nichts. Als ich näher hinschaute, war es nur ein Busch.

In der Ferne heulten Wölfe. Ich ließ die Zügel schnalzen und trieb Shindruk weiter. Plötzlich vor uns ein Umriss, blitzende Zähne und ein geiferndes Maul, und ich bog mich mit einem Ruck zur Seite. Aber es war nur ein Felsen.

Ich sah Shindruk die Hufe über Äste setzen, die wie menschliche Gliedmaßen aussahen, und wir kamen an überhängenden Felsen vorbei, die blindwütend angreifende Hunde hätten sein können. Ich wurde die Bilder des Tages einfach nicht los.

Zum Glück spürte Shindruk, wo die anderen waren, und trottete ganz aus eigenem Antrieb weiter. Nach einiger Zeit holten wir sie ein. Inzwischen hatte ich mich beruhigt.

Wir trafen die anderen vor einer schmalen Holzbrücke über einer Schlucht. Der Steg war kurz, schwankte aber gefährlich und wirkte sehr unsicher über dem tief unten schäumenden Fluss. Den anderen nach wagte ich mich hinüber. Die Brücke wippte bei jedem Schritt, und beiderseits bot sich ein Schwindel erregender Anblick. Ich hatte Angst, unter dem Geländer hindurchzurutschen, und hielt den Blick lieber auf die andere Seite gerichtet.

Als ich beinahe drüben war, hörte ich ein Pferd aufschreien. Die Brücke begann unter meinen Füßen heftig zu wogen und zu schwanken. Ich umklammerte das Geländer und sah mich um. Ein Maultier hatte in seiner Panik ausgeschlagen und das hinter ihm gehende Pferd getroffen, das sich daraufhin aufbäumte und seine Last abwarf. Ich sah das Bündel fallen und an den Felsen zerbersten. Der Inhalt zerstob in alle Richtungen, und es war mir wie das Bild meines eigenen Lebens: in Stücke brechend und vom Wind davongetragen.

An diesem Tag hörte ich immer wieder mal den Aufschrei

des Pferdes und sah seine Last in die Tiefe taumeln. Langsam, so langsam. Dann das Aufplatzen und Zerstieben.

In der Nacht zogen wir in größter Eile weiter, um unser Ziel zu erreichen, das ebene Land um Shothalhosum auf halbem Wege zwischen Chamdo und Lhasa. An einer Stelle war es so dunkel, dass wir absteigen mussten und mit den Füßen zu ertasten versuchten, ob wir noch auf dem Pfad waren. An einer offenen Stelle wurde es wieder ein wenig heller, und das Geräusch von gluckerndem Wasser sagte uns, dass ein Bach in der Nähe sein musste. Wir waren erschöpft und machten Halt, um uns ein wenig zu dehnen und zu strecken. Ein paar Jungen gingen Feuerholz suchen.

Als wir gerade mit dem Essen fertig waren, hörten wir ein Flugzeug. »Die Chinesen!«, flüsterte Thupten. »Sie suchen nach uns.«

»Schnell, macht das Feuer aus!«, rief jemand. Ein Mann kam mit einem Topf Wasser vom Fluss gelaufen und goss es ins Feuer. Es zischte und flackerte und war aus. Wir saßen regungslos. Feuchter Brandgeruch hing in der Luft und mischte sich mit der Nachtkälte. Der Magen krampfte sich mir zusammen.

Als das Flugzeug vorbei war, nahmen wir unsere Pferde beim Zügel und gingen weiter das enge Tal hinauf, immer noch mit den Füßen tastend. So gingen wir die ganze Nacht, und als der Morgen dämmerte, war ich so erschöpft, dass ich kaum noch klar sehen konnte. Doch der Wunsch, Mama, Ani Rigzin und Großmutter in Sicherheit zu wissen, trieb mich weiter.

Als wir vom letzten Hügel in die Ebene von Shothalhosum hinunterritten, sahen wir über ein weites Gebiet verstreut Tausende von Menschen. Am frühen Vormittag erreichten wir die ersten Zelte und erfuhren, dass das Flugzeug, das wir in der Nacht gehört hatten, ein amerikanisches gewesen war. »Wir brauchen nicht mehr nach Indien zu fliehen«, erzählte ein junger Mann. »Jetzt sind amerikanische Soldaten da und helfen uns, das Land zurückzuerobern.« Was für Neuigkeiten! Wir waren überglücklich. »Vielleicht können wir jetzt doch wieder nach Hause«, sagte Mama. Jeder hatte diesen Gedanken, doch außer ihr wagte niemand ihn auszusprechen. Bis es so weit kommen konnte, musste gewiss noch viel geschehen.

Wir gewöhnten uns bald an die über uns brummenden Flugzeuge. Jede Nacht fanden Abwürfe statt, und erst danach gingen wir schlafen. Zuerst tauchte fern am Himmel ein rotes Licht auf. Dann hörten wir wieder das Brummen. Einige Männer markierten mit etlichen kleinen Feuern die Stelle, an der wir uns befanden.

Dunkle Massen fielen vom Himmel. Sie schwebten an großen Tuchbahnen hängend zu Boden. Zuerst waren dreizehn Männer abgesprungen, dann folgten Kiste um Kiste mit Waffen, Kleidung, Goldmünzen und Nahrungsmitteln. »Bleibt von den Kisten weg«, sagte man uns. »Sie werden in die Lagermitte gebracht.«

Die Männer, die vom Himmel geschwebt kamen, waren Tibeter, die von der CIA in Amerika ausgebildet worden waren. Ein paar von ihnen stammten aus Amdo, doch die meisten waren aus Kham. Später stellte ich sogar fest, dass ich einige von ihnen kannte. Dey Donyo, Raru Yeshe, und Buchay aus Derge, Yeshi Raru und Yeshi Wangyal aus Markham, Bugyal aus Dugur. Außerdem Männer aus den Häusern von Phurba Tsang und Drakpa Lama in Markham.

Nach dem ersten dieser Abwürfe beriefen drei der Männer eine Versammlung ein. Sie verteilten Waffen. »Nehmt so viele, wie ihr gebrauchen könnt«, sagte einer von ihnen, »genügend für jeden kampftauglichen Mann in eurer Familie.«

Es kamen so viele Waffen aus der Luft, dass wir sogar noch ein Lager anlegen konnten. Wir bekamen achtschüssige Revolver, M1 genannt, sowie Pistolen, Granaten und Funkgeräte. An tibetischen Schusswaffen hatten wir bereits das einschüssige Gewehr Bura und das so genannte Khadum mit kurzem Lauf. Mit den amerikanischen Waffen konnten wir uns jetzt als gut ausgerüstet betrachten.

Ich nahm mir zwei achtschüssige Revolver. Einen gab ich einem Mann aus Gonjo, den anderen befestigte ich seitlich am Sattel. Meine Pistole trug ich im Gürtel meiner Chuba.

Es kam im Laufe der nächsten Monate mehrmals zu solchen Serien von Abwürfen. Jedes Mal wurden die Sachen anschließend verteilt, und die Anführer trafen sich zur Strategieplanung.

Unter den Männern, die mit dem Fallschirm absprangen, war auch ein entfernter Vetter aus Markham. Er kam häufig, um sich mit mir und meiner Mutter zu unterhalten, doch es war nie von den Hintergründen seiner Mission und von seiner Ausbildung die Rede. »Wir dürfen von all dem nichts weitersagen«, klärte er mich auf. »So habt ihr nichts zu erzählen, solltet ihr von den Chinesen gefangen genommen werden.« Ich nickte und stellte ihm keine Fragen.

Manchmal sah ich ihn auf einen Hügel steigen und dort ein Funkgerät aufstellen. Was dort gesprochen wurde, konnte ich nie hören, aber es muss wohl mit den Abwürfen zu tun gehabt haben, denn er wusste immer, wann wieder einer bevorstand.

Die nächsten vier Monate lebten wir zu Tausenden in Shothalhosum, der Gegend um das Dorf Pelbar. Es gab Lager im Tal und weiter oben im offenen Gelände. Trotz der Versorgung aus der Luft herrschte Nahrungsmittelknappheit. Besonders schlecht waren wir mit Reis und Gemüse versorgt. Für die Pferde gab es nicht genügend Futter, und wir mussten ihnen manchmal Sträucher verfüttern, die sonst als Räucherwerk verwendet wurden. Da es nirgendwo ausreichend Weidefläche für die Tiere gab, mussten wir immer wieder umziehen.

Meine Familie wohnte anfangs im Haus eines Freundes in Pelbar, doch bald gab es in dieser Gegend kein Futter mehr, und wir verlegten unser Lager in eine nicht weit entfernte Gegend namens Dadho. An beiden Orten blieben wir jeweils drei Monate. Während dieser Zeit kamen beinahe täglich weitere Menschen an – aus Gapa, Nangchen, Karu und Naru.

Einmal erblickte ich ein paar bekannte Gesichter unter den Neuankömmlingen. Ich ging hin, um sie zu begrüßen, und da sah ich Lhamo. Ein kleines Mädchen klammerte sich an ihre Chuba, und während ich mich näherte, kam mir der Gedanke, es müsse sich wohl um das jetzt größer gewordene Kind handeln, das ich damals ebenso verzweifelt wie erfolglos zu beruhigen versucht hatte. Es machte mich traurig, Lhamos in diesen Jahren gealtertes Gesicht zu sehen. Die Augen wirkten verquollen, als hätte sie nicht genügend Schlaf gehabt. Ihr einst so schlanker Körper war in die Breite gegangen, und ihr Bauch erschien mir recht stattlich gerundet.

»So viel Zeit ist vergangen«, staunte ich, »dass dein Kind jetzt schon läuft.«

»Ja, und ein zweites ist unterwegs«, erwiderte sie. Sie machte eine Handbewegung und hob die Schulter, als wollte sie sagen: »Kannst du dir das vorstellen …?«

Während wir uns unterhielten, kam ihre kleine Tochter und streckte mir die Hand entgegen. Ich dachte an den schreienden Säugling und meine ziemlich vergeblichen Versuche, dieses Kind zu beruhigen, aber jetzt war sie größer, das Gesicht lebhaft und fröhlich. Ich blickte in die ausgestreckte Hand und sah einen kleinen Käfer darin krabbeln.

»Für mich?«, fragte ich. Sie nickte und sah aus arglosen, vertrauensvollen Augen zu mir auf. Mein Herz flog ihr zu.

Von da an kam sie immer, wenn sie mich sah, mit hochgereckten Armen auf mich zugelaufen. »Pema«, sagte ich dann und bückte mich zu ihr hinunter, um ihr über die Stirn zu streichen, »schau mal, was ich für dich habe.« Ich hob sie hoch und ließ sie vorn in meine Chuba greifen und nach den versteckten Kostbarkeiten suchen – einmal war es ein kleiner Frosch, manchmal ein Stückchen süßer Käse.

Die Tage nahmen einen festen Ablauf an. Viele Gespräche am Feuer. Manche verbrachten wie ich viele Stunden mit Gebeten und Rezitationen. Andere vertrieben sich die Zeit mit Würfelspielen. Immer war man auf der Suche nach Nahrung, und manchmal kamen Boten mit Neuigkeiten.

Einmal kam ein junger Mann, der zu Chushi Gangdruk gehört hatte. Er berichtete, sie seien vernichtend geschlagen worden, und die meisten Kämpfer seien nach Indien geflohen. Wir umlagerten ihn. Jeder wollte genau wissen, was sich ereignet hatte.

»Vor einem Jahr waren wir eine Streitmacht, die jeder ernst nehmen musste«, sagte er mit einer stolzen Gebärde. »Eine unserer härtesten Schlachten, am Ufer des Nyemo, dauerte drei Tage. In der ganzen Gegend wimmelte es nur so von Chinesen, bewaffnet mit Kanonen, automatischen Gewehren und Handgranaten. Nachdem unsere Trompeter zum Angriff geblasen hatten, ritt unser Anführer, Tashi Andruktsang, mit siebzig Männern auf die Ebene hinaus. Wir griffen in vollem Galopp an und kämpften Mann gegen Mann mit dem Feind. Als die Chinesen merkten, dass sie uns nicht standhalten konnten, zogen sie sich in ein Dorf zurück. Wir beschossen die Türen und Fenster der Häuser. Schließlich legten wir Feuer. Nur so waren die Chinesen wirklich zu vernichten.

Aber es dauerte danach nicht lange, bis auch unsere Verluste größer wurden«, fuhr er fort und blickte traurig zu Boden.

»Besonders schlimm war der Verlust von Tsona, unserer wichtigsten Basis. Danach nahm der Durchhaltewille unter unseren Leuten ab. Es wurde uns klar, dass wir uns in einer unhaltbaren Lage befanden. Wir kamen überein, dass es sinnvoller sei, unser Leben für spätere Kämpfe zu bewahren und uns einstweilen nach Indien abzusetzen. Tashi Andruktsang war tief bekümmert, als er unsere Waffen den indischen Behörden übergab und ins Exil ging.«

Auch uns sank nach dieser Geschichte der Mut, und wir begannen uns zu fragen, ob wir nicht auch in Indien besser aufgehoben seien.

Ein paar Tage später griffen die Chinesen von allen Seiten an. Wir hatten nicht einmal mehr Zeit, die Kisten vom letzten Abwurf zu öffnen, so überraschend kam der Angriff.

Es war noch ganz früh am Morgen. Ich war auf dem Weg zur Weide, um nach den Tieren zu sehen, als ich vom unteren Lager her Schüsse hörte. Sofort lief ich zurück in unser Lager und sah schon von weitem die chinesischen Soldaten, die vom unteren Lager heraufstürmten.

Ich schrie: »Mama! Anya! Ani Rigzin!« Wir griffen nur noch nach unseren Pferden und rannten los. Vor uns sah ich Lhamo mit ihrer kleinen Tochter Pema auf dem Arm. Ich hörte Lhamo aufschreien. Pema war getroffen worden. Ich ließ Shindruks Zügel fallen und sprang zu ihr hin und half ihr, das Kleid des kleinen Mädchens zu öffnen. Die Kugel hatte ihr die Brust aufgerissen, und das Blut quoll aus der Wunde. Sie stöhnte, und es war deutlich zu sehen, dass sie jeden Augenblick sterben würde. Lhamo stand wie gelähmt mit großen, blicklos werdenden Augen. »Komm!«, flehte ich sie an, doch sie regte sich nicht. Ihr Blick war weit in die Ferne gerichtet, und aus ihrem Gesicht wich alle Farbe. Ich versuchte sie wegzuziehen, doch sie sackte zu Boden, und aus ihrem Mund sickerte Blut. Der Ausdruck ihrer Augen sagte mir, dass ihr Leben zu Ende war.

Jetzt hörte ich hinter mir wieder die Rufe der Soldaten. Wo waren Mama, Ani Rigzin und Anya? Ich sah sie ein Stück voraus laufen. Ich musste ihnen nach und riss mich los, unendliche Traurigkeit im Herzen.

Wir suchten zusammen mit acht weiteren Leuten aus Lemdha Schutz im dichten Wald auf den Hügeln jenseits des Lagers. Wir duckten uns mit immer noch wild pochendem Herzen hinter Bäume und erwarteten den Einbruch der Nacht.

Ich lehnte mich an den Stamm einer Kiefer und betete. »*Om Mani Peme Hung. Om Mani Peme Hung.*«

Dabei schwebte Lhamos Gesicht vor mir. Wohin ich den Blick auch wendete, ihre Augen waren überall. Mal blickten sie mich an, dann wieder waren sie vollkommen leer. Es war alles so schnell gegangen.

Die ganze Nacht verfolgte mich dieses Bild. Ich spürte sie als Teil meines eigenen Körpers. Es war, als wäre etwas von mir selbst gestorben. Als die Chinesen später von einem anderen Hügel aus Leuchtkugeln in den Himmel schossen, die die ganze Gegend taghell erleuchteten, dachte ich für einen Augenblick, Lhamos Geist sei mit uns gegangen. »Was ist das?«, fragte Mama, als die grellen Lichter aufstiegen. »Das ist Lhamo«, sagte ich. Mama warf mir einen fragenden Blick zu, sagte aber nichts mehr. Wir drückten uns flach an den Boden und warteten, bis es wieder dunkel wurde.

Ein paar Tage später erfuhren wir, die Kämpfe hätten drei Tage gedauert, und am Ende hätten die Chinesen Pelbar und die ganze Gegend von Shothalhosum eingenommen.

Die nächsten fünfundzwanzig Tage zogen wir in Richtung Indien weiter. Wir wollten an Nyulchu vorbei nach Süden, dann über den Fluss nach Jangthang und weiter nach Indien. Wenn wir erwischt wurden, bedeutete das vermutlich den Tod, aber die Frage, ob wir uns den Chinesen ausliefern sollten, stellte sich mir nie. Unsere Kleidung hing in Fetzen, und der Hunger schwächte uns, doch in Freiheit zu sterben erschien mir weitaus besser, als sich den Chinesen zu ergeben.

Wir waren nur in der Nacht unterwegs und suchten tagsüber Unterschlupf. Nach drei Tagen stießen wir auf weitere dreihundert Flüchtlinge, denen wir uns anschlossen. Die Angst, gefangen genommen oder getötet zu werden, begleitete uns auf Schritt und Tritt. Manchmal umgab sie uns dicht wie eine Art Dunst.

Einmal in der Nacht wurde der Pfad so schmal, dass wir einer hinter dem anderen gehen mussten. Ich ging ganz am Ende und hörte eine Stimme chinesische Worte sprechen. »Wer ist da?«, rief ich. Es kam keine Antwort. Ich wandte den Kopf. Niemand zu sehen. Nur ein seltsam durchdringender Geruch lag in der Luft. Die Leute vor mir hatten nichts bemerkt.

Ich fragte mich, ob es wohl ein Geist gewesen sei.

Später in dieser Nacht kamen wir zu einem steilen Anstieg mit losem Geröll. Unsere Pferde waren von den Strapazen und der Futterknappheit so geschwächt, dass sie uns hier nicht mehr tragen konnten. Wir stiegen ab. Ich übergab Ani Rigzin meine Zügel und hob Großmutter auf meinen Rücken. Auf allen vieren konnte ich mich langsam den Berg hinaufarbeiten, wenngleich Großmutters Gewicht auf meinem Rücken mich an die Grenze meiner Kraft brachte. So trug ich sie an jeder steilen Stelle, bis der Weg wieder eben genug zum Reiten wurde.

Am vierundzwanzigsten Tag erreichten wir den Anstieg zu einem der höchsten Pässe. Der Anstieg dauerte die ganze Nacht und führte uns bis auf 6000 Meter. Es war bitterkalt, und wir versanken bei jedem Schritt bis an die Knie im frisch gefallenen Schnee. Wenn der Himmel manchmal aufklarte, war das Mondlicht so grell auf dem Schnee, dass wir die Augen mit der Hand schirmen mussten. Außerdem machte uns Sorgen, dass wir in diesem Licht meilenweit zu sehen waren.

Im Morgengrauen hatten wir die Passhöhe hinter uns und näherten uns dem Talgrund. Großmutter war völlig entkräftet durch Hunger und Kälte, und auch wir Übrigen waren zu müde, noch länger zu gehen. Manche beschlossen weiterzuziehen, doch viele machten Halt. Der Boden war felsig. Es gab keine Bäume, nur ein paar Dornenbüsche. Ich fand eine kleine Mulde, wo ich Großmutter absetzte. Zum Schutz vor der Bodenkälte legte ich ein paar Zweige unter sie, dann streckte ich mich neben ihr aus und schlief ein.

Gewehrschüsse ganz in der Nähe schreckten mich hoch. Ein Mann kam auf uns zugelaufen und rief: »Die Chinesen haben die anderen, die weitergegangen sind, gefangen genommen und kommen jetzt in diese Richtung. Ihr könnt nur kämpfen oder weglaufen.«

Alle anderen waren aufgesprungen, und wir berieten uns kurz. »Kämpfen!«, sagten manche. »Weglaufen!«, riefen andere. Für Mama und Ani Rigzin war die Sache völlig klar. »Lasst uns hier und lauft, lauft!«, drängten sie. »Wir sind zu alt, aber ihr kommt vielleicht durch.«

»Wir bleiben zusammen«, sagte ich.

Einige rafften schnell ihre Sachen zusammen und liefen in die Richtung, aus der wir gekommen waren, andere wollten versuchen, den Wald weiter unten zu erreichen. Wir Übrigen, die blieben, gaben den Gedanken an Kampf auf, denn es waren etliche kleine Kinder und alte Menschen unter uns. Wir teilten uns in kleine Gruppen und warteten ab. Mama, Ani Rigzin, Anya und ich saßen dicht zusammengedrängt und eng umschlungen da.

Die Nachtkälte war inzwischen gewichen, und die Sonne

machte mich schläfrig. Ich schloss für einen Augenblick die Augen und vergaß, wo ich war.

Das Wasser umspielt mich sanft. Von unten ist es kühl, doch die Sonne in meinem Gesicht wärmt. Sonam, Lhamo und ich lassen uns auf dem Rücken treiben. Wir machen die Augen zu und stellen uns vor, wir schwebten auf Wolken. »Sie kitzeln«, lache ich und öffne die Augen.

Fünf chinesische Soldaten kamen mit erhobenen Gewehren auf uns zu. Von der Seite sah ich drei weitere kommen. Ich blickte hinter mich: überall Soldaten, Soldaten, Soldaten, die sich langsam Schritt für Schritt mit erhobenem Gewehr näherten. Ich zog meine Pistole und versuchte sie noch schnell im Schnee zu vergraben.

Als ich wieder aufblickte, hatte ein junger Soldat mich schon beinahe erreicht. So jung!, dachte ich. Sein Gesicht noch fast kindlich weich. Aber seine Augen waren wie Stahl.

Er packte mich am Arm und riss mich in die Höhe. Großmutter schrie auf, als auch sie hochgezerrt wurde. Ein zweiter Soldat kam dazu und hielt mir die Arme auf dem Rücken fest. Der erste begann mich abzutasten. Etwas durchzuckte mich von den Schultern bis zu den Füßen, und ich drückte mich zur Seite. Er packte mich am Arm und sprach mir direkt ins Gesicht Worte, die ich nicht verstand.

Dann ließ er die Hände auf und ab über meinen Körper gleiten. Er tastete etwas zwischen meinen Brüsten und griff mir in die Chuba. Ein paar kostbare Schmuckstücke, gesegnete Schnüre und Amulette, die ich bisher hatte retten können. Er warf alles einem anderen Soldaten zu und schubste mich weiter. Ringsum spielte sich überall die gleiche Szene ab. Die Kinder weinten. Ein Soldat schlug eine Frau, die sich abzuwenden versuchte.

Während die Soldaten uns weitertrieben, hörte ich wieder Schüsse. Ein Pferd lief an uns vorbei hangabwärts. Es war am Bauch getroffen worden, und die Eingeweide traten aus. Es lief in die Büsche, wo es zusammenbrach und mit zuckenden Läufen verendete.

Weiter unten lag ein kleines Mädchen reglos am Weg. Gleich daneben eine durchgehackte Schlange. Wir kamen an einen Fluss. Die aufgedunsene Leiche eines Mannes trieb vorbei. Es folgten weitere, später Pferde.

Keiner von uns wusste, was uns bevorstand. Wir hätten es nicht einmal ahnen können.

Wir marschierten einen ganzen Tag lang, die Soldaten immer neben uns. Wir waren um die hundert, Männer, Frauen und Kinder. Manche Kinder weinten den ganzen Weg. Ein Soldat stupste einen kleinen Jungen mit dem Gewehrlauf, doch er schrie nur noch lauter.

Gegen Abend gelangten wir in das Dorf Rok. Ein großes Haus diente hier zur Unterbringung der Gefangenen. Im Hof dieses Gebäudes wurden die letzten Reste unseres Besitzes beiseite geschafft – Waffen, Sättel und Pferde.

Ein Soldat ergriff Shindruks Zügel und wollte ihn wegführen. Ich brach aus der Reihe der Gefangenen aus. Als ich ihn erreichte, zog ich seinen Kopf zu mir herunter, stellte mich auf die Zehen und legte meine Stirn an seine. »Guter Freund«, flüsterte ich, »guter Shindruk. Du wirst es gut haben.«

Der Soldat schrie und gab mir einen Stoß. Ein anderer packte mich am Arm und riss mich zurück in die Reihe. Als Shindruk in den Stall geführt wurde, drehte er noch einmal den Kopf und sah mich an, doch der Soldat ließ die Zügel klatschen und zog ihn weiter. Ich biss mir auf die Lippen und schlug mit der Faust in die Hand und blickte zu Boden.

Zwei Soldaten kamen herüber und befingerten mich von

Kopf bis Fuß. Ich starrte dorthin, wo Shindruk verschwunden war, und spürte nichts. Er war ein so guter Freund, dachte ich, er verdient es nicht, dass man ihn einfach wegsperrt. Tränen wollten fließen, doch ich unterdrückte sie gewaltsam. Die Genugtuung, mich weinen zu sehen, sollten die Chinesen nicht haben.

Zwei Soldaten führten Mama, Ani Rigzin, Großmutter und mich in einen großen, kahlen Raum eines offenbar geräumten Hauses. Drei Frauen und zwei Kinder hockten dort bereits am Boden. Die Soldaten verriegelten die Tür hinter uns. Für den Augenblick war es ein Segen, wenigstens nicht mehr in der Gegenwart der Soldaten zu sein. Ich legte mich, den Kopf auf den Armen, auf den harten Holzboden und zog mir die Chuba über die Füße. Das Zimmer war feucht und muffig. Ich versuchte zu schlafen, doch das Weinen eines kleinen Mädchens in der Ecke hielt mich wach.

Ich sah Shindruk im Dunkeln vor mir.

Ein kleiner weißer Hengst drückt der Mutter die Nase ans Bein. Er ist erst ein paar Tage alt und steht noch ganz wacklig auf seinen winzigen Beinen.

Ob es wohl stimmte, dass die Chinesen Pferdefleisch aßen?

Ein großer Offizier mit vier roten Sternen an der Uniform stand vor uns auf einem Podium. Seine Worte platzten heraus wie Maschinengewehrfeuer, während ein steif neben ihm stehender junger Tibeter übersetzte. An derartige Ansprachen gewöhnten wir uns bald – knatternder chinesischer Wortschwall und dann die tonlose tibetische Übersetzung.

»Als Strafe dafür, dass ihr die Soldaten tötet, die aus China kommen, um euch zu helfen, müsst ihr alles abgeben, was ihr besitzt – was ihr bei euch habt und was zu Hause noch ist. Tut ihr das, lassen wir euch laufen. Aber wenn nicht« – er hob die geballte Faust –, »dann werdet ihr eingesperrt und schwer bestraft.«

Niemand glaubte ihm, dass man uns freilassen würde, und so stimmte keiner zu.

Den ganzen nächsten Monat blieben wir in diesem Haus. Draußen standen Wachen, aber drinnen konnten wir reden, was wir wollten. Jeden Tag kamen weitere Gefangene. Viele hatten wie wir zu den Widerstandskämpfern in den Bergen gehört oder nach Indien fliehen wollen. Jeden Tag kamen mindestens vier neue. Morgens bekamen wir eine kleine Schale Tsampa und am Abend wässrige Reisgrütze. In den ersten vierzehn Tagen trat eine beruhigende Regelmäßigkeit ein; immerhin war die Furcht vor der Gefangennahme uns jetzt genommen. Nach diesen zwei Wochen begannen jedoch die Verhöre.

Ich hörte Schritte draußen auf dem Flur, schnelle Schritte, die sich näherten. Vor der Tür brachen sie ab. Die Tür flog auf, und zwei Soldaten kamen mit angeschlagenem Gewehr herein.

Sie sahen sich im halbdunklen Zimmer um, als suchten sie eine bestimmte Person, dann kamen sie zu mir. Einer stieß mir den Stiefel in die Seite, der andere bedeutete mir aufzustehen und mitzukommen. Sie führten mich den Gang entlang, dann über eine enge Treppe nach oben in ein kleines feuchtes Zimmer.

In dessen Mitte saß an einem kleinen Tisch der Offizier mit den roten Sternen. Auf der einen Seite der tibetische Übersetzer, auf der anderen zwei Soldaten. Der Offizier winkte mich her und begann zu sprechen – blasses, glänzendes Gesicht, zurückgekämmtes Haar, vorquellende Augen. Wenn er die Stimme hob, sah ich den Speichel sprühen, und seine Hand machte ruckartige Bewegungen, als wollte er die Luft zerhacken.

»Du bist eine Anführerin der feindlichen Kräfte, die das große Werk des Mutterlands zunichte machen wollen. Du hast dich für deine Verbrechen und für die deines Vaters zu verantworten. Uns liegen Berichte vor, dass er einen tibetischen Dolmetscher getötet hat, und du wirst für sein Verbrechen büßen müssen. Aber wenn du deine Missetaten zugibst, werden wir dein Leben schonen.« Die Worte kamen ohne jede Betonung aus dem Mund des Tibeters.

Dass mein Vater beschuldigt wurde, brachte mich so auf, dass ich unüberlegt antwortete.

»Mein Vater hat euren Dolmetscher nicht getötet. Der Mann kam mit einer Nachschublieferung für eure Truppen auf dem Weg nach Samye durch unsere Gegend und wurde erschossen. Niemand hat je herausgefunden, wer ihn erschoss, aber mein Vater war es jedenfalls nicht.« Ich verstummte, weil mir plötzlich klar war, dass ich hätte schweigen sollen. Zu spät.

Der Offizier beugte sich vor, und die Augen traten noch weiter aus ihren Höhlen. In ganzen Salven stieß er seine Fragen hervor.

»Aus welchem Ort stammst du? Wie viele Männer haben unter dir gekämpft? Wer waren die Männer, die aus dem Flugzeug abgesprungen sind? Woher stammten sie?«

So schnell kamen die Fragen, dass mir schwindelte. Mir fiel nichts ein, was ich hätte sagen können.

»Kennst du Yeshe Rushodtshang, den Tibeter, der mit dem Fallschirm abgesprungen ist? Mit wem hat er sich getroffen? Was hat er zu dir gesagt? Was für Pläne hat er?«

Ich blickte auf meine Hände im Schoß und schwieg. Ich wusste, dass Yeshe Rushodtshang in geheimer Mission unterwegs war. Ich hätte nichts sagen können, selbst wenn ich dazu bereit gewesen wäre.

Mein Schweigen ärgerte den Offizier, und er rief den beiden Soldaten etwas zu. Sie standen auf und nahmen sich jeder eine

Weidenrute aus einem an der Wand stehenden wassergefüllten Eimer. Sie kamen mit den Ruten wedelnd von beiden Seiten auf mich zu. Ich spürte ein paar Wassertropfen. Dann schlugen sie auf mich ein – Gesicht, Hände, Rücken, Füße, Kopf. »*Om Mani Peme Hung*«, flüsterte ich. »Guru Rinpoche.«

»Welche Verbindung hattest du zu den Flugzeugen der Amerikaner? Wie hießen die Männer? Was haben sie dir gesagt?« Wieder peitschten die Fragen.

»Ich hatte keinerlei Verbindung zu den amerikanischen Flugzeugen«, flüsterte ich kaum hörbar. »Ich habe dazu nichts zu sagen.«

In meinen Ohren begann es zu summen, das Gesicht brannte. Mein Karma aus früheren Leben, dachte ich. Der Schmerz wird meine Sünden tilgen. Die Soldaten packten mich bei den Händen und rissen mich hoch. Ich stand wankend, während sie mir die Hände auf dem Rücken fesselten.

»Sag mir die Namen! Was haben sie dir gesagt?«

Ich schwankte, antwortete aber nicht. Die Männer warfen den Strick über einen der quer durchs Zimmer laufenden Balken.

»Antworte! Die Namen!«

Ich blieb stumm. Die Männer zerrten an dem Strick, sodass meine Arme mit einem Ruck nach oben verdreht wurden. Durch meine Schultern schoss ein Schmerz wie von glühendem Eisen. Aus dem Mund rann mir eine bittere Flüssigkeit.

Ich hing in der Luft. An meinen Handgelenken. Sie schlugen mir mit einem Brett ins Gesicht, und es wurde dunkel um mich.

Kaltes Wasser lief mir über den Kopf. Ich lag auf dem Boden. Als Erstes spürte ich einen ungeheuren Druck und dachte, die Augen würden mir aus dem Kopf springen. In meinen Schultern wühlte der Schmerz, und die Handgelenke brannten.

»Die Soldaten werden dich in dein Zimmer zurückbringen«, sagte der Dolmetscher mit noch tonloserer Stimme. »Vielleicht ist dein Gedächtnis morgen besser.«

Zwei Soldaten schleppten mich zurück und ließen mich im Zimmer einfach fallen. Mama und Ani Rigzin schrien auf.

»Wir haben nie auch nur einen Finger gegen dich erhoben«, jammerte Mama. »Und was haben sie dir jetzt angetan!«

Sie bettete meinen Kopf in ihren Schoß, Ani Rigzin riss ein Stück von ihrer Chuba ab, um mir das Blut aus dem Gesicht zu tupfen.

Mama war fassungslos und weinte die ganze Nacht. Sie hielt mich im Arm und wiegte mich. Ani Rigzin saß neben uns und betete. Meine Nase blutete eine ganze Weile. Ich fühlte zwar die Schmerzen, doch ansonsten war ich wie betäubt. Ihnen aber brach es das Herz.

Eine Woche lang kamen die Soldaten jeden Tag und holten mich. Sie kamen nach dem Frühstück, und das Verhör dauerte bis zum Mittag. Dann gab es eine halbe Stunde Pause und danach ging es weiter bis zum Abend. Sie banden mir die Hände, zogen mich hoch und schlugen mich. Keine Stelle meines Körpers ließen sie aus. Wenn ich bewusstlos wurde, übergossen sie mich mit Wasser. Und jeden Tag weinten Mama und Ani Rigzin.

Selbst wenn ich hätte sprechen wollen, es wäre nicht mehr gegangen. Mund, Augen und Nase waren völlig zugeschwollen. Ich fand bald heraus, dass Tritte nicht so schlimm waren wie Schläge, doch wenn sie mich mit verdrehten Armen hochzogen, das war das Schlimmste. Der Schmerz in Handgelenken und Schultern war so unerträglich, dass ich mir wünschte, sie würden mich endlich umbringen. Andererseits, wenn sie es taten, würde ich mein nächstes Leben wieder mit demselben alten Karma beginnen. Da war es doch besser zu leiden und auf eine höhere Wiedergeburt zu hoffen.

Nach ein paar Tagen empfand ich keine Angst mehr, wenn ich draußen die Schritte hörte. Es war mir gleichgültig, was sie taten. Manchmal sah ich meinen Körper auf dem Boden liegen, und mein Geist war anderswo.

Wenn ich mal fähig war zu denken, dachte ich, was für schreckliches Karma ich in früheren Leben erzeugt haben müsse, dass ich jetzt so geschlagen wurde. Ich betete, dass meine Schmerzen all die Sünden tilgen mögen. Ich betete zu den Drei Kostbarkeiten. »Leitet mich. *Om Mani Peme Hung.*«

Wir blieben noch einige Wochen in diesem Behelfsgefängnis. Ich litt viel Angst in dieser Zeit und fühlte einen Zorn, den ich nicht überwinden konnte, wie sehr ich auch beten mochte. Ich war den Chinesen in die Hände gefallen.

Dann bekümmerte mich auch die Frage, was aus Mama und den Übrigen werden würde. Ich fühlte mich so hilflos; es gab nichts, was ich für sie tun konnte. Manchmal dachte ich an Ausbruch durch das Fenster in unserem Zimmer, an Flucht. Aber gegenüber war ein kleines Haus mit einem Hund, und der würde wahrscheinlich anschlagen; außerdem waren um das Haus etliche Wachen postiert. Und selbst wenn ich all die Hindernisse überwand, die anderen konnte ich auf keinen Fall mitnehmen.

Nach einem Monat ließen die Chinesen alle Frauen, Kinder und Alten frei. »Ihr könnt gehen, wohin ihr wollt«, sagten die Soldaten. Jeder erhielt einen Passierschein, mit dem er in seine Heimat zurückkehren konnte, wenn er wollte. Wir Übrigen hatten uns »schwerer Verbrechen schuldig gemacht« und blieben in Haft.

Zwei Tage danach wurden die Festgehaltenen zusammengerufen. Wir waren mehrere Hundert und ich die einzige Frau. Wieder stand der Vier-Sterne-Offizier auf dem Podium vor uns. Er sagte, wir würden jetzt nach Chamdo gebracht und müssten jederzeit sofort tun, was uns von den Soldaten befohlen wurde.

»Setzt euch, wenn es ›Setzen‹ heißt. Geht, wenn ihr zum Gehen aufgefordert werdet. Esst, wenn ihr zu essen bekommt. Wer zu fliehen versucht, wird erschossen.«

Wir wurden Hand an Hand zusammengebunden und mussten in gerader Reihe hintereinander Aufstellung nehmen. Hinten Soldaten, vorn Soldaten, seitlich Soldaten. Ich war ziemlich am Ende der Reihe. Wir setzten uns in Bewegung.

Es war ein klarer, kalter Tag. Die Stricke waren wie Eis am Handgelenk und schnitten in die Haut ein, wie ich die Hände auch halten mochte. Chime Gonpo war vor mir, hinter mir Anak Pon, und bei jeder falschen Bewegung mussten die anderen mitleiden.

»Augen geradeaus!«, dröhnte der Befehl. Dann: »Stillgestanden!« Durch die Stricke zwischen uns war das kaum möglich, was die Soldaten zu ärgern schien. Schließlich stießen sie uns mit ihren Gewehren an. »Marsch!«

Als wir durch das Tor marschierten, sah ich meine Mutter am Weg stehen. Ani Rigzin und Großmutter standen hinter ihr. Ihr Anblick machte mich traurig, denn die letzten Monate hatten deutliche Spuren an ihnen hinterlassen. Sie sahen aus wie drei hungrige Bettelweiber, das Haar verfilzt, die Chubas in Fetzen. Auf Mamas Gesicht sah ich Schmutzspuren, und Großmutter, die kaum noch stehen konnte, stützte sich auf Ani Rigzin.

»Mama!« Das Wort stieg mir in der Kehle hoch, aber ich ließ es nicht laut werden. Weshalb bist du noch hier? Warum bist du nicht unterwegs nach Hause?

Kaum hatte Mama mich entdeckt, da kam sie auch schon

gelaufen. »Bleib weg!«, zischte ich halblaut. Aber sie kam doch. Von einem Soldaten wurde sie mit dem Gewehr aufgehalten. »Bitte!«, flehte sie und fasste den Soldaten am Arm. »Bitte nehmt meine Tochter nicht mit ... wir müssen verhungern, wenn ihr sie mitnehmt.«

Ani Rigzin und Großmutter kamen hinter ihr her, weinend. »Wenn ihr sie mitnehmt, dann nehmt uns auch mit!«, rief Ani Rigzin. »Steckt uns mit ihr ins Gefängnis. Mit uns ist es aus, wenn sie weg ist.« Der Soldat stieß sie mit dem Gewehr zurück.

Ich versuchte den Soldaten anzusprechen, der gerade neben mir war. »Bitte, bitte, lasst mich mit meinen Leuten sprechen. Ich werde ihnen sagen, dass sie gehen sollen. Sie sind alt, sie verstehen nicht.« Doch er ging weiter, als hätte er nichts gehört. Vielleicht lag es auch an der Sprache.

Wieder wollte Mama nach dem Arm des Soldaten greifen. Er schlug sie nieder. Als wir die Straße hinauf weitergingen, hörte ich sie rufen: »Ashe, Ashe ...« Ich drehte mich um. Der Soldat schlug sie und trat nach ihr. Ani Rigzin warf sich auf ihn, um ihn von Mama wegzuziehen.

Als wir schon fast außer Sichtweite waren, blickte ich mich ein letztes Mal um. Mama und Ani Rigzin standen. Großmutter lag auf der Straße. Dann verschwanden sie hinter einer Wegbiegung, aber ich hörte sie noch rufen.

Drei Tage dauerte der Marsch nach Lhodzong. Den ganzen Weg konnte ich an nichts anderes als an sie denken. Ich hatte sie immer vor Augen, wohin ich auch blickte.

In Lhodzong traf ich etliche Gebietsoberhäupter an und auch viele Leute aus dem Gefolge des Prinzen von Derge. Sie waren schon vor uns in Gefangenschaft geraten und vorübergehend in einem früheren Stallgebäude untergebracht. Es war in dem ganzen Schrecken eine Wohltat, so viele vertraute Gesichter zu sehen. Ich hätte sie gern nach Gose Tsering, Shamo Chemi,

Thupten und so vielen anderen gefragt, doch wir durften nicht miteinander sprechen und konnten nur Blicke wechseln.

Lhodzong war ein Sammellager. Von dort aus wurden die Menschen nach Chamdo gebracht. Die »Schwerverbrecher« wurden im Obergeschoss eines großen Hauses untergebracht. Ich teilte das Zimmer mit einer anderen Frau. Sie hieß Jamyang und kam aus Shothalhosum.

Jeden Morgen bekamen wir eine kleine Schale Reisgrütze und abends noch einmal dasselbe. Einer der Bewacher gab mir eine Schere, mit der ich mir das Haar schneiden konnte, außerdem Nadel und Faden für die schlimmsten Löcher in meiner Chuba. Er war einer von der freundlicheren Sorte.

Viele Stunden hatten wir nichts zu tun. Ich wäre gern meinen spirituellen Übungen nachgegangen, doch das Beten hatten die Chinesen verboten. Das sei »blinder Glaube«, sagten sie und drohten jedem, der leise die Lippen bewegte, mit Schlägen. Ich betete aber bei jeder Gelegenheit innerlich. Einen Monat blieb ich dort.

Von Lhodzong aus zogen wir weiter nach Nyulchu. Manche waren aneinander gekettet, andere mit Stricken zusammengebunden, die sich zuzogen, wenn sie nass wurden. Wir wurden nur losgebunden, wenn wir uns entleeren mussten. Man hob die Hand und sagte: »Bako.« Dann durfte man sich kurz in die Büsche zurückziehen. Es gab keine Schlafunterlagen, und an Kleidung hatten wir nur, was wir am Leib trugen. Der Weg führte über etliche steile Pässe und viele Flüsse, und es gab nichts, was unsere Lage ein wenig hätte erleichtern können.

An einem Morgen war es beißend kalt. Der Wind wehte von Norden und fiel eisig die Schlucht hinunter, durch die wir uns aufwärts quälten. Sogar die Sonne, die jetzt über dem vorausliegenden Berg aufging, war wie gefroren und spendete keine

Wärme. Es war nichts zu hören als das Scharren vieler Füße auf dem Pfad.

Meine Hände waren taub von der Kälte. Die Stricke hatten sich zugezogen und behinderten den Blutfluss. Ich versuchte mich von den Schmerzen abzulenken, doch dann kehrten meine Gedanken immer wieder zu Mama zurück, wie sie auf dem Boden lag und der Gewehrkolben in ihren Rücken stieß und sie die Hand nach mir ausstreckte und »Ashe! Ashe!« rief, immer wieder.

In meiner Verzweiflung suchte ich mir irgendetwas, woran ich meine Aufmerksamkeit heften konnte. Ein Stück voraus ragte ein Felsen über dem Weg auf, und ich hielt den Blick auf seine abgerundete Spitze gerichtet, ohne auch nur einen Augenblick abzuschweifen. Ähnlich den Lung-gom-Yogis, die den Blick an einen fernen Punkt heften und dann mühelos und schnell wie der Wind dahingleiten können, versuchte ich meine Aufmerksamkeit so punktförmig zuzuspitzen, dass ich mich – zumindest im Geist – auch so leicht zu bewegen vermochte. Tatsächlich konnte ich auf diese Weise weit vorauseilen und dem Schmerz in meinen Händen, dem Bild meiner Mutter und den mürrisch neben uns einherstapfenden Soldaten entkommen.

Als wir an eine steile Stelle kamen, rutschte Tanag Tulku, ein älterer Lama, aus und konnte nicht mehr aufstehen. Er schien auch nicht mehr den Willen dazu zu haben. Zwei Soldaten gingen zu ihm hin und stießen ihn mit dem Gewehr an. Als er sich immer noch nicht regte, packten sie ihn an den Armen und schleiften ihn über die spitzen Steine.

Ein Stück weiter sank ein alter Mann hin und konnte keinen Schritt mehr tun. Ein Soldat schlug ihn so lange auf den Rücken, bis er sich doch wieder aufraffte.

Ähnliches geschah immer wieder. Sobald jemand anhielt, wurde er geschlagen. Endlich gelangten wir nach Nyulchu.

In Nyulchu warteten zweihundertfünfzig Lastwagen, die uns über die erst vor kurzem fertig gestellte Straße nach Chamdo bringen sollten. In jeden Lastwagen pferchten die Soldaten dreißig Gefangene. Wir wurden zusammengebunden und von je vier Soldaten mit aufgepflanztem Bajonett bewacht. Die ganze Fahrt über hielten sie ihre Waffen auf uns gerichtet, als könnten wir zu fliehen versuchen.

Die Straße war voller Steine und Schlaglöcher. Bei dieser holprigen Fahrt wurde mir übel. Ich war die einzige Frau, und nur mir wurde schlecht. Alle Blicke waren auf mich gerichtet, sogar die der Soldaten. Vielleicht dachten sie alle, mein Magen vertrage die Fahrt nicht, weil ich eine Frau war, aber ich befand mich einfach das erste Mal in solch einem Gefährt und konnte mich schlecht an diese so seltsam schwankende Fortbewegungsart gewöhnen. Die Gegend flog so schnell vorbei, dass mir schwindelte, und der Gestank aus dem Auspuff verschlug mir den Atem.

»Nehmt bitte Platz«, sagte der chinesische Offizier mit angenehm ruhiger Stimme mit einer Handbewegung zu den farbenprächtigen Teppichen hin. Wir befanden uns in einem Vorratsraum des Klosters von Chamdo. Man hatte hier die besten Teppiche von überall her zusammengetragen und sorgfältig ausgelegt. Ich fragte mich, weshalb diese Leute ausgerechnet uns beeindrucken wollten, fand aber keine Antwort. Der Offizier äußerte sich so höflich und respektvoll, dass ich schon an eine baldige Freilassung zu glauben versucht war.

»Ihr werdet hier bleiben und euch von der langen Reise erholen«, sagte er in geradezu beunruhigend freundlichem Tonfall. »Später werden wir dann ein paar Fragen stellen.« Das Wort »Fragen« hätte mir klarmachen müssen, worum es ging, aber im Augenblick war ich nur froh, in einem Kloster zu sein, und dachte nicht viel darüber nach.

Am späten Nachmittag wurden wir in Zehnergruppen hinunter in die Gottheitenhalle gebracht. Alle Statuen und Thangkas waren entfernt worden. Der Anblick des nackten Raums und der vielen Soldaten brachte mich in die Wirklichkeit zurück.

Seitlich standen Soldaten in einer Reihe und hielten ihre Gewehre auf uns gerichtet. Zwei Soldaten nahmen die Leibesvisitation vor und ließen keine Knopfschlaufe aus. Unsere Stiefelriemen und die Stricke zum Gürten der Chuba wurden eingezogen, damit sich niemand erhängen konnte. Sie rissen uns die Amulette und gesegneten Schnüre ab und ließen uns nur die zerlumpte Kleidung.

Anschließend wurden wir einen Gang entlang zur großen Versammlungshalle geführt. Die Behandlung war jetzt nicht mehr höflich, die Soldaten schoben und stießen uns vorwärts. In der Halle saßen über zweitausend von uns in Reihen wie bei einer großen Versammlung von Lamas. Hier bekamen wir Plätze angewiesen, wo wir sitzen und auch schlafen mussten. Manchmal war Platz genug, dass ich mich zusammengekrümmt hinlegen konnte, ein Stiefel als Kopfkissen. Aber wenn wieder neue Gefangene kamen, waren wir so beengt, dass wir Rücken an Rücken im Sitzen schlafen mussten.

Unter diesen Umständen und ohne auch nur eine Hand voll Waschwasser grassierten bald die Läuse. Es wurde so schlimm, dass ich sie dicht an dicht auf den Köpfen vor mir krabbeln sah. Man konnte sie mit der Hand abwischen, und es war doch gleich wieder alles voll.

Die nächsten zehn Monate mussten wir so verbringen. Lamas, Tulkus, Äbte, Könige, Landesherren, Kommandanten und andere Führer des Khampa-Widerstandes wurden alle gleichermaßen schlimmer als Hunde behandelt. Abgesehen von der Tochter eines der Gefangenen, die ein und aus gehen durfte, um ihren kranken Vater zu versorgen, war ich die einzige Frau.

»Essen fassen!« Zwei Gefangene erschienen am Eingang mit großen Kübeln. Dahinter folgten die Köche, Gefangene mit nur geringfügigen »Vergehen«, und teilten das Essen aus. Die Verpflegung war mager, zwei Hand voll, wenn ich mit dem Kneten fertig war. Mindestens zehn hätte man gebraucht, um satt zu werden. Am Abend gab es wässrige Reisgrütze.

Aufgrund dieser Hungerrationen verschlechterte sich der Gesundheitszustand vieler. Ich teilte mir mein Tsampa genau ein und aß nur so viel, wie unbedingt nötig, um den Rest den entkräfteten Alten zu geben. Khale Tulku gehörte zu den gesundheitlich Überforderten, und ich sorgte dafür, dass er jeden Tag wenigstens eine Kleinigkeit von mir bekam.

Nach einer Weile war allgemein bekannt, dass ich immer einen Teil meiner Ration verschenkte. Männer drehten sich um, wenn sie mich kommen sahen. Sie flüsterten: »Pachen, Pachen, gib mir ein bisschen Tsampa.« Der Hunger begann jetzt auch mir sehr zuzusetzen, aber ich war doch froh, dass ich ihnen helfen konnte.

Meine kleinen Hilfen halfen allerdings nicht wirklich weiter, und nach einigen Monaten konnten manche der älteren Männer sich nur noch mit Mühe erheben. Wenn sie aufzustehen versuchten, fielen sie manchmal wieder hin, und man musste sie stützen, wenn sie zum Wasserlassen gingen.

Und jeder war gezwungen, das völlig öffentlich zu tun, vor all den Tibetern und chinesischen Soldaten. Dafür stand neben der Eingangspforte der Halle ein großer Behälter. Ich bekam ein kleines Gefäß, auf das ich mich unter meiner Chuba hocken konnte, doch auch das geschah vor aller Augen. Einmal am Tag hatten wir, immer zu zweit, Gelegenheit, den Darm zu entleeren. Wer diese Gelegenheit nicht nutzen konnte, bekam an dem Tag keine zweite.

Wenn der Urinbehälter voll war, mussten zwei Leute ihn hinaustragen. Wir schoben ein Tragholz unter den Henkel und hoben uns den Behälter auf die Schulter. Draußen folgten uns zwei Soldaten bis zu der Stelle, wo wir ihn ausleerten. Ich meldete mich mehrmals freiwillig zu dieser Arbeit. Nur so konnte ich ab und zu ein wenig frische Luft atmen.

Durch den tibetischen Dolmetscher ließ der Offizier mitteilen: »Die Zeit ist gekommen, eure Verbrechen zu gestehen. Wie ihr die chinesischen Streitkräfte bekämpft habt. Eure Pläne, eure Organisation, eure Bündnisse.«

Er war ein kleiner, rundlicher Mann. Sein Gesicht erinnerte mich an eine Ratte, die Augen feine Schlitze. Es hieß, er sei »ein ganz hohes Tier«.

»Wenn ihr euch kooperativ zeigt, indem ihr gesteht und euren Besitz aushändigt«, fuhr er mit scharfer Piepsstimme fort, »bekommt ihr Straferlass.

Aber ...« Hier machte er eine Kunstpause. Ich beugte mich vor, um mitzubekommen, was er als Nächstes sagen würde. »Aaber«, dehnte er noch einmal und schien die Spannung zu genießen, »für jeden, der sich weigert ...« – wieder eine kleine Pause, während der er die Augen weit aufriss –, »gibt es nur noch eins, den Tod.« Die letzten Worte schoss er förmlich auf uns ab, dann drehte er sich um und ging.

Am Tag nach dieser Ansprache wurden wir in Gruppen aufgeteilt, in »Tsugs« oder Abteilungen, wie die Chinesen das nannten. Abteilung eins, Abteilung zwei, Abteilung drei. Eine Abteilung bestand aus zehn oder zwanzig Leuten und hatte einen Kreis zu bilden, wobei ein Chinese, der auf einem Stuhl saß, die Fragen stellte. Ein Tibeter musste eine Liste der »Schuldeingeständnisse« anfertigen und dem Chinesen aushändigen. Nach eingehender Begutachtung dieser Liste wurden die schwerer Verbrechen Beschuldigten in einen Raum im Obergeschoss geschickt, und dort begannen erneut die Verhöre.

»Was für Gewehre habt ihr benutzt?« »Wie viele hattet ihr?« »Wer war noch beteiligt?« »Auf welche Weise habt ihr Lingkha Shipa und Derge geholfen?«

Und wieder wurde ich geschlagen.

»Was glaubst du, wie lange wir hier sein werden?«, flüsterte ich einmal, als gerade niemand hersah. Neben mir saß ein junger Mann, der im Vorjahr mit dem Prinzen von Derge in die Gegend von Lemdha gekommen war. Er hieß Sogmo Gega.

Er schüttelte den Kopf. »Wenn du glaubst, dass man hier leicht wieder wegkommt, irrst du dich«, sagte er. »Sie werden uns mindestens ein Jahr hier behalten, wenn nicht länger.« Er senkte die Stimme noch mehr. »Du hast ja keine Ahnung, was hier vorgeht.«

»Wenn das so ist«, erwiderte ich, »werden wir wohl alle sterben. Manche sind ja jetzt schon halb verhungert.« Tatsächlich war der Hunger bei einigen so groß, dass sie versucht waren, ihren eigenen Kot zu essen.

Tagsüber konnten wir nichts anderes tun, als schweigend dazusitzen. Ich begann mich auf diese Zeiten zu freuen, in denen ich nicht verhört und geschlagen wurde. Dann war mein Geist frei.

Durch die Fenster ganz oben unter der Decke strömte das Sonnenlicht herein. In der Stille löste sich die innere Anspannung, und die Worte der heiligen Texte stellten sich ein, um mir Halt zu geben.

Lass den erschöpften Geist im natürlichen großen Frieden zur Ruhe kommen, diesen durch Karma und Gedanken wie vom unablässigen Wüten schäumender Wogen im unendlichen Meer des Samsara ans Ende seiner Weisheit getriebenen Geist. Ruhe im natürlichen Frieden.

So sprach ich also jeden Tag meine Gebete, vollzog innerlich die spirituellen Übungen, warf mich sogar, in einer nicht einsehbaren Ecke, einhunderttausendmal nieder. Ich vermochte den Wunsch nach Freiheit nicht gänzlich abzuschütteln, doch immerhin errang ich mir ein wenig inneren Frieden.

Nach zehn Monaten in der großen Versammlungshalle von Chamdo wurde ich in einen anderen Teil des Klosters verlegt. Traurig ließ ich die Männer zurück, mit denen ich all die Monate verbracht hatte. Sie waren mir eine Art Familie geworden, doch hier half kein Sträuben. Ich wurde aufgerufen und musste folgen.

Ich kam in einen Teil des Klosters, der Deyong Nang hieß. Hier und im nächsten Gefängnis warteten die schlimmsten Tage meiner Gefangenschaft auf mich.

8.
Gefangenschaft 1960–1965

Der Soldat stieß mich in ein Zimmer und schloss die Tür. Der Riegel wurde mit einem hallenden Scheppern vorgeschoben. Schritte entfernten sich den Gang hinunter, immer leiser werdend und schließlich nicht mehr zu hören.

Langsam gewöhnten sich meine Augen an das Halbdunkel. Es war ein kleiner Raum, der einmal als Stall gedient haben musste. Gestampfter Lehmboden und rohe Holzwände. Die Wände entlang saßen Frauen und Kinder.

»Ashe Pachen«, flüsterte eine Stimme aus der Ecke. Ich sah eine kleine stämmige Gestalt aufstehen. Jetzt erkannte ich Tamdin Chökyi, die Frau Chime Gonpos, eines der Oberhäupter von Derge.

Sie fasste mich bei den Händen und beugte den Kopf, um gleich den Finger an die Lippen zu legen: »Pst.« Es konnten Wachen in der Nähe sein. Ihr Gesicht war rot, vielleicht von Schlägen; ich konnte das im Halbdunkel nicht erkennen. Als sie lächelte, sah ich, dass sie viele Zähne verloren hatte.

Tamdin zeigte auf die Übrigen, und ich sah viele bekannte Gesichter. Ihre Tochter Soyang, inzwischen wohl einundzwanzig Jahre alt; ihren Sohn Asong, vielleicht acht oder neun. Wangzin mit ihren fünf Töchtern. Nanchen. Dann noch zwei andere Frauen, Mutter und Tochter, die ich nicht kannte. Alle außer diesen letzten beiden waren in der gleichen Gegend wie meine Leute und ich in Gefangenschaft geraten.

Tamdin Chökyi behielt ihre Hand vor dem Mund und gab mir mit Gebärden zu verstehen, dass vor der Tür lauschende Wächter sein könnten. »Wenn sie uns reden hören«, flüsterte sie, »denken sie gleich, dass hier Fluchtpläne geschmiedet werden. Dann werden sie uns wieder endlos verhören.« Sie spähte durch einen Riss in der Tür. Dann machte sie ein Zeichen, dass die Luft rein sei, und alle begannen zu sprechen.

Ich nahm Tamdins Hände. Sie war wie ein Teil meiner Familie. Ihr Mann und mein Vater hatten einander geschworen, dass sie sich in Notzeiten gegenseitig helfen und sogar einer für den anderen sterben würden. »Er ist bis jetzt noch nicht festgenommen worden«, antwortete sie auf meine Frage. »Er ist noch oben in den Bergen und macht mit bei den Angriffen auf die Chinesen.«

Es machte mich froh zu hören, dass immer noch für die Freiheit Tibets gekämpft wurde.

Nach einigen Tagen in dieser neuen Umgebung wurden Tamdin und ich gerufen. »Lemdha Pachen, Tamdin Chökyi, rauskommen!« Wir zuckten zusammen, denn wir ahnten, was uns bevorstand. Zwei Soldaten standen an der Tür und winkten uns heraus. Wir wurden nach oben in ein kleines Zimmer gebracht, in dem einmal ein Mönch gewohnt hatte. Es roch nach kaltem Zigarettenrauch und Schimmel.

In der Mitte saß an einem behelfsmäßigen Tisch ein höherer chinesischer Offizier, neben ihm ein Dolmetscher. Der Offizier winkte uns betont unfreundlich heran. Er drückte seine Zigarette aus, zündete eine neue an und nahm ein paar Züge, bevor er sprach.

»Ihr habt eure Verbrechen gegen das Mutterland beide noch nicht gestanden«, sagte er. »Leider, leider besteht für euch keinerlei Aussicht auf Freiheit, wenn ihr nicht augenblicklich ge-

steht.« Die Worte entquollen ihm zusammen mit Zigarettenrauch.

Während er sprach, hatte ein Soldat zwei seltsame Vorrich-
tungen aus Eisen hergebracht, die er uns jetzt vor die Füße
warf. Es handelte sich um lange, gerade Eisenbänder, an den
Enden mit rundgebogenen Eisen versehen. Sie schlugen mit
scharfem Klirren auf dem Boden auf, und für ein paar Sekunden war nichts als der Nachhall dieses Klirrens und das kaum
hörbare Einziehen und Ausatmen von Rauch in der Luft.

»Wenn ihr nicht gesteht«, sagt er, als er sicher sein konnte,
dass wir die Eisen genau studiert hatten, »werdet ihr diese
Fußeisen tragen, bis ihr es euch anders überlegt.«

Er beugte sich vor. »Sollen wir jetzt anfangen?«

Zuerst wandte er sich an mich: »Hast du Tamdin Chökyi
schon früher gekannt?«

»Sie ist als eine mutige Frau bekannt«, antwortete ich so
knapp wie möglich. »Natürlich habe ich von ihr gehört.«

Der Offizier verzog unmutig das Gesicht, fuhr aber fort.

»Wer war mit dir in Shothalhosum?«

»Meine Mutter«, sagte ich wie immer. »Und zwei ältere Verwandte.«

Er sah mich wütend an. Dann schnalzte er mit den Fingern,
und einer der Soldaten an der Tür trat vor. Ich sah seine Hand
kurz bevor sie in meinem Gesicht landete. Zweimal, dreimal
schlug er zu, und jedes Mal wurde mein Kopf von der Wucht
zurückgeschleudert. Die Schläge brannten im Gesicht.

»Ist dein Gedächtnis jetzt vielleicht besser?«, fragte der Offizier mit dem Anflug eines Lächelns.

»Ich habe die Fragen beantwortet und sonst nichts zu sagen.«

Er lief rot an und wandte sich, da er nichts auszurichten vermochte, Tamdin Chökyi zu. »Wo versteckt sich dein Mann?«,
fragte er.

»Mein Mann versteckt sich nicht«, erwiderte sie trotzig. »Er ist geschäftlich unterwegs.« Auch sie wurde geschlagen.

Der Offizier drückte wütend seine Zigarette aus und zeigte auf die Fußeisen. Die Soldaten an der Tür kamen und ließen sie um unsere Fußgelenke zuschnappen. Das Metall war kalt. Es war auch schwierig, mit starr verbundenen Beinen zu stehen, und für einen Augenblick drohte ich vornüberzufallen, doch diesen Spaß gönnte ich ihnen nicht und hielt mich mit angespannten Beinen aufrecht.

»Solange ihr nicht gesteht«, sagte der Offizier und erhob sich, »werdet ihr so angeschirrt bleiben wie blödes Vieh.«

Tamdin machte ein paar ungeschickte Schritte auf ihn zu. Mit hoch erhobenem Kopf sagte sie: »Was für ein mächtiges Land ihr doch seid – wehrlose Frauen anketten!« Dann wedelte sie mit ihrer Chuba in seine Richtung und wandte sich mit einem »Ha, ha, ha« zur Tür. Das Eisen zwischen ihren Füßen klirrte über den Boden.

Der Offizier konnte nicht wissen, dass dieses Wedeln mit der Chuba eine Gebärde des Abscheus war und ihm Unglück bringen würde. Trotzdem ärgerte es ihn. Er winkte uns weg, machte auf dem Absatz kehrt und stolzierte aus der Tür. Tamdin folgte ihm mit taumelnden Schritten zwischen den beiden Soldaten, erhobenen Hauptes. Ich ging langsam hinterdrein.

Wir wussten damals nicht, dass wir die Eisen über ein Jahr tragen würden.

Von da an mussten wir ständig »Kampfsitzungen« über uns ergehen lassen. Dazu kamen etliche Wachen in unser Zimmer, und Tamdin und ich mussten uns vor sie hinknien. Die übrigen Insassen stellten sich dann rings um uns auf und hatten den Befehl, uns zu verhöhnen und sogar zu schlagen. Es ging dabei um unser Geständnis, und die Lieblingsmethode der Chinesen schien darin zu bestehen, die Gefangenen gegeneinander aufzuhetzen. Zwei der Frauen ließen sich etwas einfallen, das wie Schläge aussah, uns aber nicht wehtat. Danach begann das Verhör.

»Wer ist in eurer Organisation der beste Mann?« »Wie habt ihr eure Männer zusammenbekommen?« »Wo habt ihr euren Besitz versteckt?«

Unter Zwang gab ich Antworten, die ich schon früher gegeben hatte. Nie erfuhren sie von mir noch etwas darüber hinaus. Wenn sie mich schlugen, ruckte ich so heftig zur Seite, dass ich sie manchmal mit dem Kopf am Bein traf. Das brachte sie noch mehr auf.

Mit ihren Ruten droschen sie auf uns ein. Wir knieten einfach da und ließen sie sich austoben. Schlimmer kann es eigentlich nicht mehr werden, dachte ich. Sie haben uns alles genommen, sie haben unser Leben zerstört, sie haben unsere Leute geschlagen und ermordet. Was kann noch passieren? Sie um Vergebung zu bitten kam nicht in Frage. Und so empfand ich zwar den körperlichen Schmerz, aber kein seelisches Leiden. Ich war dann anderswo, ich machte mir Gedanken, was aus meiner Mutter, meiner Großmutter, meiner Tante geworden sei.

Wenn die Kampfsitzungen vorbei und die Wachen wieder gegangen waren, zeigten sich die anderen Frauen voller Bewunderung, dass wir die Schläge ohne einen Laut erduldet hatten. Sie wagten aber nicht, uns in die Arme zu nehmen, denn Berührungen waren nicht erlaubt. Aber sie trösteten uns doch nach besten Kräften. »Lasst den Kopf nicht hängen«, flüsterten sie, »eines Tages seid ihr beide wieder frei.«

Ich war im Gesicht und am ganzen Körper blau geschlagen. Die Schläge machten mich wütend, doch ich münzte meine Wut in Gebete um. Ich betete um die Schmerzen all derer, die so leiden mussten. Lass mich ihre Schmerzen tragen. Lass mich diejenige sein, die an ihrer Stelle leidet.

Ich war von 1961 bis 1963 im Deyong Nang. In diesen Jahren wurden China und Tibet von einer großen Hungersnot heimgesucht. Wir hörten von Missernten und erfuhren außerdem, dass der »Große Sprung nach vorn« zu Auseinandersetzungen mit Ländern führte, die China bisher mit Getreide versorgt hatten. Deshalb beschlagnahmten die Chinesen das tibetische Getreide zur Versorgung ihrer Truppen oder um es nach China zu transportieren. Es hieß, in China seien bereits Millionen verhungert, und in Tibet hungerten Zehntausende.

Auch die Gefängnisse blieben von der Nahrungsmittelknappheit nicht verschont. In einem Tempel ganz in unserer Nähe waren über fünfhundert tibetische Gefangene untergebracht, von denen im Laufe der nächsten beiden Jahre beinahe täglich einige starben.

Später erfuhr ich, dass die Leichen in eine Schlucht hinter dem Kloster geworfen wurden. Da häuften sich aber die Leichen so sehr, dass man bald dazu überging, sie in die Flüsse Zachu und Ngomchu zu werfen. Die Hunde und Geier wurden mit den Leichen in der Schlucht nicht fertig, und es entwickelte sich ein Verwesungsgestank, der es jahrelang unmöglich machte, an den Rand der Schlucht zu treten.

Mit der Zeit gewöhnte ich mich an den Tagesablauf in Deyong. Ich lernte auch, mit dem Eisen zwischen meinen Beinen zu gehen. Ich stopfte Tuchfetzen unter die Fußschellen, dann waren sie nicht mehr so kalt und rieben weniger. Mit langsamen schlurfenden Schritten konnte ich mich recht gut bewegen. Immer noch gab es Kampfsitzungen, doch wir hatten jetzt ein wenig mehr Freiheit und durften allein zur Toilette gehen.

Das war ein kleiner Holzverschlag mit Sitzbalken über einer Grube. Der Weg zum Abtritt und zurück war die einzige Gelegenheit, Leuten zu begegnen, die nicht im eigenen Zimmer untergebracht waren. Hier konnte man, wenn die Wachen gerade mal nicht hinschauten, ein paar Worte wechseln.

Einmal begegnete ich auf dem Weg zur Toilette einem jungen Mann, dessen Gesicht so schrecklich verschwollen war, dass ich seine Augen nicht sehen konnte. Seine Beine sahen wie mit Wasser gefüllt aus. Er rief leise: »Ashe!« Die Stimme kam mir bekannt vor, aber das Gesicht nicht.

»Wer bist du?«, fragte ich ihn. »Kenne ich dich?«

»Ich bin Phurba«, sagte er.

Ich hatte in Lemdha einen Phurba gekannt. Der war schön und flott gewesen, etwas von einem Leoparden hatte er gehabt. An diesem Mann hier war nichts von dem Phurba, den ich kannte. Mir stockte der Atem. »Was ist passiert?«, fragte ich.

»Ich schlafe schon eine Weile nicht mehr«, sagte er. Mit seinen geschwollenen Lippen konnte er kaum die Worte formen. »Ich sehe nicht gut, und in meinen Ohren ist ständig ein lautes Rauschen.«

»Das ist eine Wind-Störung«, sagte ich. Die Symptome kannte ich nur zu gut. »Das ist, weil du nicht genug zu essen bekommst.« Ich hätte ihm gern etwas gegeben, aber ich besaß nichts und konnte ihn nur kurz am Arm berühren.

Als ich am nächsten Tag zur Toilette ging, war er nicht da. »Phurba ist ins Lazarett gekommen«, erzählte mir jemand. Wer dort eingeliefert wurde, war dem Tode nahe, so viel wusste ich. Wie konnte ich etwas Essbares für ihn beschaffen?

Am Abend sprach ich eine Frau an, die draußen in einer Mühle arbeitete. Ich bot ihr einen kleinen Dzi-Stein – einige dieser Steine hatte ich stets an meinem Körper verstecken können –, und dafür sollte sie versuchen, ein wenig Fleisch zu besorgen.

Nach einigen Tagen nahm sie mich abends, als sie von der Arbeit zurückkehrte, beiseite und gab mir ein kleines Stück

Fleisch. »Mehr konnte ich nicht bekommen«, sagte sie. »Ich habe einen der Arbeiter bestochen.«

Ich tat so, als wollte ich zur Toilette gehen, suchte aber stattdessen die Krankenstation auf und bat einen der dort arbeitenden Gefangenen, Phurba das Fleisch zu geben. Von der Tür her hörte ich Phurba stöhnen. Tage später erfuhr ich, dass er gestorben war. Seine Leiche wurde zu den anderen hinter dem Lazarett geworfen. Am nächsten Tag kam ein Lastwagen und nahm sie mit. Noch zwei andere junge Männer aus Lemdha starben den gleichen Tod.

Gegen Ende meiner Zeit im Deyong Nang sah ich Dekyong wieder. Es war Abend, und ich befand mich auf dem Rückweg von der Toilette, als ich zwei Wächter mit einer Gruppe Frauen und Kinder herankommen sah. Als sie näher kamen, erkannte ich Dekyong und ihre Mutter unter ihnen. Ihre Chubas waren zerlumpt und gingen aus den Nähten, ihre Gesichter waren bläulich und wie verbrannt. Von ihrer einstigen Ausstrahlung war nichts mehr vorhanden. Sie sahen aus wie gewöhnliche Bettlerinnen.

Wegen der Wachen konnte ich nichts sagen, als wir aneinander vorbeigingen. Dekyong sah mich und schrie leise auf, ging aber mit den anderen weiter und verschwand im nächsten Gebäude.

Am nächsten Tag traf ich sie auf dem Weg zur Toilette. Wir wagten es nicht, uns zu umarmen, doch mit Blicken sagten wir einander, wie wir fühlten.

»Wir sind auf dem Weg nach Indien gefasst worden«, flüsterte sie. »Wir waren schon im Dorf Zayul und konnten von der Passhöhe aus die indischen Soldaten an der Grenze patrouillieren sehen. Beim Abstieg haben uns die Chinesen gesehen und gefangen genommen. Wir waren so nahe am Ziel und haben es nicht erreicht.

Wir haben uns gesagt, dass Gefangenschaft besser ist, als zu verhungern. Wir hatten seit Wochen nichts zu essen gehabt. Ein paar Tage vor unserer Festnahme waren wir auf die Leiche eines Mannes gestoßen und hatten etwas von seinem Fleisch gegessen. Wir hatten keine andere Wahl.«

Die nächsten Wochen trafen Dekyong und ich uns auf diese Weise öfter und konnten manchmal ein paar Worte wechseln, wenn niemand in der Nähe war. Wir erzählten uns von Flucht und Gefangennahme, von den Gefängnissen, in denen es uns besonders schlimm ergangen war.

»Draußen«, sagte Dekyong, »hätten wir genauso leiden müssen. Sollten wir je wieder in unsere Heimat kommen, werden die Chinesen uns bestimmt foltern. Den Tod fürchte ich nicht, aber die Folter.«

Einen Monat nach unserer Wiederbegegnung wurden wir alle von den Wachen nach draußen gerufen. Man sagte uns, dass alle, die aus der Gegend östlich des Yangzi kamen, dort auch künftig in einem Gefängnis untergebracht werden sollten. Dekyong wurde aufgerufen, ihre Mutter ebenfalls.

Es geschah so plötzlich.

Sie stand zwei Reihen vor mir. Als sie ihren Namen hörte, wandte sie sich um, Entsetzen in den Augen. Ein Wächter packte sie am Arm. Ich sah, dass sie weinte. »Dekyong!«, rief ich. Der Wächter stieß sie weiter. Sie stolperte. Er stieß sie noch einmal.

Ich drängte mich durch die anderen vor mir und versuchte sie noch zu erreichen. Ein Wächter sah es und verstellte mir den Weg. Ich versuchte gewaltsam vorbeizukommen, doch er hielt mich fest. Fast erreichte ich sie, aber es gelang mir nicht mehr, sie zu berühren.

Sie drehte sich um und rief: »Wir werden uns wiedersehen. Gib die Hoffnung nicht auf.«

Aber ich habe sie nicht wiedergesehen. Ich erfuhr später, dass sie nicht ins Gefängnis kamen, sondern hierhin und dorthin gebracht wurden. Sie mussten furchtbare Kampfsitzungen über sich ergehen lassen, wurden verhöhnt und geschlagen. Einige Monate später starben sie den Hungertod.

In den Tagen nach der Trennung betete ich, wann immer es möglich war. Ich betete für Dekyong und ihre Mutter. Ich betete für Mama, Anya und Ani Rigzin. Ich betete für alle Lebewesen, dass keines von ihnen leiden möge.

Bewahre die Wesen vor allen Übeln,
erspare ihnen gefährliche Pässe,
halte sie von den niederen Bereichen fern,
bringe sie ins Land der Freiheit.

Ich dachte an all das Leiden und Sterben ringsum, an alles, was ich gesehen hatte. Gyalse Rinpoches Worte fielen mir ein: »Beim Sterben ist die Kraft deines Gutseins dein einziger Schutz.«

Wir hungerten weiterhin. Oft dachte ich an Mamas Essen. Dicke, kräftige Suppen, glänzende Nudeln, mit Wurststückchen bedeckte Kartoffeln, gedämpfte Klöße, süßes Brot. Ich dachte an all den Reichtum, den wir einst besessen hatten, das Silber, das Gold, die Schmuckstücke. Ein ganzes Haus voller Reichtümer hätte ich hergegeben für etwas zu essen.

Die Monate vergingen im stets gleichen Rhythmus. Mit Kampfsitzungen und mit Hunger. Viele meiner Freunde waren von den Schlägen zermürbt und starben.

Dann erschien eines Tages ein Soldat in der Tür unseres Zimmers und rief: »Pachen Dolma, Tamdin Chökyi, fertig machen zum Abmarsch!« Tamdins Kinder begannen zu weinen. Sie liefen zu ihrer Mutter und hielten sich an ihr fest. Ein Wächter nahm sie am Arm und zog sie weg.

»Mama, Mama«, weinte ihr kleiner Sohn. Er zog an ihrer Chuba und versuchte sie zu halten. Doch der Soldat wandte sich um und schubste ihn weg. Ich hörte seine Schreie noch, als wir durch das Tor gingen.

Mamas Gesicht schien vor mir auf. Ich legte es beiseite und ging weiter.

Vor dem Tor wartete ein riesiger offener Lastwagen. Ein Soldat ließ eine hölzerne Rampe herunter. Über die sollten wir auf die Ladefläche steigen. Sie war sehr steil, und das Eisen grub sich mir in die Fesseln, während ich mich in kleinen Schritten hinaufmühte. Es war schwer, und ich stolperte, aber mit der Hilfe anderer Gefangener, die schon oben waren, schaffte ich es.

Viele der Anführer und Lamas, die ich in der großen Versammlungshalle hatte zurücklassen müssen, waren auf dem Lastwagen. Ich freute mich, sie wiederzusehen, und die Freude erleichterte mir den Abschied ein wenig. Tamdin Chökyi schwieg, denn für sie, so viel wusste ich, war es anders.

Silthog Thang war ein besonders sicheres Gefängnis, wohin man die brachte, die besonders schwerer Verbrechen bezichtigt wurden. Es lag auf der anderen Flussseite, zwischen Zachu und Ngomchu. Schon von weitem sahen wir die Menschen hinter den Drahtzäunen stehen.

Doch erst aus der Nähe erkannten wir, dass sie kaum noch Fleisch am Körper hatten. Die Gesichtshaut spannte sich straff über die Knochen, die Augen waren tief eingesunken, die Wangen hohl – beinahe Totenschädel. Aber mehr noch fielen mir ihre Arme und Hände auf. Wie Stöcke, die kraftlos an ihnen herunterhingen. Einer der Männer hob den Kopf und sah mich an. Als ich ihm in die Augen blickte, durchfuhr es mich.

Seine Augen waren vollkommen leer, wie zwei Höhlen in seinem Gesicht. Bei anderen wirkten die Augen groß wie Seen und schienen das einzige noch Lebendige an ihnen zu sein.

Hinter den hohen Zäunen standen keine Häuser, nur Zelte. Reihe um Reihe. Tamdin und ich wurden zu einem Zelt gebracht, in dem schon zehn andere Frauen waren. Eine Frau kam aus Chamdo Thel, andere waren bei der Flucht aus Lhasa gefasst worden.

Keine dieser Frauen trug Fußeisen wie wir. Allerdings hatte ich Männer mit Ketten gesehen. Viele Männer trugen Fußketten. Die schleiften am Boden, und die Luft schien mit ihrem Klirren angefüllt.

Silthog Thang war feucht und kalt. Es war Winter, als wir ankamen, eine Zeit, in der die Sonne nur am Vormittag eine Weile schien, bevor sie hinter den Bergen verschwand. Vom nahen Fluss stieg kalter Dunst auf und hing über den Zelten.

In der ersten Nacht fror ich schon, als ich auf die Holzunterlage stieg, die ich mit Tamdin teilen musste. Sie war so schmal, dass gerade zwei nebeneinander liegen konnten. Das Zelt hatte viele Löcher, und die ganze Nacht blies der Wind von allen Seiten herein. Es wurde kälter und kälter, bis ich dachte, es gebe ganz sicher keinen noch kälteren Ort. Ich trug dieselbe Chuba wie vor drei Jahren bei meiner Festnahme, und sie war inzwischen völlig abgewetzt.

Die Eisen an meinen Füßen waren wie Eis, und nach einer Weile begannen sie zu brennen, als glühten sie. Ich versuchte mich nach links und nach rechts zu drehen in der Hoffnung, vielleicht eine weniger empfindliche Seite der Kälte auszusetzen, doch die Eisen an den Beinen und die dicht an mich gedrängte Tamdin machten eine Drehung unmöglich. Eine Ahnung von Wärme spürte ich nur an der Seite, die Tamdin berührte. Überall sonst war es unerträglich kalt.

Die ganze Nacht versuchte ich zu beten. »Heiliger Rinpoche, sieh mit Liebe, Mitgefühl und Erbarmen auf alle Wesen, die ohne Zuflucht oder Schutz sind. Gib ihnen Geborgenheit und führe sie zur Freiheit.«

»Pachen Dolma! Tamdin Chökyi! Raustreten!« Es war sehr früh am Morgen, noch niemand aufgestanden. Meine Beine waren steif von der Nacht, und ich konnte mich kaum bewegen.

»Los, los!« Es raschelte an der Zeltklappe, und ein Wächter blickte herein. »Pachen Dolma, Tamdin Chökyi, wird's bald!«

Ich trieb noch in der Weite der Nacht, und mir war zumute, als hätte ich noch nicht wieder feste Form angenommen. Ich versuchte alle Kräfte wie einen Schild um mich zusammenzuziehen, denn es war klar, was jetzt kommen musste. »*Om Mani Peme Hung*«, flüsterte ich, als ich mich aufrichtete. Doch wie sehr ich mich auch mühte, ich kam nicht richtig zu mir.

Ich sah Tamdin an, die neben mir saß. Unsere Blicke trafen sich, als wollten sie sagen: Was können sie uns denn *noch* antun? Immer noch gegen den Nebel ankämpfend, ließ ich mich unsicher von unserem Bett herab.

Der Wächter führte uns zwischen den Zeltreihen hindurch zu einem kleinen Betonbau. Ich holte tief Luft und schloss die Augen, bevor ich ihm nach drinnen folgte. In mir sprach ich die Worte: »Möge mein Schmerz an die Stelle der Leiden anderer treten.«

Drinnen saß ein chinesischer Soldat hinter einem kleinen Tisch. Zwei weitere hatten sich zu beiden Seiten aufgestellt. Diesmal war jedoch kein Übersetzer da, jedenfalls sah ich keinen.

Der Mann am Tisch zeigte auf uns. Die beiden anderen Soldaten kamen langsam um den Tisch auf uns zu. Sie beugten sich herunter und langten nach meinen Füßen. »*Om Mani Peme Hung.*« Wieder atmete ich tief durch.

Ich zuckte zusammen, als ich Hände an meinen Fußgelenken spürte. Vielleicht würden sie daran reißen, vielleicht würde ich Tritte oder einen Schlag in den Bauch bekommen. Doch dann kam ein Geräusch wie von einem Schlüssel im Schloss, und die Fußeisen lösten sich.

Das Gleiche geschah danach mit Tamdin. Ich wartete, ob sonst noch etwas kommen würde. Doch der Mann am Tisch deutete lediglich zur Tür, und wir wurden nach draußen gebracht.

Nach einem ganzen Jahr eingeschränkter Bewegungsfreiheit der Beine wusste ich jetzt nicht mehr, wie man ohne Fußeisen läuft. Es war eine erschreckende Empfindung – als fehlte ein Körperteil! Bei jedem Schritt warteten die Beine auf den vertrauten Zug und schossen infolgedessen vorwärts, als hätten sie einen ganz eigenen Willen. Etliche Male verlor ich so das Gleichgewicht und ging anfangs immer nur ein paar Schritte, weil ich zu fallen fürchtete.

Als wir wieder in unserem Zelt waren, überwältigte mich eine große Freude. Ich fühlte mich wie ein aus seinem Käfig entlassener Vogel. Wir hatten nichts gestanden, und es gab kein Wort der Erklärung für das Lösen der Fußeisen. Ich konnte mir nur denken, dass es wohl irgendwie mit meinem alten Karma zu tun haben müsse. Vielleicht hatte ich genügend gelitten, um einige meiner Sünden zu tilgen.

Zugleich betete ich, dass meine Leiden andere vor solchen Leiden bewahren mögen. Ich betete inbrünstig, dass kein Mensch auf dieser Welt, auch nicht im Schneeland Tibet, je wieder so leiden müsse, wie ich gelitten hatte. Unter solchen Gebeten fand ich langsam, langsam Frieden.

Tamdin und ich mussten uns jetzt nach der Entfernung der Eisen den anderen Frauen zur Arbeit anschließen. In einer Ecke des Lagers lag der Waschplatz. Hier waren Holzroste ausgelegt, und daneben wurde die Wäsche auf einer großen Herdstelle gekocht.

Wir begannen mit der Arbeit, sobald wir unser Frühstück, zwei kleine Klöße, verzehrt hatten. Wenn wir den Waschplatz erreichten, ging gerade die Sonne auf, und es konnte um diese Tageszeit empfindlich kalt sein. Wir arbeiteten dann bis zum Einbruch der Dunkelheit. Die Wächter waren streng, aber wenn sie sich gerade mal nicht in der Nähe aufhielten, konnten wir uns einen Augenblick setzen. Ansonsten waren wir außer zum Essen stets auf den Beinen.

Jeden Tag brachten die Wächter die Wäsche der chinesischen Soldaten. Manchmal waren auch Kleidungsstücke der Gefangenen darunter. Die waren dann voller Läuse, die wir erst einmal abbürsteten, damit sie nicht mitgekocht wurden. Das durften freilich die Wächter nicht sehen, sie hätten uns dann religiöser Handlungen bezichtigt. Manchmal konnten wir die Läuse nicht abbürsten und mussten sie mitkochen. Sie färbten sich rot und schwammen obenauf. Jedes Mal blieb dieses Bild mir tagelang vor Augen.

In einem anderen Teil von Silthog Thang waren Gefangene untergebracht, denen die Chinesen vorwarfen, sie »besserten« sich nicht genügend. Das bedeutete, dass sie dem Dalai Lama treu blieben und keinen Hehl aus ihrer Meinung machten, dass er eines Tages nach Tibet zurückkommen werde, dass Tibet wieder frei sein werde und die Chinesen hinausgeworfen würden.

Wer dagegen seinen Glauben an das kommunistische China bekundete, wurde mit einer Zahnbürste, einem Handtuch oder einer Mao-Bibel belohnt. Wer den Eindruck eines wirklich Bekehrten machte, konnte mit einer Kürzung seiner Strafe um etliche Jahre rechnen. Wer sich nicht bessern mochte, wurde irgendwann hingerichtet.

Einmal wurden wir alle auf dem Versammlungsplatz zusammengerufen. Sechs Gefangene mussten ein Podest vor uns besteigen. Einer von ihnen war ein junger Lama namens Gyalwa Yungdrung. Ich hatte ihn während meiner Flucht in den Bergen von Naru getroffen und war von seiner Wortgewandtheit und seiner leidenschaftlichen Bereitschaft zur Verteidigung Tibets beeindruckt gewesen.

Ich erkannte ihn aber erst, als sein Name aufgerufen wurde, denn sein Gesicht war schwarz und blau geschlagen. Er hatte sich mit gesenktem Blick und wortlos vor uns hinzustellen. Ein Offizier stellte sich neben ihn. »Er ist ein Verräter.« Seine Worte klangen eher wie ein tiefes Husten. »Er ist ein imperialistischer Spion, ein Werkzeug der revisionistischen Kräfte.«

Bei diesen Worten hob Gyalwa Yungdrung mit sichtlicher Mühe den Kopf, streckte einen Arm in die Luft und rief: »Mögen sich die Leiden aller Gefangenen auf mir versammeln! Lang lebe der Dalai Lama! Es gibt ein freies Tibet!«

Der Offizier fuhr herum und stopfte ihm einen Tuchfetzen in den Mund. Zwei Soldaten traten heran. Sie hoben ihre Gewehre. Gyalwa Yungdrung sah geradeaus, sein Blick schien in weite Ferne zu gehen. Ich glaubte seine Lippen Gebete formen zu sehen. »Bete zum Erhabenen«, flüsterte ich. Zwei Schüsse fielen. Gyalwa Yungdrung sackte zur Seite. Sein Hirn bespritzte noch die Gefangenen neben ihm. Ich schloss die Augen.

Gyalse Rinpoches Gesicht erschien vor meinem inneren Auge, voller Güte und Mitgefühl. Er beugte sich zu mir hin, und seine Augen blickten liebevoll und lichtvoll in meine.

Mit immer noch geschlossenen Augen hörte ich, wie die Leiche mit hohem Poltern die Holztreppe hinuntergezerrt wurde. Ein Lastwagen fuhr weg. Dann die Stimme des Offiziers: »So wird es jedem von euch ergehen, wenn ihr euch nicht bessert.«

Einige Wochen später wurde Tamdin Chökyi entlassen. Den Grund sahen viele darin, dass ihr Mann schließlich doch gefasst worden war; auf ihn hatten sie es abgesehen, nicht auf Tamdin. Mich hielten sie jedoch weiterhin fest. »Du warst eine Anführerin«, sagte man mir.

Tatsächlich ging es wohl weniger um meine eigenen Taten als vielmehr um die Rolle meines Vaters im Widerstand, um die Pläne, die er vor seinem Tod noch entworfen hatte. Ich hatte ja nur einiges davon auszuführen versucht. Doch nach einer Weile hielten die Chinesen diese Dinge nicht mehr so recht auseinander, und aus Pflichtgefühl ihm und meinem Land gegenüber trug ich die Verantwortung, als wäre es tatsächlich meine eigene.

Ich wurde in einen Bereich von Silthog Thang verlegt, der Lokheschu hieß. Hier standen verputzte Ziegelbauten um einen Hof. In den Gebäuden lagen die Räume einer hinter dem anderen an einem Gang, und in jedem waren fünfzehn Gefangene untergebracht. Die leicht erhöhten Betten bestanden aus festgeklopfter Erde, und gegenüber der Tür gab es ein kleines Fenster. Die Toilette befand sich vor dem Hauseingang. Wie in den Zelten gab es keinerlei Bettwäsche oder Zudecken, nur das, was wir am Leibe trugen.

Die Frauen in meinem Zimmer waren einer Arbeitseinheit zugeteilt. Jeden Morgen verließen wir das Lager im Gänsemarsch durch das Tor. Manche hatten die Felder von Steinen zu säubern, andere fertigten Ziegel und wieder andere bauten daraus neue Zellen.

Es war schwere Arbeit, denn wir hatten nie genug zu essen. Viele suchten bei der Arbeit auf den Feldern nach Würmern und Insekten. Beim Graben stieß ich manchmal auf Wurzeln, die ich dann in meiner Chuba versteckte, bis ich wieder im Zimmer war und sie essen konnte.

Einmal stieß ein Gefangener abends nach dem Bewässern der Felder auf einen Pferdekadaver. Da er kein Messer besaß, hackte er mit einem Stein darauf ein. Schließlich entstand ein Loch, das groß genug für seine Hand war, und er begann in sich hineinzuschlingen, was er zu fassen bekam. Erst als der gröbste Hunger gestillt war, fiel ihm der üble Fäkaliengestank auf. Doch der Hunger war so groß, dass er alles, was er an Eingeweiden herauszerren konnte, aufaß. Am nächsten Tag wurde er krank, und ein paar Tage später war er tot.

Jedes Jahr mussten wir für ein bis zwei Monate ein Umerziehungsprogramm über uns ergehen lassen, das die Chinesen »Winteranfangs-Schulung« nannten. Sobald die Schulung von den Wächtern angekündigt wurde, begannen die Frauen in meinem Zimmer über die Leiden zu jammern, die uns jetzt bevorstanden. Und je näher der Beginn rückte, desto bekümmerter wurden sie: Wen würden sie verlegen, wen bestrafen, wen töten?

Die Schulung begann am frühen Morgen. Gefangene aus verschiedenen Zellen wurden auf den Hof geführt. Vor uns saßen vier Chinesen von höherem Rang auf Stühlen, hinter uns standen Soldaten mit dem Gewehr in der Hand.

Ein kleiner dicker Offizier mit tief in die Stirn gezogener Schirmmütze stand auf. »Bei dieser Winteranfangs-Schulung geht es darum, dass ihr eure tatsächliche Lage erkennt und umdenkt.« Er kam ein paar Schritte auf uns zu und sagte: »Viele von euch halten unbelehrbar an euren leeren Glaubenssätzen fest, aber was hat eure Religion euch denn genützt? Wo sind eure Götter und Geister jetzt? Und wo ist der Dalai Lama? Er ist mit eingezogenem Schwanz geflohen und hat euch im Stich gelassen. Jetzt herrscht Streit zwischen ihm und anderen Tibetern in Indien. Sie fallen übereinander her wie Hunde.«

Bei so viel bösartiger Verleumdung wäre ich am liebsten aufgesprungen, um dem Offizier mitten in seine runde, widerliche Visage zu schlagen. Wangzin legte mir gerade noch die Hand auf den Arm, um mich zurückzuhalten. Ich spie auf den Boden.

Der Offizier fuhr fort: »Zunächst geben wir euch Gelegenheit, Verbrechen zu gestehen, die ihr noch nicht gestanden habt. An welche leeren Hoffnungen klammert ihr euch immer noch? Mit was für abergläubischen Praktiken befasst ihr euch? An welche Regeln habt ihr euch nicht gehalten? Wie habt ihr dem Mutterland mit übler Nachrede zu schaden versucht?« Bei dieser Aufzählung ging er vor uns auf und ab und deutete theatralisch mal auf diesen, mal auf jenen.

»Zuerst müsst ihr eure eigenen Verbrechen gestehen und dann von den Vergehen anderer berichten. Bei welchen Verbrechen habt ihr sie beobachtet? Hoffen sie auf die Rückkehr des alten Tibet? Wenn ihr nicht wenigstens ein paar Worte über andere zu sagen habt ...« – er unterbrach sich und machte ganz schmale Augen –, »werden wir diesen Umstand selbst als ein Verbrechen werten.«

Nach dieser Ansprache wurden wir wieder in unsere Zimmer geschickt, wo wir uns im Kreis auf den Boden setzen mussten. Dann begann die Kampfsitzung. Zuerst die Geständnisse: »Ich bekenne, dass ich eine Kugel Tsampa mehr genommen habe, als mir zustand.« »Ich bekenne, dass ich weniger als mein Soll an Steinen getragen habe.«

Danach die Demütigungen, Verhöhnungen und Schläge.

Ich sagte nie etwas über andere. Schläge konnte ich ertragen, aber schlecht von anderen zu sprechen, das hätte ich nicht ertragen. Ich schwieg, wenn ich zu Beschuldigungen anderer aufgefordert wurde, auch wenn ich damit immer mehr Schläge auf mich zog. Die meisten Leute aus Kham waren so.

Nach der Sitzung gaben sie uns eine »tibetische« Tageszeitung zu lesen. Wir wurden gefragt, ob wir Vorschläge oder Beschwerden vorzubringen hätten. Dann sagten sie: »Lest den Artikel über Amerika und die Ausbeutung der Massen durch Amerika. Das sind völlig gewissenlose Imperialisten. Und von solchen Leuten wünscht der Dalai Lama sich Hilfe.«

Danach brachten sie uns noch Spottlieder über Amerika bei.

Mich und viele andere Gefangene hielt nur eines aufrecht: unsere Religion. Wir glaubten, dass der Dalai Lama und alle Exiltibeter eines Sinnes seien und eines Tages nach Tibet zurückkehren würden. Wenn wir also zu Geständnissen aufgefordert wurden, sprachen wir nie vom Dalai Lama oder von Tibet, sondern gestanden den Bruch irgendeiner der zahllosen Lagerregeln.

Ein Teil der Winteranfangs-Schulung nannte sich »Zerstörung des Alten und Einrichtung des Neuen«. Das schlichte Ziel war, alles zu zerstören, was mit unserer alten Kultur zu tun hatte, und an seine Stelle einfach die Vorgehensweisen des kommunistischen China zu setzen.

Dabei hatten sie es ganz besonders auf mich abgesehen als eine, die unbelehrbar und »rückwärts gewandt« an überholten Glaubenssätzen festhielt. Sie warfen mir »Unterdrückung der progressiven Kräfte des Landes« vor, denn sie kannten meine Einstellung gegenüber Tibetern, die für die Chinesen arbeiteten. Doch sie mochten sich anstrengen, wie sie wollten, ich sagte einfach nicht das, was sie von mir hören wollten. Ich wollte nicht wie der Käfer Bu Nyima sein, der seinen Kopf immer in Richtung Sonne dreht.

Und eines Tages, als sie mich wieder verhöhnten, schrie ich: »Wie könnt ihr das Erziehung nennen? Im Gefängnis kann man nicht erziehen. Es ist Indoktrination und sonst gar nichts!«

An dem Tag wurde ich noch schlimmer geschlagen als sonst.

Als die »Lehrer« mit mir fertig waren, warfen sie mir eine Art Fußangel vor die Füße. Ich dachte schon, ich würde wieder Fußeisen tragen müssen, was aber nicht der Fall war. Der kleine dicke Offizier sagte zu mir: »Deine Gefängnisstrafe ist um drei Jahre erhöht worden. Und du wirst die nächsten neun Monate in Einzelhaft verbringen.«

Sie öffneten vor mir eine kleine Holztür und stießen mich in den dahinter liegenden Raum. Ich stürzte in der Dunkelheit hin und fühlte den Lehmboden unter den Händen. Hinter mir wurde die Tür geschlossen. Mit dumpfem Knirschen drehte sich der Schlüssel. Ich erhob mich auf die Knie und versuchte zu erkennen, wo ich war, aber es blieb völlig schwarz um mich.

Feuchtigkeit drang durch meine Chuba unter den Knien. Ich zog mein Hemd aus und legte es unter mich. Ich tastete nach der Wand. Sie war ringsum recht nah. Der Raum maß nur etwas mehr als meine Körperlänge.

Mehrmals tastete ich die Wände ab wie eine Blinde, die sich in neuer Umgebung zu orientieren versucht. An der einen Wand hinunter, dann zur gegenüberliegenden und dort hinauf. Es war rauer Beton, feucht, wenn auch nicht so feucht wie der Boden. Hier und da waren Brocken aus der Mauer gefallen und Risse zogen sich zur Decke hinauf.

Ich stand auf, langsam, um nicht mit dem Kopf anzustoßen, und stellte fest, dass ich gerade stehen konnte. Ich setzte mich. Ich stand wieder auf. Ich ging ein paar Schritte hin, ein paar Schritte her. Feine rote Linien wogten vor meinen Augen. Ich hörte etwas wie das Sausen des Windes.

Als ich mich in eine andere Richtung wandte, wanderten die Linien mit, und das Sausen wurde lauter. Die Wände schienen näher zu rücken, die Decke zu sinken. Voller Entsetzen schlug ich die Hände vor den Mund. »Guru Rinpoche, hilf mir!«, rief ich.

Ich sank auf die Knie und begann zu weinen. »Mama, Papa, Ani Rigzin.« Ich sehnte mich so nach meiner Familie, nach meiner Heimat, nach Gyalse Rinpoche. Als ich nicht mehr weinen konnte, betete ich.

»Geliebter Lehrer, vertreibe die Finsternis des Nichtwissens wie ein großes Schiff, das den wüsten Ozean zum Festland der Freiheit überquert … Gib deine Liebe allen Lebewesen, als wärest du ihnen Vater und Mutter … Lindere wie ein Fluss des Erbarmens die Qualen derer, die im Kreislauf weltlichen Daseins gefangen sind … Erlöse die Wesen aller Bereiche. Mögen sie alle Freiheit erlangen.«

Am nächsten Tag stellte ich fest, dass die Zelle gerade groß genug für Niederwerfungen war. Ich fing gleich damit an, als der Wächter mein Frühstück gebracht hatte und die Tür wieder verschlossen wurde.

Ich stellte mich direkt an die Rückwand, hob die zusammengelegten Hände über den Kopf, berührte mit ihnen Mund und Brust und beugte mich nieder, um mich der Länge nach auszustrecken, die Hände über dem Kopf.

»Ehrfurchtsvoll werfe ich mich mit Körper, Rede und Geist nieder«, flüsterte ich dazu.

Wieder und wieder hob ich die Hände und warf mich zu Boden. »Möge das im Laufe vieler Leben angesammelte schlechte Karma, das jetzt diese Leiden verursacht, durch Gebete abgewaschen werden.« Um dies zu erreichen, gelobte ich, mich hunderttausendmal niederzuwerfen.

Alle zwei Tage brachte der Wächter mir etwas zu essen. Ich teilte es mir ein: eine flache Hand voll Tsampa am Morgen, das Gleiche noch einmal am Abend; am Nachmittag ein wenig gekochtes Gemüse und ein Bröckchen Knödel. Das waren pro Mahlzeit gerade zwei Mund voll, an manchen Tagen aus irgendeinem Grund etwas mehr.

Tage und Nächte waren gleich dunkel, ich konnte sie nur durch den Gesang der Vögel voneinander unterscheiden. Wenn sie ihre Stimmen erhoben, wusste ich, dass ein neuer Tag begann. Wie viel Tee in meiner Tasse war, konnte ich nur mit dem Finger feststellen.

In diesen neun Monaten hatte ich nur zu Chinesen Kontakt, und das war vor allem der Wächter, der mir das Essen brachte, von dem ich jedoch immer nur kurz die Hand sah, die meine Schale auf den Boden stellte. Dann und wann erschien ein anderer Chinese, sein Name war Tra Thang Dangiya, zusammen mit einem Dolmetscher an der Tür. Das war ein großer dünner Mann mit Brille, der immer etwas Ungeduldiges an sich hatte.

»Bist du bereit, deine Verbrechen einzugestehen?«, fragte er jedes Mal und tappte mit dem Fuß auf den Boden vor meinem Zimmer. »Wenn ja, dann kommst du früher wieder heraus. Wenn nicht, musst du bleiben.« Nach diesem immer gleichen Spruch stampfte er einmal mit dem Fuß auf, um zu verdeutlichen, dass er es ernst meinte. Ich gab nie eine Antwort.

»Wir werden dich hier anketten, und dann kommst du nie wieder heraus!«, schrie er mit vor Wut zuckendem Gesicht. »Du bist ein reaktionärer Dummkopf! Du bekommst hier Gelegenheit, dich zu läutern und die üble Lebensweise früherer Zeiten abzulegen – und du lässt sie einfach ungenutzt! Du bist wie die Schweine, die Abfall fressen, statt richtige Nahrung zu sich zu nehmen!«

Wenn er genug gedroht und geschimpft hatte, wandte er sich abrupt ab, und dann blieb ich wieder einen Monat lang allein. Einige Tage lang wurden mir dann allerdings die Rationen gekürzt.

Ich konnte nicht verhindern, dass meine seelische Verfassung sich von Monat zu Monat verschlechterte. Tagsüber, wenn ich mit den Niederwerfungen beschäftigt war, brauchte ich nicht zu denken. Doch nachher, wenn ich mich wie zerschlagen fühlte und nichts als diese Dunkelheit um mich war, kamen die Gedanken an die Heimat, an mein Zuhause. Meine Familie fehlte mir so sehr, dass die Traurigkeit zu körperlichen Herzschmerzen führte, als wäre mein Herz von einer kalten Hand fest umschlossen. Dann sehnte ich mich nur noch nach einer Berührung. Ich stellte mir das Gefühl von Mamas Haut an meiner vor, von Papas Hand auf meinem Kopf. Manchmal wurden die Bilder so klar, als wären sie Wirklichkeit.

»Sie wird die Wasserbehandlung brauchen«, sagte der Arzt, nachdem er bei mir die Windpocken festgestellt hatte.

Als er gegangen war, breiteten Mama und Papa eine Yakhaut am Boden aus, zogen mich aus und legten mich darauf. Mama legte mir ein wollenes Tuch übers Gesicht, Papa stand mit einem Eimer Wasser bereit. Als er eben zu gießen anfangen wollte, kam mein Onkel hereingestürzt.

»Nicht! Nicht!«, rief er. »Das ist doch nichts als Hexerei! Ihr wollt meine Nichte umbringen!«

Thupten und Tashi rangen ihn nieder und schlossen ihn in den Vorratsraum ein. Ich hörte ihn toben. Besteck fiel rasselnd zu Boden, Töpfe und Pfannen krachten an die Wände, und dazu schrie er: »Sie wollen meine Nichte umbringen!« Unterdessen spritzte mir kaltes Wasser ins Gesicht und stach wie Nadeln in all die Pusteln. Mir war kalt, und ich fühlte mich so allein.

Dann war plötzlich mein Onkel bei mir. Er hatte die Tür aufgebrochen. Er hob mich vom Boden hoch und wischte das Wasser mit der Hand ab. Er öffnete seine Chuba und steckte mich ganz sanft hinein. »So so, meine Kleine«, flüsterte er und wiegte mich in den Armen, »nicht weinen. So so, keiner tut dir etwas.«

Befremdliche Gestalten tauchten in der Dunkelheit auf und trieben davon. Ungeheuer mit vielen Köpfen und heraushängenden Zungen und bluttriefenden Lefzen. Wesen mit entsetzlich langen, scharfen Klauen. Geflügelte Schlangen, Feuer speiend. Leopardengroße Vögel mit spitzen Schnäbeln und Flügeln aus Stahl.

»Dorje Phurba«, betete ich zu meiner Beschützergottheit. »Bekämpfe diese Dämonen, beschütze mich.« Ich sah ihn vor mir in der Luft mit seinen drei Köpfen und sechs Händen, den herrlichen goldenen Schwingen und den Strahlen geschmolzenen Goldes, die seinem Herzen entströmten. Angreifer lagen geschlagen unter seinen Füßen. Und ich hörte Khale Rinpoche sprechen.

»Du betrachtest dieses zornige, rasende Wesen, und es geht in deinen Körper ein, um dich mit seiner Kraft zu erfüllen, sodass du alle Hindernisse, die dir den Weg zur Freiheit verstellen, vernichten kannst. Lass dich eins werden mit seiner Kraft und Macht. Er ist jetzt und für immer dein Beschützer.«

Je deutlicher ich ihn sah, desto mehr verblassten die anderen Wesen. Leuchtend stand er vor mir, in der Luft schwebend, und meine Angst verflog. In dieser Nacht schlief ich besonders gut.

Etwa nach der Hälfte meiner neunmonatigen Einzelhaft begann ich mir Sorgen zu machen, ob ich meine hunderttausend Niederwerfungen schaffen würde. Deshalb betete ich jeden Tag, bevor ich damit anfing, dass man mich nicht aus der Zelle holen möge, bevor ich die Zahl erreicht hatte. Und jeden Tag trieb ich mich an, noch mehr Prostrationen zu machen.

Da ich aber so wenig Nahrung bekam, begannen meine Kräfte nachzulassen. Einmal wurde mir bei den Niederwerfungen plötzlich schwindlig. Es war heiß in meiner Zelle, und ich bekam nicht genügend Luft. Ich taumelte und fiel hin. Als ich wieder zu mir kam, lag ich auf dem Toiletteneimer. Der wurde nur alle zwei Wochen geleert und wimmelte von Maden. Sein Inhalt hatte sich über mich und den ganzen Boden ergossen.

Am Abend, als ich Tee bekam, reichte er gerade aus, um mir darin die Hände zu waschen. Alles Übrige konnte ich erst Monate später bei meiner Freilassung waschen. Tagelang umschwärmten mich Fliegen und krabbelten auf mir herum. Ich tröstete mich mit dem Gedanken, dass ich immerhin weiter meine Niederwerfungen machen konnte. Ich betrachtete mein Leiden als Sühne für all das Böse, das über Tibet gekommen war.

Wenn ich nicht betete oder mich niederwarf, war ich sehr gedrückter Stimmung. Oder zornig. Um mit diesem Zorn fertig zu werden, begann ich zu visualisieren. Gyalse Rinpoches Worte fielen mir ein: »Es besteht kein Unterschied zwischen Freund und Feind. Wichtig ist, dass du sie gleich behandelst. Dein Feind ist dein Lehrer.«

Ich visualisierte meinen Vater zu meiner rechten, meine Mutter zu meiner linken Seite und unseren großen Feind, den Vorsitzenden Mao, direkt vor mir. Von meinem Vater bezog ich Kraft und Mut, von meiner Mutter liebevolle Fürsorglichkeit. Mao Zedong wählte ich, weil ich mir keinen sündenbeladeneren Menschen vorstellen konnte. Von ihm war die Zerstörung Tausender tibetischer Tempel und Klöster ausgegangen, und Tausende von Lamas hatten ihr Leben lassen müssen. Die Tibeter hungerten zu Zehntausenden, sie wurden geschlagen und getötet. Welche gewaltige karmische Last musste er sich aufgeladen haben. So hatte ich ihn also vor mir und betete, dass seine Sünden bereinigt werden mögen. Doch ich fand nie Freiheit von meinem Zorn; sobald ich mit dieser Übung aufhörte, war er wieder da.

Nach den neun Monaten erschien eines Tages ein Wächter an meiner Tür, und ich wurde entlassen. Ich hörte den Schlüssel im Schloss und erwartete die Hand zu sehen, die meine Schüssel auf den Boden stellte. Stattdessen ging die Tür ganz auf, und er trat herein. Er packte mich am Arm und zog mich hoch. Er stieß mich vor sich her zur Tür hinaus. Der Gang war schwach erleuchtet, aber für meine Augen doch zu hell. Die Wände fingen an, sich zu drehen, und ich hatte ein Klingeln in den Ohren und fiel vornüber. Es war ein Gefühl wie Schweben und Fallen gleichzeitig.

Der Wächter erwischte mich noch am Arm und brachte mich, mal ziehend, mal schiebend, zu einer Bank vor der Tür. Das Licht schlug mir wie Funken sprühendes Feuer in die Augen. Die Gebäude waren, wohin ich auch blickte, rot und verzerrt.

Eine Weile saß ich dort auf der Bank. Doch bald kamen andere Wächter. »Geh, geh, geh«, sagten sie, und ich musste weiter. Als ich in mein altes Zimmer zurückkam, fand ich dort niemanden vor; die anderen Frauen waren alle bei der Arbeit. Ich legte mich auf mein Bett und betrachtete die Umgebung. Meine Augen konnten nichts fokussieren, und ich ließ den Blick einfach in der Luft und im Licht schweben. Ich war so benommen, dass ich mir nicht einmal Gedanken über meine Entlassung aus der Dunkelhaft machen konnte. Mein Verstand akzeptierte die Veränderung als etwas Natürliches. Ich war isoliert gewesen und jetzt entlassen. Ganz einfach.

Beim Mittagessen wurde ich aufgefordert, mich mit den anderen, die von den Feldern gekommen waren, in der Reihe aufzustellen. Wie im Traum rückte ich mit den anderen vor. Aus jedem Essensnapf strahlte Licht, jeder Einzelne war von Regenbogen umgeben. Von allen ging ein überirdisches Strahlen aus.

Zwei Frauen aus meinem Raum nahmen mich beiseite, als gerade keine Wachen in der Nähe waren. Sie waren außer sich vor Freude, mich zu sehen. »Wir haben uns solche Sorgen um dich gemacht«, sagte Tsering Dolma. »Deine Tapferkeit hat uns angespornt. Alle haben deinen Mut bewundert, den Chinesen die Stirn zu bieten.« Ich sah ihnen an, dass sie so viel gelitten hatten wie ich. Sie hatten nicht allein in einer dunklen Zelle leben müssen, doch ansonsten war es für sie genauso schlimm gewesen.

Manchmal gelang es, Kassiber ins Lager zu schmuggeln. So wurde mir einige Monate nach der Entlassung aus der Dunkelhaft einmal ein Umschlag zugesteckt. Er kam von einer Frau, die mit mir in Silthog Thang gewesen war. Sie war in ein Arbeitslager verlegt worden und hatte Neuigkeiten von meiner Mutter. »Deine Mutter lebt«, schrieb sie, »und hält sich jetzt in der Nähe von Kongpo auf. Sie arbeitet dort als Köchin und Wäscherin für eine Familie.« Ich war wie vor den Kopf geschlagen von dieser unerwarteten Neuigkeit. Ich stellte mir vor, dass Mama, Ani Rigzin und Großmutter zusammenlebten. Tagelang vermochte ich an nichts anderes zu denken, als wie ich zu ihnen gelangen könnte.

Als ich dann erfuhr, dass einige Frauen aus meiner Abteilung nach Kongpo verlegt werden sollten, wandte ich mich an die Lagerleitung. Ich sagte, ich hätte die gleichen Verbrechen begangen wie diese Frauen und sei eine gute Arbeiterin und sie würden es ganz bestimmt nicht bedauern. Immer wieder bettelte ich, bis man schließlich zustimmte.

Auf dem Weg nach Kongpo machten wir für die Nacht in einem Tempel Halt, der jetzt als Gefängnis verwendet wurde. Es war später Nachmittag, die Luft noch feucht von den Regengüssen, die es an diesem Tag gegeben hatte. Es ging ein leichter Wind, und der Duft von frischem Gras und feuchter Erde brachte mich auf den Gedanken, dass wohl Frühling sein müsse. Seit Monaten hatte ich überhaupt nicht mehr an Jahreszeiten gedacht, und ich blieb einen Augenblick vor dem Lastwagen stehen, um die Frühlingsluft zu genießen.

Ich stand an der Klostertreppe und sah eine Gruppe von der Feldarbeit zurückkehrender Männer. Einer von ihnen fiel mir auf. An der Linie der Nase und des Kinns erkannte ich Khale Rinpoche, auch wenn er viel älter und gebeugter wirkte, als ich ihn in Erinnerung hatte.

»Rinpoche!«, schrie ich unwillkürlich auf. Er blickte zu mir herüber, und ich sah den Widerschein des Erkennens in seinen Augen. Er neigte leicht den Kopf und ging mit den übrigen Männern weiter.

Später nach der Abendmahlzeit auf dem Hof kam er auf mich zu. Bei ihm war Aatop, der alte Verwalter meines Vaters. Ich beherrschte mich mühsam und blickte ihnen nur mit einem Nicken in die Augen.

Jetzt erkannte ich in Khale Rinpoches Gesicht Spuren von Misshandlungen. Über ein Auge und durch die Augenbraue verlief eine Narbe, die Lippen waren verunstaltet. Es brach mir das Herz, ihn so zu sehen. Mein heiliger Rinpoche – in Hosen wie ein gewöhnlicher Chinese und mit so zerschlagenem Gesicht.

»Habt ihr meine Mutter oder die anderen beiden gesehen?«, fragte ich flüsternd. Aatop blickte zu Boden und trat von einem Bein aufs andere. Einen Augenblick lang schwiegen beide. Dann antwortete Khale Rinpoche: »Deine Mutter ist wohlauf … aber deine Tante und deine Großmutter sind gestorben. Sie wurden vergiftet, und ein paar Tage später sind sie gestorben.«

Ich war wie betäubt, ich vergrub das Gesicht in den Händen und weinte. Khale Rinpoche legte mir eine Hand auf die Schulter. »Wir alle sehen irgendwann dem Tod entgegen«, sagte er sanft. »Es gibt keinen Grund, so bestürzt zu sein, wir können nichts daran ändern. Wir alle sterben, wenn unsere Zeit gekommen ist.«

Am nächsten Tag ging es weiter nach Chundo Dzong in Powo. Ich war mit acht Frauen aus Silthog Thang zusammen, und die Wächter führten uns in einen Raum im Kloster, der einmal ein Mönchszimmer gewesen war. Es war klein, aber behaglich, und zum ersten Mal gab es richtige Betten.

»Ihr seid hier, um das Land für den Anbau vorzubereiten«, sagte ein Offizier zu uns. »Jeden Tag habt ihr beim Pflügen und Säubern der Felder zu helfen. Mit eurer Arbeit tragt ihr zum Gerste- und Weizenanbau für unsere Truppen bei.« Der Gedanke, Nahrungsmittel für die Chinesen anzubauen, ärgerte mich, doch ich hielt meine Zunge im Zaum.

Am Tag nach unserer Ankunft wandte ich mich an einen der Wächter. Man hatte mir gesagt, es gebe hier ein paar freundliche Chinesen, an die man sich wenden konnte, wenn man Hilfe brauchte. Ich sprach einen jungen Mann an, dessen freundliches Lächeln mir aufgefallen war. Ich bat ihn, meine Mutter ausfindig zu machen. Er antwortete mit einem leichten Nicken und steckte den Zettel mit ihrer Adresse, den ich von Khale Rinpoche bekommen hatte, in seine Jackentasche.

Von da an war ich mit meinen Gedanken kaum noch bei der Arbeit. Meine Hände zitterten, wenn ich Steine aufhob. In meinem Bauch rumorte es vor lauter Aufregung. Bei dem Gedanken, dass meine Mutter ganz in der Nähe sei, war ich wie von Sinnen vor freudiger Erwartung. Manchmal glaubte ich sie übers Feld gehen zu sehen. Doch dann war es nur ein Busch oder eine andere Gefangene. Trotzdem hielt ich immer wieder Ausschau nach ihr. Ich dachte: Sie ist so nah, ich müsste sie doch sehen können.

Doch die nächsten fünf Tage tat sich überhaupt nichts. Ich hielt nach dem Wächter Ausschau, doch er war nirgends zu sehen. War er vielleicht versetzt worden? Hatte er meinen Zettel an Vorgesetzte weitergegeben? Jeden Tag wuchs die bange Spannung. Was war mit ihm?

Dann eines Morgens, ich wollte eben zur Feldarbeit aufbrechen, wurde nach mir gerufen. »Ashe Pachen«, rief eine der Frauen, »der junge Wächter sucht dich.«

Ich beeilte mich, ich lief beinahe den Gang hinunter, das Herz schlug mir bis zum Hals. Ich erreichte das Tempeltor und sah die Straße hinunter. Sie war leer, so weit das Auge reichte, hohe Nesseln zu beiden Seiten.

Dann bemerkte ich hinter dem Grün eine Bewegung. Eine Frau spähte durch das Laub. Der junge Wächter tauchte auf und hatte sie neben sich. Ihre Kleider waren zerlumpt. Sie trug die hier in Kongpo übliche schwarze Chuba ohne Hemd darunter. Ihr Haar war zerzaust und ungepflegt. Sie ging gebeugt und auf einen Stock gestützt. Sie blickte mich an, die Augen an mein Gesicht geheftet, als müsse sie alles ganz genau in sich aufnehmen.

»Mama?« Das Wort blieb mir in der Kehle stecken.

Sie machte sich von dem Soldaten los und tappte unsicher auf mich zu. Ihr Gesicht war sehr gealtert in den vier Jahren, die wir uns nicht gesehen hatten. »Mama«, flüsterte ich kaum hörbar, als sie vor mir stand, »bist du's?«

Ihr Mund bog sich zu dem so vertrauten Lächeln. Ich warf mich ihr in die Arme und begann zu weinen. »Du musst nicht weinen«, flüsterte sie, »ich habe dir etwas zu essen mitgebracht.«

Wir durften uns mit Erlaubnis des Wächters auf die Stufen zum Tempel setzen und miteinander sprechen. Einmal kam er und sagte, sie müsse gehen, doch sie bettelte um mehr Zeit, und schließlich stimmte er zu, wenn auch mit großen Bedenken, wie ihm anzusehen war. Mama erzählte mir, was sich ereignet hatte, seit wir in Rok getrennt worden waren.

»Wir blieben an diesem Tag mit anderen Alten und kleinen Kindern zurück. Wir waren frei, aber wir wussten nicht, was wir jetzt tun sollten. Die anderen wollten in das Dorf Tramo Dzong in Powo, weil die Verhältnisse dort angeblich nicht ganz so schlimm waren, und da wir keine eigenen Pläne hatten, schlossen wir uns ihnen an. Wir mussten im Schneegestöber und mit unserem Gepäck auf dem Rücken über den Dungla-Pass. Der Pass war lang und forderte das Äußerste von uns.

Beim Aufstieg war der Schnee so hoch, dass wir fast ganz darin versanken, und deine Großmutter und ich erreichten die Passhöhe mit letzter Kraft. Für Ani Rigzin war es nicht ganz so schwer. Wir blieben über Nacht auf der Passhöhe und machten uns früh am nächsten Morgen an den Abstieg. Aber wir konnten nicht mehr richtig laufen, weil unsere Füße völlig taub von der Nachtkälte waren, und so sind wir mehr gerutscht und manchmal gerollt. Aber irgendwie konnten wir selbst unter diesen Umständen durchhalten und sind nicht gestorben.

In Tramo Dzong konnten wir dann aber unseren Schmuck nicht verkaufen, denn es durfte ja niemand darauf aufmerksam werden, dass wir aus einer höher gestellten Familie stammten. So mussten wir alles unter den Kleidern am Körper behalten. Wir konnten auch keine besseren Kleider anlegen, obgleich wir welche besaßen. Wir wollten keinerlei Aufmerksamkeit erregen.

Die Familie von einem, der mit uns gezogen war, nahm uns auf. Wir haben bei der Gerstenernte mitgeholfen. Bei anderen im Dorf haben wir um Tsampa gebettelt. So ging das Leben irgendwie weiter.«

Sie ließ den Blick schweifen, wie um sich zu sammeln. Sie wischte mit dem Handrücken eine Träne ab und fuhr fort.

»Nach einem Jahr fanden die Chinesen doch heraus, dass wir aus einer Herrscherfamilie stammten, und bestachen eine

Tibeterin, für sie zu arbeiten. Diese Frau brachte uns eines Tages einen herrlichen Teig aus Tsampa und Butter. Ein Geschenk für uns, sagte sie. Wir waren dankbar für alles, was wir bekamen, und teilten den Teig unter uns dreien auf. Beim Essen setzten sofort heftige Magenschmerzen ein. Der Mann, bei dem wir wohnten, sah gleich, dass wir vergiftet worden waren, und ließ einen Arzt holen.

Diesem Arzt gelang es, uns wieder zu Bewusstsein zu bringen, aber wir konnten nicht sprechen. Die Mutter deines Vaters blieb noch zwei Tage, dann verschied sie. Ani Rigzin lebte ein wenig länger. Bevor sie starb, sprach sie ständig von dir. Sie sagte, wenn sie dich noch einmal sehen könnte, das wäre so gut, als sähe sie deinen Vater.

Nur ich habe überlebt. Einige Tage nach dem Tod von Anya und Ani Rigzin nahm ich alle Kräfte zusammen und trug sie nacheinander auf dem Rücken zum Fluss, um sie hineinzuwerfen. Niemand sonst war dazu bereit. Sie hatten alle Angst vor den Chinesen.«

Ich hielt Mama in den Armen, solange sie weinte. Dann führte der Wächter sie weg.

Am Abend war mir so weh, dass ich nicht schlafen konnte. Immer wieder sah ich die gebeugte kleine Gestalt meiner Mutter mit Anya auf dem Rücken. Ich sah meine Großmutter in den Fluss fallen, sah, wie ihr Körper langsam davontrieb. Ich hörte Ani Rigzin meinen Namen rufen – »Ashe … Ashe …« Es zerriss mich schier, dass ich nichts für sie hatte tun können. Nicht einmal eine gute Mahlzeit hatte ich ihnen vorsetzen können.

Jeden Sonntag kam meine Mutter mich besuchen. An den anderen Tagen, wenn ich mit den übrigen Frauen aufs Feld ging, sah ich sie oft von weitem, mit einem Korb auf dem Rücken, wie sie zu mir herüberblickte. Sie lächelte dann immer. Freilich sah sie nicht mehr wie die Mutter aus, die ich einst gekannt hatte. Sie bückte sich immer wieder, um getrockneten Dung für ihren Korb aufzuheben, und in ihren zerlumpten Kleidern sah sie wie irgendeine Dienerin oder Bettlerin aus.

Nach einem Jahr in Kongpo sagte man mir, ich werde zurück nach Chamdo verlegt. Eine Begründung gab es wie immer nicht. Ich flehte den jungen Soldaten an, er möge mich meine Mutter ein letztes Mal sehen lassen.

Ich marschierte mit einem ganzen Zug anderer Gefangener zum Tor hinaus. Meine Mutter war nirgends zu sehen. Zwei chinesische Soldaten waren vor mir, zwei hinter mir. Während wir die Straße entlanggingen, zeigte einer in die Büsche am Wegrand und sagte: »Was tut diese alte Frau hier?« Ich sah meine Mutter, wie sie vorsichtig um einen Busch lugte.

Einer der Soldaten erbarmte sich ihrer und winkte sie her. Sie durfte neben uns her gehen bis zu dem Platz, wo die Lastwagen auf uns warteten. Hier gewährte der Offizier uns ein paar Augenblicke für den Abschied. Mama gab mir einen Beutel Tsampa und sagte, sie hätte etliche Säcke Gerste sicher untergebracht, für die Zeit nach meiner Freilassung. Ich gab ihr ein paar Schuhe und einige Kleidungsstücke, die ich von anderen Gefangenen bekommen hatte.

»Die Zeit wird kommen«, sagte ich, »wo meine Gefangenschaft vorbei ist. Dann komme ich wieder. Ich finde dich. Und wenn ich dich erst gefunden habe, sollst du zu essen haben und versorgt sein. Ich werde dir die wärmsten Kleider bringen, die du dir vorstellen kannst. Und zu essen sollst du haben, was du nur möchtest. Nie wieder wirst du hungern.«

Ich sprach unter Tränen. Mama gab sich Mühe, nicht zu weinen. Ihr Mund zuckte, und sie blinzelte.

»Weißt du noch, wie ich dich zu Gyalse Rinpoche gebracht habe?«, fragte ich und nahm ihre Hände. »Erinnerst du dich an die Unterweisungen, die er uns gab? Denk nicht an Dinge, auf die es nicht wirklich ankommt. Das Allerwichtigste ist, einen klaren Geist zu haben. Denk an die Lehren und praktiziere sie. Denk nicht an mich.«

Meine Mutter hob ihre Hände, Tränen liefen ihr über die Wangen. Sie nahm meine Brüste in die Hände und küsste sie. Sie legte ihren Kopf an meine Brust, und so standen wir still für einen Augenblick.

Als sie den Kopf hob, sah sie so unglücklich aus, dass ich sie kaum anschauen konnte. Sie hielt sich an meinen Händen fest, dann blickte sie um sich, als müsste sie etwas finden, was sie mir geben konnte. »Ich werde ein bisschen Butter holen«, sagte sie und wischte sich die Wangen ab. »Die hält dich bei Kräften.« Und ehe ich sie davon abhalten konnte, war sie weg. Ich sah die kleine Gestalt die Straße hinunter entschwinden.

Kurze Zeit darauf kam der Lastwagen, und wir mussten einsteigen. »Wartet noch«, flehte ich in heller Aufregung. »Meine Mutter will noch schnell etwas holen. Bitte, seht nach, ob ihr sie findet. Sagt ihr, dass wir abfahren.«

Doch sie waren nicht bereit zu warten. Sie befahlen mir einzusteigen, und wir fuhren los. Ich blickte angestrengt nach hinten. Etliche Menschen gingen am Straßenrand, doch meine Mutter war nicht unter ihnen. Ich habe sie nie wieder gesehen.

9.
Gefangenschaft 1965–1980

Tragt nur die Kleidung, die euch zugeteilt wird, sonst nichts.
Der Kopf muss rasiert sein.

Wer mit Offizieren oder Wachen spricht, hält fünf Schritte Abstand. Man spricht niemals direkt vor ihnen oder in unmittelbarer Nähe.

Kein Gefangener darf sich um einen anderen kümmern. Wo dergleichen beobachtet wird, muss es sofort der chinesischen Leitung gemeldet werden.

Werkzeuge sind pfleglich zu behandeln. Achtet bei der Arbeit darauf, dass ihr mehr leistet, als euer Soll verlangt.

Erkennt an, dass Tibet ein Teil Chinas ist.

Reformiert euer Denken.

Gehorcht der Obrigkeit.

Haltet euch an diese Regeln.

Ein Offizier las uns diese Liste vor und fuhr dann fort: »Drapchi ist *das* Gefängnis in der Autonomen Region Tibet. Das hier ist etwas anderes als Chamdo oder irgendeines der Lager, in denen ihr schon gewesen seid. Das hier ist ein richtiges Gefängnis.« Er schlug knallend die Hacken zusammen und begann dann vor uns auf und ab zu gehen, wobei er von den Tugenden und Stärken des Mutterlandes schwadronierte. Das war mir alles sattsam bekannt und interessierte mich nicht mehr, also blickte ich mich vorsichtig in meiner neuen Umgebung um.

Es war ein großer und abgesehen von einigen Tischen und Stühlen leerer Raum. Von der Decke hingen an Drähten zwei kugelige Gebilde herunter und erleuchteten den Raum wie kleine Sonnen. Dergleichen hatte ich noch nie gesehen und musste immer wieder hinschauen.

»Das Gefängnis gliedert sich in fünf Abschnitte«, hörte ich den Offizier jetzt mit seiner hohen, knarzenden Stimme sagen. »Die Männer kommen in den zweiten Abschnitt, die Frauen in den dritten. Jeder von euch wird dort einer mit acht Personen belegten Zelle zugewiesen. Ihr werdet eine Uniform bekommen und dann zu eurer Abteilung gebracht.«

Immer noch die glühenden Kugeln über mir anstaunend, wurde ich jetzt mit den anderen nach draußen und dann einen Gang hinunter zu einem kleineren Raum geführt. Auch dieser Raum war leer bis auf einen rechts neben der Tür stehenden Tisch, auf dem Uniformen gestapelt waren. Hinter dem Tisch stand eine alte Chinesin. Als ich an der Reihe war, drückte sie mir ein schwarzes Bündel in die Hand und winkte mich weiter. Ich verkroch mich ganz in die Ecke und stand regungslos da. Die Chuba, in der man mich vor fünf Jahren festgenommen hatte, war mir wie eine zweite Haut geworden; ich zog sie sehr ungern aus.

Als ich den ersten Ärmel abstreifen wollte, schien er sich an mir festzuhalten. Ein seltsames Gefühl war das: als legte ich einen Körperteil ab. Die braunen Fäden, einst so fest gewebt, hatten sich gelockert, und an manchen Stellen war die abgewetzte Wolle papierdünn. Ich rieb sie zwischen den Fingern, als wäre sie eine Mani-Perle. Das Gewebe fühlte sich immer noch weich an, fast so weich wie damals, als ich die Chuba bekam.

»Steh still, Lemdha Pachen.« Der Schneider zieht am Saum meiner Chuba, aber ich muss mit den Füßen wackeln und stelle

mich sogar auf die Zehen. Der Schneider richtet sich auf und lässt entnervt die Hände sinken. Beim Anblick seines roten, schweiß-nassen Gesichts muss ich kichern. »Ashe Pachen«, ruft meine Mutter aus dem Hintergrund. »Du bist dreiundzwanzig Jahre alt, benimm dich nicht wie ein kleines Kind.« Ich setze die Füße ab, doch sobald der Schneider sich erneut hinkniet, stelle ich mich wieder auf die Zehenspitzen. Ich kann nicht anders, ich schüttle mich vor Lachen.

Mama kommt herüber und stellt sich vor mich hin. »Wenn du dich weiter so aufführst«, sagt sie und blickt stirnrunzelnd zu mir auf, »wirst du weiterhin die Chuba tragen müssen, die du das letzte halbe Jahr getragen hast. Wenn du eine neue möchtest, dann tanz Gedun Sonam nicht auf der Nase herum, sondern steh still.«

Ich fühle die weiche braune Wolle an den Fingern und sehe die dunkle Stoffbahn an mir herunterfließen. Ich erinnere mich, wie gut eine neue Chuba sich anfühlte, und versuche ganz still zu stehen.

»Beeilung!«, rief die Frau an der Tür mir zu. »Du musst zuse-hen, dass du in deine Zelle kommst.« Ich streifte langsam den anderen Ärmel ab und spürte, wie die Chuba zu Boden glitt. Ich machte das Bündel auf und fand ein Hemd und eine Hose darin vor. Ich zog das Hemd an. Es war steif, die Ärmel zu kurz. Ich konnte mich nicht überwinden, die Hose anzuzie-hen.

»Beeilung!«, rief die Frau wieder. »Zieh dich an.« Ich steck-te einen Fuß in ein Hosenbein und wäre bei dem Versuch, auch in das andere zu steigen, beinahe hingefallen.

Die Frau winkte mich zur Tür. Ich ging los, aber die Hose scheuerte auf der Haut. Ich versuchte breitbeinig zu gehen, doch wie ich es auch anstellte, immer fühlte ich diesen rauen Stoff auf der Haut. Fußeisen aus Stoff, dachte ich, als ich unbeholfen zur Tür ging. Ich schwor mir, bei der ersten sich bietenden Gelegenheit wieder meine Chuba anzuziehen.

Die Frau blickte mit steinerner Miene geradeaus. Ich hätte meine Sachen am liebsten ausgezogen und ihr wieder hingeworfen, doch stattdessen warf ich ihr nur einen finsteren Blick zu und ging.

Wir waren acht, und draußen erwartete uns ein Wächter, der uns den Gang hinunter auf den Hof führte. Es wurde eben erst Tag, und der graue Himmel sah nach Regen aus. Von den Bergen her wehte ein kalter Wind, und ich versuchte das Hemd eng um mich zu ziehen. Ganz anders als meine Chuba, die sich dicht an den Körper schmiegte, bot dieses Hemd überhaupt keinen Schutz. Wie ich es auch zurechtzog, der Wind kam immer durch.

Hinter dem Wächter her gingen wir durch ein Tor und betraten den Hauptkomplex. Der Weg führte uns zwischen niedrigen Betongebäuden hinter Mauern hindurch. Eine der Frauen war hier schon einmal gewesen und erklärte die verschiedenen Gebäude.

»Am Ende liegt der fünfte Abschnitt, wo die bedeutenden Lamas und Regierungsbeamten untergebracht sind. Da drüben« – sie deutete auf das erste von drei links des Weges liegenden Gebäuden – »ist der erste Abschnitt. Für Gefangene, die lebenslänglich bekommen haben. Abschnitt zwei und vier sind für Männer, und da drüben rechts in den dritten kommen alle Frauen.« Jeder Abschnitt war von hohen Mauern umgeben, sodass man nur die Dächer der Häuser sah. Was ich sah, wirkte kalt und grau.

Als wir eben durch das Tor in der Mauer unseres Abschnitts marschieren wollten, gab Tsering Dolma mir einen Stups und deutete nach links. Hinter all den Mauern und Zäunen sah ich in der Ferne ein goldenes Glitzern, so schwach, dass ich zuerst dachte, es seien Wolken. Ich kniff die Augen zusammen, und die Formen wurden klarer. Ich sah goldene Spitzen über einem goldenen Dach aufragen, darunter ein schwach erkennbarer Fleck Rot. »Der Potala!«, flüsterte ich. Tsering nickte. Einen Augenblick lang vergaß ich, wo ich war, und blickte nur in die Richtung des Palasts Seiner Heiligkeit. Seit meiner Kindheit hatte ich immer wieder von Lhasa und dem großen Potala-Palast gehört. »Den Potala-Palast«, hatte mein Vater einmal nach der Rückkehr von einem Besuch bei Seiner Heiligkeit gesagt, »muss man wirklich gesehen haben.«

Wir drängen uns im Zimmer meines Vaters, um ihn von der Reise erzählen zu hören. Als wir uns auf Sitzpolstern um ihn geschart haben, beginnt er: »Der große Potala erhebt sich wie ein Berg aus dem Tal von Lhasa, und er hat über tausend Räume. Die Steine der schier endlosen Treppen sind so riesig, dass man für jede Stufe mehrere Schritte braucht. Wir haben immer wieder mal Halt gemacht, um ins Tal unter uns zu blicken, und sind dann weitergeklettert.

Oben ging es dann ins Innere und durch lange verwinkelte Gänge, deren Wände mit Szenen aus dem Leben des Buddha, der Bodhisattvas und der Gottheiten bemalt waren. Alles Hölzerne war mit Schnitzwerk verziert und bemalt, und nicht eine Handbreit war dabei ausgelassen worden. Nach einem ziemlich weiten Fußweg kamen wir zum Grabmal des Fünften Dalai Lama, einem drei Stockwerke hohen Chörten.

Er war von oben bis unten schwer vergoldet und überall mit Jade, Türkisen, Rubinen und Korallen besetzt. Um die Spitze lag ein kolossales Halsband aus Jade und Korallen. Auf dem Altar standen kleine Bäume aus Koralle, Statuetten aus reinster Jade, Buddha-Lampen aus gediegenem Gold und Silber. Und auf dem Boden davor standen goldene Butterlampen, die mir bis zur Hüfte reichten und genug Butter für drei Monate enthielten.«

In unserer Zelle fanden wir acht Betten aus trockener Erde und auf jedem eine dünne Baumwolldecke vor. Harter, kalter Boden und rohe Wände. Wenigstens gibt es Bettzeug, dachte ich.

Eine ganze Reihe von Zellen lagen hier nebeneinander, Tür an Tür den Gang hinunter. Am Ende eine kleine Toilette. Eine Betonmauer umgab das ganze Gebäude, und zwischen Haus und Mauer lag ein schmaler Sandplatz als Hof. Farben gab es hier keine, und es wuchs auch nichts Grünes, weder innerhalb noch irgendwo in Sichtweite. Doch mit der Zeit gewöhnte ich mich daran.

Das war für die nächsten elf Jahre mein Zuhause.

Am nächsten Tag hatten wir uns für die Arbeit am Tor zu unserem Grundstück einzufinden. Wir stellten uns in einer Reihe auf, vorn und hinten Soldaten. Am Tor stand eine Chinesin namens Chungla, die uns eine nach der anderen inspizierte. Sie verstellte uns gleich den Weg, um uns anzuhalten.

»Was ist denn das?«, herrschte sie uns an und deutete auf die Chubas, die etliche von uns trugen. »Wir haben euch mit Kleidung ausgerüstet. Weshalb habt ihr sie nicht an?« Der tibetische Dolmetscher blickte beim Übersetzen zu Boden. »Weshalb tragt ihr immer noch ein altes Gehirn?« Ihre Worte schrillten, und dazu machte sie ein sehr ärgerliches Gesicht. »Zieht diese tibetischen Lumpen aus und tragt die Sachen, die ihr von uns bekommen habt. Darin kann man viel besser arbeiten.«

Die Adern an ihrem Hals traten hervor, so laut sprach sie. Ich hätte sie am liebsten an der Gurgel gepackt und geschüttelt, ihr mit der Rückseite der Hand ins Gesicht geschlagen. Aber ich blieb mit gesenktem Blick still stehen.

»Ha!«, zeterte sie weiter. »Ihr schämt euch nicht zu protestieren, also weshalb schämt ihr euch plötzlich, anständige Kleidung zu tragen? Zurück mit euch! Zieht euch um und kommt wieder her. Sonst werden alle bestraft.«

Wir kehrten in unsere Zelle zurück, legten die tibetischen Kleidungsstücke ab und zogen die chinesische Uniform an. Ich schämte mich, als ich wieder auf den Hof trat, ich wollte nicht von den anderen gesehen werden. Mir war, als beginge ich Verrat an meinem Land und Seiner Heiligkeit, als wäre ich meiner Kultur beraubt. Sicher hatten die Chinesen uns schwarze Kleidung gegeben, weil sie wussten, dass diese Farbe uns Tibetern am wenigsten liegt. Sie wollten Tibet zerstören und unsere Treue zu Seiner Heiligkeit untergraben. Dazu nahmen sie uns unsere Bräuche, unsere spirituellen Übungen und sogar unsere Kleidung.

Die ersten Tage war das Scheuern des rauen Stoffs an meinen Beinen schier unerträglich, doch auch daran gewöhnte ich mich mit der Zeit. Wer unter uns tibetische Kleidung besaß, begann nach einer Weile, sie zu zerreißen und damit die Bettdecke etwas wärmer auszustopfen.

1965 war ich nach Drapchi gekommen, und der Tagesablauf war in den ersten Jahren immer der gleiche. Ganz in der Früh wurden wir zur »Leibesertüchtigung« geweckt. Dazu mussten wir vor dem Haus auf und ab laufen. Danach wurden wir zur Arbeit in die Ziegeleien beim Kloster Sera gebracht, das eines der größten Klöster von Lhasa ist.

Einige hoben das Rohmaterial aus, andere vermengten es mit Wasser zu Ton, und die Übrigen brannten daraus die Ziegel. Wenn die Ziegel trocken waren, trugen wir sie nach Drapchi. Jede von uns musste zehn Ziegel auf einmal tragen; wer die Ladung zu verkleinern versuchte, wurde bestraft. Wir arbeiteten jeden Tag viele Stunden und hatten dabei sehr wenig zu essen. Nach und nach begannen unsere Kräfte zu schwinden.

Einmal wurde ich beim morgendlichen Laufen bewusstlos. Als ich wieder zu mir kam, stand ein Wächter über mir. »Aufstehen! Weiterlaufen!«, schnauzte er.

Von da an fühlte ich mich krank. Im unteren Teil meines Körpers sammelte sich Wasser an. Meine Schenkel rieben beim Gehen aneinander, und ich konnte mit den anderen nicht mehr Schritt halten. Wenn ich zurückfiel, zeigten die Wachen auf mich und schrien: »Los, los!« Schließlich konnte ich nur noch einen oder zwei Ziegel auf einmal tragen, doch die Wächter ließen nicht zu, dass ich mal stehen blieb oder mich hinsetzte. Als ich spürte, dass ich nicht mehr konnte, bat ich um die Erlaubnis, die Krankenstation aufzusuchen. Zu meiner Überraschung erlaubten sie es.

Im Lazarett wirkte eine chinesische Ärztin. Sie war freundlich. »Du bist ernsthaft krank«, sagte sie, »und solltest hier auf der Station bleiben. Du hast ein gestautes Herz.« Sie gab mir einen Brief für meinen Abschnittskommandanten mit.

Der riss ihn mir gleich aus der Hand und schimpfte: »Wie kommst du dazu, wegen solch einer Lappalie ins Lazarett zu gehen?« Ich sagte nichts dazu und wandte mich ab, um wieder an die Arbeit zu gehen. Nach kurzer Zeit kam er mir nach. »Nimm deine Sachen und geh ins Lazarett«, sagte er, als wäre es seine eigene Idee gewesen.

Die Krankenstation war klein. Die meiste Zeit, die ich dort war, lag ich im Bett und starrte an die Wände. Für mehr hatte ich keine Kraft. Über die Decke verlief ein langer Riss, und manchmal glaubte ich eine Gottheit ihre Hand aus diesem Riss strecken zu sehen. Es war eine kleine, schwarze, behaarte Hand. Sie kam immer nur ein Stückchen heraus und wurde schnell wieder zurückgezogen. Ich überlegte, ob sie wohl nach Nahrung suchte.

»Dreh dich zur Seite, du bekommst deine Spritze«, sagte

der Gefangene. Er diente hier als Helfer und war auch bei den Wächtern beliebt. Schwere körperliche Arbeit blieb ihm so erspart. Wenn er an mein Bett trat und ich ihm in die Augen blickte, flüsterte ich unhörbar: »Verräter.« »Dreh dich um«, sagte er nur und stieß mich an. Ich tat es, wenn auch mit finsterer Miene.

Viele Gefangene in diesem Zimmer litten an Herzbeschwerden, aber es gab auch etliche, deren Geist gebrochen war. Im übernächsten Bett lag eine Frau, die Tag und Nacht ununterbrochen wimmerte. Manchmal setzte sie sich plötzlich auf und schrie: »Schlagt mein Kind nicht!« Gegenüber lag eine andere, die nur noch lachte und nicht mehr aufhören konnte und zwischendurch manchmal aufkreischte. Die Ärztin war geduldig und verlor nie die Fassung, obgleich sie erkennbar überarbeitet war.

Ich blieb drei Monate auf der Krankenstation. Die Behandlung schlug an, und meine Beine schwollen allmählich wieder ab. Die ersten beiden Monate musste ich liegen, doch im dritten konnte ich mich schon wieder vorsichtig durchs Zimmer bewegen. Ich fühlte mich schon fast wieder wie früher, aber eine Weile schützte ich noch große Schwäche vor, um nicht wieder an die Arbeit zu müssen. Hätte die freundliche Ärztin sich nicht meiner angenommen, wäre ich wohl gestorben. Es heißt ja, ein Mensch sei verloren, wenn das Wasser ihm bis zum Herzen gestiegen ist.

Als ich wieder in meine Zelle kam, hatte Tsering Neuigkeiten von meinem geliebten Gyalse Rinpoche.

»Rinpoche war ganz allein in einem Raum des Klosters eingesperrt, wo früher das Gebetsrad gestanden hatte«, sagte sie, kaum dass ich mich hingesetzt hatte. »Das Gebetsrad hatten chinesische Soldaten zerstört, und jetzt stand der Raum leer. Die Tür war von außen verriegelt. Am nächsten Tag fand man

Rinpoche aber draußen. Die Tür war verriegelt, und doch war er draußen. Viele haben ihn gesehen, und es wurde darüber geredet. Dann kam einer der Wächter und fragte: ›Wer hat den Riegel aufgemacht?‹

Später wurde Rinpoche auf einem Yak und mit Handschellen in ein anderes Gefängnis gebracht. Es waren lauter mit Gewehren bewaffnete Wächter und Offiziere um ihn, und dann gingen unterwegs die Handschellen ab. Mehrmals wurden sie ihm wieder angelegt, aber jedes Mal waren sie bald wieder ab.

Am Abend machten sie Halt und stellten ein Zelt auf. Die Wachen sammelten Holz für das Feuer, aber das Holz taugte nichts und wollte einfach nicht brennen. Da riefen sie: ›Lama, wir haben gehört, dass du große Kräfte besitzt. Jetzt zeig mal, was du kannst, und mach mit diesem Holz ein Feuer.‹ Sie gaben ihm noch ein Beil und zogen sich ins Zelt zurück. Als sie kurz darauf wieder herauskamen, brannte das Holz schon lichterloh.

Am nächsten Tag erreichten sie das Gefängnis, und Rinpoche kam in ein Zimmer mit acht Gefangenen, darunter auch zwei andere Lamas. Zu denen sagte er, sein Leben sei nutzlos geworden, und deshalb werde er es ablegen. ›Wenn du stirbst‹, sagten darauf die beiden anderen, ›werden wir dir folgen.‹ An dem Tag sind alle drei gestorben.

Die anderen Gefangenen im Zimmer sagten den Wächtern nichts. Erst drei Tage später merkten sie, was geschehen war. Als sie ihn fanden, saß er immer noch aufrecht da. Sie stießen mit den Füßen gegen ihn und zogen die Matratze unter ihm weg, aber sein Körper bewegte sich nicht. Er schien in der Luft zu schweben.

Sie schleppten ihn zu einem Fluss in der Nähe und warfen ihn ins Wasser. Er schwamm auf dem Wasser, sitzend, und ging nicht unter. Eine Woche lang war an der Stelle ein Regenbogen zu sehen. Später gab es ein Gewitter, und das zu einer Jahreszeit, wo es sonst keine gibt. Ein Lama in einer anderen Gegend hat das Gewitter gesehen und gesagt: ›Gyalse Rinpoche ist gegangen.‹

All das«, schloss Tsering, »ist während deiner Abwesenheit passiert.«

Ich wusste nach dieser Geschichte, dass Gyalse Rinpoche den Regenbogenkörper erlangt hatte. Bei seinem endgültigen Tod war sein Körper in Regenbogenlicht aufgegangen.

Die Geschichte rief mir auch die Vergänglichkeit des Körpers in Erinnerung. Etwas, das nicht der Körper ist, dauert fort. Ich dachte: Was sie meinem Körper auch antun mögen – das, was ich wirklich bin, erreichen sie damit nicht, denn es ist jenseits des körperlichen Daseins.

Die Geschichte machte mir Hoffnung.

»Mao ist unser Vater.« Vor uns stand eine chinesische Frau. Sie hieß Dolkar. Sie gehörte zur Leitung der Frauenabteilung und hatte ein hübsches Gesicht, aber es war bekannt, dass man ihr nicht trauen konnte.

»Sprecht mir nach«, sagte sie, dramatisch mit den langen weißen Fingern gestikulierend. »Der Vorsitzende Mao ist unser Vater.« Ich sah mich um, ob ein Aufseher herschaute, und spie aus. Tsering knuffte mich und warf mir einen Blick zu, der sagen sollte: »Pass bloß auf.« Die anderen Gefangenen ringsum bewegten die Lippen, doch viele blieben stumm. Ich spuckte noch einmal aus und sah trotzig zu Dolkar hin.

»Mao Zedong ist der größte Führer der ganzen Welt«, fuhr sie fort. »Sprecht mir nach.«

»Was weiß die schon von Größe«, raunte ich Tsering zu. Ich schloss die Augen und stellte mir das Gesicht Seiner Heiligkeit vor.

»Heute will der Vorsitzende Mao euch zur Aufrichtigkeit ermuntern«, sagte Dolkar mit honigsüßer Stimme. »Er möchte, dass jede von euch sagt, was für Zweifel sie an der kommunistischen Partei hat oder was sie an den Verhältnissen im Gefängnis kritikwürdig findet. Sagt es offen, und man wird sich eurer mit Nachsicht annehmen.«

Bei der Rückkehr in unsere Zelle war gerüchteweise davon die Rede, dass junge chinesische Soldaten gänzlich außer Rand und Band durch die Straßen tobten und wahllos unsere heiligen Statuen und Texte zerstörten und verbrannten, wo sie nur welche fanden. Es schien ein regelrechter Zerstörungsrausch zu sein, und es hieß, die jungen Soldaten wendeten sich sogar gegen ihre älteren Vorgesetzten. Es war der Beginn der Kulturrevolution. Wir schrieben das Jahr 1966.

In den nächsten Monaten bekamen wir von einem Offizier ständig Vorträge gehalten. »Der Vorsitzende Mao beseitigt jetzt die Feinde der kommunistischen Partei«, sagte er. »Und ihr müsst euer rückständiges Denken beseitigen.«

Er verkündete neue Regeln: »Es ist verboten, Tibetisch zu sprechen. Es ist verboten, tibetische Kleidung zu tragen. Es ist verboten, tibetische Bräuche zu üben. Es ist verboten, alte Gedanken zu hegen.«

Seine Worte entsprachen der neuen chinesischen Politik des Vorgehens gegen »Die Vier Alten«, nämlich Kultur, Brauchtum, Gewohnheiten und Gedanken.

Die Wächterinnen und Wächter hatten den Befehl, das Gefängnis nach allem tibetisch Aussehenden zu durchsuchen und es zu konfiszieren. Sie sammelten tagelang Kleidung, Schuhe, Decken, sogar hölzerne Schalen ein und häuften sie auf dem Hof, um sie in Brand zu stecken.

Das Gleiche geschah überall in Tibet. Über Wochen hing der Rauch in der Luft. Später erfuhren wir, dass man in Lhasa die heiligen Texte aus den großen Klöstern Sera, Ganden und Drepung geholt und verbrannt hatte. Diese drei Klöster waren vor über fünfhundert Jahren von dem großen Lama Tsongkhapa erbaut worden, und manche der verbrannten Texte waren noch älter. Den Rauch über Sera aufsteigen zu sehen tat noch mehr weh als die Schläge. »Heiliger Dorje Phurba«, betete ich zu meiner Schutzgottheit, »komm den Lehren zur Hilfe.«

Während dieser Zeit wurden auch die Kampfsitzungen verschärft. Eine der Gefangenen hatte mich die ins Gefängnis geschmuggelte tibetische Zeitschrift *Sheja* lesen sehen und es Dolkar gemeldet. Prompt wurde ich »leerer Hoffnungen« angeklagt, der Hoffnung nämlich, dass der Dalai Lama zurückkehren und Tibet wieder frei sein würde. Außerdem wurde mir vorgeworfen, ich arbeite nicht genug, sei keine gute Gefangene und weigere mich, andere Gefangene zu kritisieren.

Einmal, als wir eben zur Arbeit aufbrechen wollten, flüsterte Tsering mir zu, jemand habe mich bei den Aufseherinnen als eine denunziert, die etwas Tibetisches am Körper trage. »Es soll angeblich ein heiliges Amulett sein«, flüsterte sie. »Wenn sie es finden, wird man dir wieder vorwerfen, dass du auf einem ›blinden Glauben‹ beharrst. Sei vorsichtig.«

Als sie vorbeigegangen war, fühlte ich nach einem zwischen meinen Beinen verlaufenden Saum meiner Kleidung und tastete den kleinen Klumpen. Er ist noch da, dachte ich erleichtert. Es war ein ganz besonderer Türkis, ein Geschenk von Terthong Sogyal Rinpoche, das ich in den Saum eingenäht hatte. Ich war noch jung, als Rinpoche den Stein aus seiner Schatztruhe genommen und mir geschenkt hatte, und ich hatte ihn seitdem immer bei mir getragen. Bei allen Leibesvisitationen hatte ich ihn bisher immer gut genug verstecken können. Ich konnte mir nicht erklären, wer ihn gesehen und mich verraten haben mochte. Jedenfalls brauchte ich jetzt dringend ein Versteck. Auf keinen Fall durfte der kostbare Stein den Chinesen in die Hände fallen.

Es war noch dunkel, und so bestand Hoffnung, dass ich mich unbemerkt bewegen konnte. Ich stand auf und richtete meine Uniform wie zur Arbeit. Ich öffnete die Zellentür und blickte den Gang hinunter. Es war niemand zu sehen, aber ich hörte näher kommende Schritte.

Auf Zehenspitzen stahl ich mich den Gang hinunter zur Toilette. Ein dunkler, feuchter Raum. Ich tastete nach dem Holzkasten an der Wand über dem Abtritt. Hinter diesem Kasten war ein wenig Luft und auf halber Höhe eine Querleiste.

Ich sah mich noch einmal um, ob wirklich niemand da war. Nichts zu hören außer dem Regen draußen. Ich bückte mich über das Loch, wie um Wasser zu lassen, und holte den Stein heraus. Ich hielt ihn mir dicht vor die Augen und betrachtete in dem schwachen Licht seine Farbe, die Oberfläche, die glatt und glänzend geworden war während all der Jahre, in denen ich ihn oft in der Hand gehabt hatte.

Sogyal Rinpoche hatte ihn damals zwischen Daumen und Zeigefinger gehalten. Er rieb ihn mit langsamen Bewegungen und reichte ihn mir dann. Ich fühle noch, wie er mir in der Hand lag, warm, beinahe lebendig.

Ich hielt mir den Stein in der Dunkelheit an die Wange. Er war warm von meiner Hand. Dann legte ich ihn schnell auf die Leiste hinter dem Kasten.

Als die Aufseherin abends in unsere Zelle kam, hatte sie ein siegessicheres Lächeln im Gesicht. Es schien zu sagen: Jetzt hab ich dich. Sie brachte mich in einen anderen Raum, wo eine zweite Wächterin mich festhalten musste. Sie befühlte meine Kleidung. Sie tastete meinen Körper ab. Sie drang mit ihrer kalten Hand zwischen meine Beine. Ein Schmerz durchzuckte mich. Sie konnte nichts finden. Sie bog meinen Kopf zurück und steckte mir ihre Hand in den Mund. Ich musste mich beinahe übergeben. Sie gab mir Ohrfeigen.

Nichts war von ihrem Lächeln übrig, als sie mich in meinen Raum zurückbrachte. Es muss sie wohl enttäuscht haben, dass sie mich nicht überführen und daher auch nicht foltern konnte.

Sie haben den Stein nie gefunden. Ich allerdings auch nicht. Als ich ihn holen wollte, war er weg.

Die Tage dehnten sich zu Jahren, ohne dass es einem besonders aufgefallen wäre. Jeden Tag nach der Arbeit war »Studierzeit«, in der wir Maos »Kleines Rotes Buch« lesen mussten. Wir sahen Filme von Mao bei der Truppeninspektion. Mindestens einmal die Woche gab es besondere Zusammenkünfte für Geständnisse und Kritik. Auch Kampfsitzungen gab es weiterhin, wenn sie auch nicht so schlimm waren wie in Chamdo. Was war dein Verbrechen? Hast du dich gebessert? Hast du die leeren Hoffnungen aufgegeben? Hast du die Umkehr vollzogen? Auf mich hatten sie es häufig abgesehen. Es konnte auch mal einen Schlag setzen, doch das war nichts im Vergleich zu den Prügeln, die ich in Silthog Thang regelmäßig bezogen hatte. »Wir wollen dir doch nur helfen«, sagte Dolkar lächelnd. »Damit du dich bessern kannst.«

Immer wenn die Soldaten aufmarschierten und wir ihnen in Formation folgen mussten, zitterte ich innerlich. Immer die bange Frage, ob man mich wieder aufrufen würde, ob sie mich vielleicht umbringen würden. Wenn dann nichts Besonderes geschah, atmete ich wieder auf – bis zum nächsten Auftauchen der Soldaten.

Aber es gab nicht einen einzigen Tag, an dem ich mich halbwegs in Sicherheit fühlen und so etwas wie Frieden empfinden konnte. Allen Gefangenen ging es so.

An einem Spätherbsttag des Jahres 1970 traf ich vor der Toilette eine Frau. Das Licht der Sonne fiel so über ihr Gesicht, dass alle Einzelheiten reliefartig hervortraten – ihre Falten und die Narben auf Stirn und Wangen. Als sie lächelte, sah ich, dass sie keine Zähne mehr hatte.

Als ich neben ihr war, beugte sie sich etwas zu mir her und flüsterte: »Wo kommst du her? Wie heißt du?«

»Ich bin Pachen, eine Gonjowa aus Kham«, antwortete ich. »Und du?«

»Ich bin Kundeling Kunsang.« Bei diesem Namen verneigte ich mich augenblicklich.

Ich hatte gehört, dass Kundeling Kunsang vor kurzem nach Drapchi gekommen war, aber es gab hier wenig Bewegungsfreiheit, und so sah ich sie jetzt zum ersten Mal. Jeder im Gefängnis wusste von ihr. Sie hatte einige Tage vor der Flucht des Dalai Lama eine große Frauendemonstration in Lhasa organisiert, und jedermann bewunderte und verehrte den Mut, mit dem sie sich gegen die Chinesen stellte.

Ich blickte in ihr verschwollenes und geschundenes Gesicht. Dazu das kurz geschorene Haar und diese elenden chinesischen Lumpen am Leib – es war nicht leicht, sich vorzustellen, dass sie aus einer der großen Adelsfamilien Lhasas stammte.

»Buddhas Segen für alles, was du getan hast«, sagte ich und legte die Hände kurz zur Geste des Respekts zusammen. »Du hast uns Hoffnung gemacht.«

Sie winkte ab. »Wir machen uns gegenseitig Hoffnung.«

»Wie wird es weitergehen?«, fragte ich. »Werden wir irgendwann befreit, oder müssen wir hier sterben?«

»Nein! Nein!«, sagte sie und nahm meine Hände. »So darf man nicht sprechen.« Über ihr Gesicht verbreitete sich ein Ausdruck von Entschlossenheit. »Du bist jung. Seine Heiligkeit ist in Indien. Tibet wird seine Unabhängigkeit eines Tages zurückbekommen. Es passieren auch noch gute Sachen, und es gibt Menschen, die sich für Tibet einsetzen.«

Sie sah mir in die Augen. Das Gesicht war entstellt, doch in den Augen lagen Klarheit und Stärke. Es war nur ein Augenblick, aber ein Augenblick, der mir Mut machte.

»Lass dich nie in deiner Standhaftigkeit erschüttern!«, flüsterte sie. Sie drückte meine Hände und entfernte sich den Gang hinunter.

Wir begegneten einander jetzt häufiger. Manchmal konnten wir vor der Toilette ein paar Worte wechseln. »Ah, Pachen!«, sagte sie dann gern. »Du und ich, wir sind gleich. Wir lassen uns nicht brechen.«

Wenn wir im Lazarett auf unsere Behandlung warteten, brachten wir uns gegenseitig abwechselnd etwas zu essen, wenn niemand hersah. »Hier«, sagte sie einmal, »ich habe ein bisschen Fleisch für dich organisieren können.« Und sie gab mir zwei Stückchen, von denen ich tagelang zehrte und immer nur abends ein wenig abbiss.

Wenn ich mir das Haar wusch, kam sie manchmal und tätschelte mir liebevoll den Rücken. Wir waren einander innerlich sehr nah, aber ein vertrauter Umgang wie in einer normalen Freundschaft war unter diesen Umständen natürlich nicht möglich.

Wegen ihres Rufs waren ihr die Flügel noch mehr gestutzt als uns Übrigen. Niemand durfte mit ihr sprechen. Wenn man uns mal erwischte, wurden wir tagelang verhört. »Worüber habt ihr beiden gesprochen? Was habt ihr ausgeheckt?« Wir gaben keine Antwort, und so hatten sie zum Glück keine Handhabe gegen uns.

Einmal kamen die Soldaten wie schon so oft, um uns zu einer Zusammenkunft auf dem Hof abzuholen. Es war ein bewölkter Tag, immer wieder mal gab es einen Regenguss. Ich hatte diese Zusammenkünfte und das endlose Gerede von der kommunistischen Partei gründlich satt und drängte mich unsanft und mit gesenktem Kopf an den Wächterinnen an der Tür vorbei.

Wir versammelten uns wie immer vor dem Podium, und als ich den Offizier hinaufsteigen hörte, sah ich einfach nicht hin. Doch als die vorzuführenden »Verbrecher« dann gebracht wurden, hob ich doch kurz den Blick. Es waren wohl zwanzig oder dreißig, die sich in einer Reihe aufstellen mussten. Alle trugen ein Brett um den Hals, worauf etwas stand, was ich nicht lesen konnte, und an manchen war hinten ein schmales Holzstück angebracht, an dem zu erkennen war, dass dem Betreffenden die Hinrichtung bevorstand. Ich schüttelte angewidert den Kopf, und zugleich empfand ich hilflose Verzweiflung.

Der Offizier verlas die Anklagen und gab das Zeichen, auf das hin wir »Feinde der Revolution sind des Todes!« zu rufen hatten. Die Zellenführer, das waren Tibeter, die sich bei den Chinesen beliebt gemacht hatten, stimmten die Rufe an. »Tod den Feinden der Revolution!«

»Schau!«, flüsterte eine Frau neben mir. Ich folgte der Richtung ihres Blicks und sah auf dem Podium eine Frau. Ihr Gesicht zeigte frische Spuren von Schlägen, sie konnte fast nicht mehr aus den Augen sehen. An ihrem Brett um den Hals war hinten das schmale Holz angebracht.

»Kunsang!«, hätte ich beinahe aufgeschrien, aber das Wort verwandelte sich in meiner Kehle noch rechtzeitig in ein Stöhnen.

Ein Offizier las die Namen vor, gab die Verbrechen bekannt und sprach die Urteile. Tod, lebenslange Haft, Haftverlängerung. Dann war Kunsang an der Reihe.

»Kundeling Kunsang. Verbrechen: Konterrevolutionäre Umtriebe. Feindin des Mutterlandes. Anführerin der Reaktion. Das Urteil …«

Ich sah zu Kundeling Kunsang hin. Sie hob den Kopf.

»Tod«, sagte der Mann und ging gleich zum Nächsten über. Kunsang stand still da. In ihrem geschundenen Gesicht war ein Ausdruck von Ruhe. Sie zuckte nicht zurück, als ihr die Hände gebunden wurden und als die Soldaten kamen, um sie zu dem wartenden Lastwagen zu zerren. Ihr Kopf blieb erhoben.

Ich sah zu, wie zwei junge Chinesen sie beiderseits am Arm packten. Als sie den Lastwagen bestieg, trat einer der beiden sie und stieß sie hinein. Ich sah zu, wie der Lastwagen zurücksetzte und dann losfuhr. Matsch spritzte unter den Reifen auf. Ich hörte das Klappern der Türen und das Rasseln des Motors leiser und leiser werden.

»Da die Verbrecher weg sind«, sagte der Offizier in unverändertem Tonfall, »können wir jetzt zu den Belohnungen kommen.« Er verlas die Namen von Leuten, die sich zur Kooperation mit den Chinesen bereit gefunden hatten. Die Träger der Namen traten aufs Podium. Sie bekamen zum Lohn Zahnpasta und Handtücher. Manche »Das Kleine Rote Buch«. Es gab auch besonders Willige, die vorzeitig entlassen wurden.

»Hingerichtet wird, wer sich nicht ändert«, sagte er mit einer Stimme, die keinerlei Gefühl verriet. »Seht genau hin, was denen blüht, die sich nicht ändern können. Aber wer umzudenken vermag« – er machte eine Handbewegung zu den Gefangenen auf dem Podium hin –, »wird belohnt.«

Am Abend erzählten uns Frauen, die in der Ziegelei von Sera arbeiteten, was sie dort an diesem Tag gesehen hatten. »Die Gefangenen mussten sich an den Rand einer Grube knien und bekamen dann einen Genickschuss. Die Gewalt des Schusses schleuderte sie in die Grube, und noch bevor sie zu atmen aufhörten, wurde die Grube zugeschüttet.«

Als ich später im Bett lag und nicht schlafen konnte, erschien vor mir in der Dunkelheit ein Gesicht. Es war Padmasambhava. Er sprach: »Ich bin niemals fern denen, die glauben. Meine Kinder sind stets im Schutz meines Erbarmens.«

»Kostbarer Guru Rinpoche«, betete ich leise, »führe Kundeling Kunsang auf dem Pfad des Klaren Lichts.«

Einige Tage später hatte ich nachts einen Traum. Ich sah einen Mann an der Tür einer großen Versammlungshalle stehen. Er arbeitete an einer Mao-Statue aus Porzellan oder Ton. Mao stand sehr aufrecht da, das Haar zurückgekämmt, lebensecht. Bei näherem Hinsehen bemerkte ich Risse an der Basis. Da wird es bald bröckeln, dachte ich und wachte auf.

Am nächsten Tag stapelte ich Ziegel zusammen mit einer Frau, zu der ich ein recht freundschaftliches Verhältnis hatte. Sie galt als anständig und entstammte einer angesehenen Familie. Ich hatte den Eindruck gewonnen, man könne ihr vertrauen. Wir wechselten immer wieder mal ein paar Worte, wenn wir unbeobachtet waren.

»Wie geht's?«, flüsterte sie während einer Pause. »Hast du etwas geträumt?«

Ich staunte über das seltsame Zusammentreffen und erzählte ihr von meinem Traum. »Vielleicht bedeutet er, dass bald etwas geschieht«, sagte ich. »Vielleicht sind Maos Tage gezählt.«

Einige Tage später wurde ich bei einer abendlichen Versammlung von einer Lagerleiterin angesprochen. »Pachen«, sagte sie, »uns ist zu Ohren gekommen, dass du den Tod des Vorsitzenden Mao voraussagst. Das ist ein schweres Vergehen, dafür wirst du bestraft.«

Ein Wächter trat vor und schlug mir dreimal ins Gesicht. Aber mehr als die Schläge schmerzte mich der Verrat. Ich hatte vertraut, und das Vertrauen war gebrochen worden.

Später sah ich meine Freundin Maos rotes Buch mit sich herumtragen. »Schämst du dich denn gar nicht?«, fragte ich sie. Aber mir wurde auch klar, wie machtlos sie war. Sicherlich hatte sie mich nur unter großem Druck oder in der Hoffnung auf vorzeitige Entlassung verraten. Ich sagte zu anderen nichts über sie, aber ich achtete von da an noch mehr auf meine Worte.

Einmal saß ich abends auf meinem Bett und sprach innerlich meine Gebete, als eine Aufseherin in der Tür erschien. So spät waren sie hier nur selten zu sehen, und ich bekam das Gefühl, dass etwas Ungutes bevorstand. »Zayul Bumo, Drolma, Kalsang Dolma, Pachen – mitkommen!«, sagte sie und zeigte dabei nacheinander auf die Genannten.

Ich schloss schnell noch mein Gebet ab: »Ich nehme Zuflucht zum Buddha, ich nehme Zuflucht zum Dharma, ich nehme Zuflucht zum Sangha.« Dann zog ich mir die Jacke über.

Die Nacht war kalt, der Himmel sternenübersät. Zwei andere Wächterinnen stiegen hinter uns in den Lastwagen und schlossen die Tür. Wir fuhren los. Werden wir verlegt? Oder hingerichtet? Ich empfand tiefes Mitgefühl für alle Getöteten, und zugleich hatte ich Angst vor dem, was jetzt auf mich zukommen mochte. Ich dachte: Wenn doch nur die Amerikaner mit Bombern kämen und uns alle umbrächten. Das wäre vielleicht die Lösung. Wenn alle tot wären, hätte der Albtraum ein Ende.

Nach kurzer Fahrt hielt der Wagen an, und wir wurden in einen großen Raum geführt. Krankenschwestern kamen vorbei; es war also irgendeine medizinische Einrichtung. Wir mussten eine süß schmeckende Flüssigkeit trinken und dann warten.

Ich bemerkte einen Riss, der sich in Windungen die Wand hinaufzog wie eine Schneckenmuschel. Gleich hörte ich Gonlhas Stimme in mir: »Lass Segnungen ausstrahlen wie die rechtsdrehende Muschel des guten Geschicks.« Für einen Augenblick sah ich seine umfangreiche Gestalt vor mir auf und ab gehen und die langen Ärmel seines Gewandes gegen seine Knie streichen. Ich hörte sein tiefes, behäbiges Lachen. Unhörbar flüsterte ich seinen Namen.

Vor mir stand ein chinesischer Arzt mit einem Tablett voller Flaschen. Er ließ mich einen Arm ausstrecken und zog dann eine Röhre mit einer langen Nadel aus der Tasche. Er band mir den Arm oberhalb des Ellbogens mit einem Tuch ab. »Stillhalten«, sagte er und stach die Nadel mit einem Ruck in eine Vene in meiner Armbeuge. Ich sah eine rote Flüssigkeit in die Röhre laufen. Eine Flasche wurde damit gefüllt, dann eine zweite und eine dritte. Mein Blut, dachte ich ohne jedes Gefühl, als sähe ich Wasser aus einem Gefäß laufen. Viele Flaschen wurden gefüllt, und danach fuhr man uns zurück zu unserem Lager und brachte uns in unsere Zelle. Dann erst konnten wir miteinander sprechen.

»Was war das?«, fragte ich.

Drolma antwortete: »Ich habe gehört, dass sie den Gefangenen Blut abnehmen und es ihren Soldaten geben.«

Ich konnte in dieser Nacht nicht schlafen. Immer wieder sah ich vor mir, wie mir das Blut entströmte und in den Arm eines Chinesen floss. Ich sah, wie es sich in seinen Adern ausbreitete und im ganzen Körper verteilte. Der Gedanke, dass Blut aus meinem Körper jetzt im Körper eines anderen floss, verfolgte mich. Ich kam mir vor wie eine Kollaborateurin.

Nach Wochen begannen einige der Frauen schwächer zu werden. Der Blutverlust überforderte ihren Körper.

Wieder einmal träumte ich vom Vorsitzenden Mao. Diesmal war es ein sehr lebendiger, in allen Einzelheiten klarer Traum.

Ich befinde mich in einer riesigen Gebetshalle voller Menschen. Durch die Fenster unter der hohen Decke strömt ein sonderba-

res Licht herein. »Mao wird die Treppe herunterkommen«, flüstert eine Frau neben mir.

»Ich muss wissen, wie er aussieht«, antworte ich und blicke nach oben. Wir alle blicken zum Himmel. Wir warten eine Zeit lang, dann sehen wir ihn kommen. Ein Mann trägt ihn am Kopf, ein anderer an den Füßen. Als ich genauer hinsehe, erkenne ich, dass er tot ist und dass er einen Frauenkörper besitzt. Das Haar ist rot und hängt herab, der Körper ist schwarz. Ich denke: Er muss in seinem früheren Leben eine ganz besonders schreckliche Hexe gewesen sein, dass er jetzt so aussieht.

Dann erreicht er den Boden und wird zur großen Pforte am Ende der Halle getragen. Seine Träger verkünden: »Dies ist Mao Zedong.«

»Dank der Gnade des Buddha ist er tot«, sage ich.

Ich fragte mich, ob mein Traum wohl wahr werden würde, aber diesmal erzählte ich nichts von ihm. Ein paar Jahre darauf starb Mao.

Mit seinem Tod endete die Kulturrevolution, und die Lebensumstände wurden nach und nach erträglicher, doch inzwischen hatten die Chinesen über sechstausend Klöster zerstört. Viele der großen Lamas waren umgebracht oder interniert worden. Wer noch lebte und nicht im Gefängnis war, musste gegen seine Gelübde verstoßen und heiraten. Nach dem Motto »Reform durch Arbeit« wurden sie zu besonders niedrigen Arbeiten eingeteilt.

Mit der Kampagne gegen die »Vier Alten« versuchten sie unsere Kultur mit Stumpf und Stiel zu beseitigen. Das Schlimmste aber war, dass sie unsere unersetzlichen heiligen Bildwerke, über mehr als tausend Jahre gesammelt, aus Klöstern und Privathäusern entwendeten. Und was sie nicht mitnahmen, zerstörten sie. Unsere heiligen Mani-Steine wurden als Straßenpflaster verwendet. Unsere heiligen Schriften verbrannten sie – in solchen Massen, dass der Rauch tagelang über dem ganzen Land hing.

Kurz nach Maos Tod im Jahr 1976 wurde mir mitgeteilt, dass ich nach Tramo Dzong in Kongpo Nyingtri verlegt würde. Ein paar Tage vor der Abfahrt kam eine Wächterin in die Zelle und brachte mir einen Brief. Post zu bekommen war mir so ungewohnt, dass ich den Brief erst einmal unter die Bettrolle steckte. Den ganzen Tag dachte ich nach, was mich wohl in dem Umschlag erwartete. Am Abend vor dem Zubettgehen zog ich ihn hervor.

Es war eine kalte Nacht, und gerade begann es zu regnen. Ich hörte die Tropfen auf das Blechdach klopfen. Ich saß mit überkreuzten Beinen auf meinem Bett, die Decke um mich gelegt, und drehte den Umschlag in der Hand. Er hatte Schmutzstreifen und die Tinte war teilweise verlaufen, sodass ich die Handschrift nicht erkannte.

Schließlich öffnete ich den Brief und sah, dass er von einer Bekannten in Tramo Dzong geschrieben war. Ich las: »Deine Mutter ist krank geworden und gestorben. In ihren letzten Tagen wurde sie von einem alten Mann versorgt, der früher Mönch war. Er kümmerte sich aufopferungsvoll um sie. Sie hat für dich drei Säcke Gerste und ein rotes, in einer Plastiktüte verpacktes Hemd beiseite gelegt, die du nach deiner Freilassung bekommen sollst. Sie hätte dir die Sachen gern noch selbst gegeben. Ich bewahre sie hier für dich auf.«

Ich las den Brief wieder und wieder, um mich zu vergewissern, dass ich ihn richtig verstanden hatte. Dann faltete ich ihn zusammen und verstaute ihn in einem kleinen Beutel neben meinem Bett. Ich saß da und starrte an die Wand und konnte nicht fassen, was ich gelesen hatte. Es war mir nicht möglich, eine Verbindung zwischen den Worten auf dem Papier und meiner Mutter herzustellen.

Sie nimmt meine Brüste in ihre Hände und küsst sie. »Ich hole dir ein bisschen Butter«, flüstert sie. »Die wird dich bei Kräften halten.« Ich sehe ihre kleine zerlumpte Gestalt die Straße hinunter entschwinden.

Dann wurde ich eines Morgens abgeholt und zu einem Armeelastwagen gebracht. Mein kleines Bündel enthielt zwei geflickte Hemden, eine schon sehr mitgenommene Bettdecke und ein Säckchen Tsampa, das eine der freundlicheren Aufseherinnen mir geschenkt hatte.

Es war ein offener Pritschenwagen, sodass ich alles ringsum sehen konnte. Hinter den niedrigen Häusern des Gefängnisses traten eben die fernen Berge aus dem Dunst hervor. Ihre weichen Umrisse vor dem Himmel schienen nichts Festes zu haben. Wie Geister standen sie da. Die Luft wurde wärmer und roch zum ersten Mal seit Jahren frisch.

Bei der Fahrt über die Birikuri-Brücke erhaschte ich einen Blick auf den Potala. Sein goldenes Dach lag in der Sonne. Es war, als käme das Licht von innen, als wäre es das Strahlen der heiligen Statuen und Lehren, als wäre der Geist Seiner Heiligkeit noch hier. »Möge der Buddha-Dharma wie die Sonne leuchten«, betete ich. »Möge Seine Heiligkeit bald auf den ihm zustehenden goldenen Thron zurückkehren. Möge Tibet frei sein.«

Ich wäre so gern in Lhasa geblieben. Auch zum Sterben, dachte ich, wäre dies ein besserer Ort, denn wenigstens würde man meine Leiche zum Bestattungsgrund des Klosters Sera bringen.

Der Lastwagen bog nach rechts in Richtung Kongpo ab. Die milde Luft im Gesicht, der traurige Abschied von Lhasa und die schreckliche Aussicht, in ein Kongpo zurückzukehren, in dem meine Mutter nicht mehr lebte – all das vermengte sich zu einem konturlosen Gefühlswirrwarr. Und ich konnte nichts tun.

Nyingtri lag nicht weit von Chundo Dzong, und die Landschaft bekam etwas Vertrautes, je mehr wir uns dem Zielort näherten. Die Anbauflächen, auf denen sich gerade junges Grün zeigte, erinnerten mich an die Felder, die ich für den Anbau vorbereitet hatte. Jeder stachlige Strauch erinnerte mich an meine Mutter, und jetzt erst wurden die Worte des Briefes richtig lebendig. Eine Landschaft belebt die Erinnerung anders, als Wörter auf Papier es könnten. Ich begann zu weinen.

Der Wächter, der mich begleitete, schrieb meine Tränen wohl der Angst zu. »So schlimm ist es hier gar nicht«, versuchte er mich zu beruhigen. »Das hier ist ein Arbeitslager. Du wirst sehen, es ist viel besser als die anderen, in denen du schon gewesen bist.«

Ich wurde dem Frauenabschnitt zugewiesen und bekam einen Blechbecher und einen Sack, der mir, mit Stroh ausgestopft, als Matratze dienen sollte. Hier waren Frauen, die ich in anderen Lagern und Gefängnissen von weitem gesehen hatte, aber keine, die ich gut kannte.

Am dritten Tag wurde ich mit anderen zur Bewässerung der Felder eingeteilt. Nach mehreren Hungersnöten waren die Chinesen jetzt bemüht, neue Anbauflächen zu erschließen. Wir mussten auch die Gruben der Lagertoiletten ausheben, um Dünger zu gewinnen. Eine Frau stand in der Grube und füllte mit der Schaufel einen Eimer, eine andere zog ihn dann nach oben. Wir bildeten eine lange Kette und gaben die Eimer von Hand zu Hand weiter, und die Letzte goss ihn aufs Feld. Unterwegs schwappte manches Mal der Inhalt heraus und spritzte auf unsere Kleider.

Diese Gegend Kongpos war für ihren Regen bekannt, und tatsächlich goss es nach meiner Ankunft Tag und Nacht, doch die Arbeit wurde nie unterbrochen. Und wir besaßen nur die schon recht verschlissene Kleidung, die wir am Leib trugen. In den ersten Monaten, die ich dort war, ging ich häufig in feuchten Kleidern schlafen.

Die schwere Arbeit und die feuchte Kälte setzten mir so sehr zu, dass meine Kräfte nachließen. Dazu der ewige Hunger. Mein Magen schien sich selbst verdauen zu wollen. Meine Energie schien wie durch ein Loch in meiner Mitte auszulaufen.

Um wieder zu Kräften zu kommen und mich warm zu halten, versuchte ich es mit einer tantrischen Übung, die Tummo genannt wird. Ich hatte Geschichten von Yogis gehört, die in dünnen weißen Umhängen tagelang im Schnee sitzen konnten. So wurde überprüft, wie weit ihre Tummo-Kräfte entwickelt waren. Ich wusste, dass man jahrelang üben musste, um diese Stufe zu erreichen, aber vielleicht würde es mir ja gelingen, wenigstens ein bisschen Wärme zu entwickeln.

Abends, wenn ich für mich allein sein konnte, lag ich im Bett und stellte mir meinen Körper von einem weißen Licht erfüllt vor. Mit jedem Atemzug ließ ich das Licht durch die Nase einströmen und zum Zentrum meines Körpers hinter dem Nabel absteigen. Dort stellte ich mir einen Funken vor, eine kleine Flamme, die durch Bauch, Herz und Kehle zum Scheitelpunkt des Kopfes aufstieg. Sie brannte sich durch alles Unreine und Schwächende hindurch und strahlte als ein Strom von Nektar und Licht zum Scheitel hinaus. Dieses milde, reine Licht ergoss sich über meinen Körper, und ich stellte mir vor, wie es alles Leiden und alle Schwäche abwusch und mich mit Glück erfüllte.

Etliche Monate lang übte ich jeden Abend in dieser Weise. Nach einer Weile begann ich mich wieder kräftiger zu fühlen.

Nach mehreren Jahren wurde meine Abteilung zur Holzarbeit im Wald eingeteilt. Wir mussten vor dem Morgengrauen aufstehen und hatten bis zu diesem Wald etliche Höhen und Täler zu überwinden. Unterwegs fiel mir auf, dass die Hügel kahl waren, die Wälder verschwunden. An unserer Arbeitsstelle lagen bereits entastete Baumstämme kreuz und quer durcheinander. Andere waren hier schon an der Arbeit und fällten Bäume. Wir bekamen Äxte und hatten den Auftrag, von kleineren Bäumen die Äste abzuschlagen.

Ich nahm meine Axt in die Hand und ging auf eine kleine Birke zu. Ihre rundlichen blassgrünen Blätter wedelten wie Hunderte kleiner Flügel in der Morgenbrise. Die Sonne drang durch das Laubwerk und erinnerte mich an den Wald um Gyalse Rinpoches Kloster.

Shindruk ist noch nass von der Flussüberquerung. Er dampft in der kühlen Luft, und ich bin wie benebelt von durchdringendem Pferdegeruch. Er mischt sich mit dem Duft der Kiefern.

Über mir recken sich die uralten Bäume dem Himmel entgegen. Sonnenlicht schwebt durch die Äste herunter. Hier und da schillert es silbern auf den Nadeln, und unten auf dem Boden fließt es zu filigranen Mustern zusammen. Der Wind ist hier ein tiefes Rauschen. Es sind alte Gottheiten, lebendige Geister – ich empfinde das Glück, in ihrem Schatten sitzen zu können.

Ein kleiner Windstoß, und die Zweige der Birke begannen zu tanzen. Die Blätter raschelten und schwärmten wie Hunderte silbriger Falter. Ich umklammerte die Axt. Ich flüsterte: »*Om Mani Peme Hung*. Vergib mir, Baum.« Ich schlug nach den unteren Ästen. Holzspäne flogen. Der ganze Baum erzitterte unter jedem Schlag. Und bei jedem Schlag war mir, als schlüge ich mir selbst Arme und Beine ab.

»Die Erde ist ein Lebewesen«, hatte Gyalse Rinpoche einst gesagt. »Du musst sie achtungsvoll behandeln. Alles Leben ist heilig.«

Bei jedem fallenden Ast bat ich um Vergebung.

Seit Maos Tod wurden die Bedingungen nach und nach besser, und 1979 erfuhren wir, Seiner Heiligkeit sei gestattet worden, die erste von drei Delegationen zur Bestandsaufnahme nach Tibet zu entsenden. Diese Delegationen sollten feststellen, was sich in Tibet seit der Flucht Seiner Heiligkeit vor zwanzig Jahren geändert hatte. Die erste Delegation, zu der auch sein jüngerer Bruder Lobsang Samten gehörte, begann in Amdo und wandte sich dann nach Lhasa. Auf dem Weg nach Kham sollten sie auch durch Nyingtri kommen, wo unser Gefängnis lag.

Die Nachricht verbreitete sich wie ein Lauffeuer. »Lobsang Samten kommt«, flüsterten die Gefangenen einander zu. »In Amdo soll die Delegation von Tausenden Tibetern umlagert gewesen sein. In Lhasa das Gleiche.« »Sie sind hier, um unsere Qualen zu beenden.« »Sie kommen auch bei uns vorbei.« »Es ist der Anbruch einer neuen Zeit.«

An dem Abend, an dem ich vom Kommen der Delegation erfuhr, schrieb ich ihren Mitgliedern einen Brief: »Arbeitet weiter auf die Unabhängigkeit Tibets hin. Wir, die wir hier gelitten haben, stehen uneingeschränkt hinter euch. Wie sehr sie uns auch foltern mochten, wir haben die Hoffnung nie aufgegeben. Wie der Kuckuck auf dem Ast eines Baumes wartet, so warten wir geduldig auf die Rückkehr Seiner Heiligkeit.«

Den Brief gab ich der Tochter eines Gefangenen mit, die ihn hier besucht hatte. Sie erzählte mir später, sie habe ihn der Delegation aushändigen können, doch eine Antwort bekam ich leider nicht; die Delegation war nur zwei Tage in Nyingtri.

Den Gefangenen wurde eine Begegnung mit der Delegation verweigert. Wir wurden sogar zusammengetrieben und bewacht, weil die Chinesen argwöhnten, dass manche die Gelegenheit zur Flucht nutzen könnten.

Aber ein älterer Mönch, der in einem kleinen Haus am Rande eines Apfelgartens wohnte, sah die Delegation. »Es waren drei Leute dabei, die sehr genau hinsahen«, erzählte er später.

»Sie sahen nicht nur genau hin, sondern haben auch Fotos gemacht.« Das war alles, was wir darüber erfahren konnten.

Ein halbes Jahr später kamen aus Indien zwei weitere Delegationen. Die eine leitete Jetsun Pema, die Schwester des Dalai Lama. Einige Tage vor der Ankunft der Delegation in Nyingtri erfuhren wir, dass ihre Mitglieder über Nacht bleiben und einem eigens von den Chinesen organisierten und von Kindern dargebotenen Volkstanzabend beiwohnen wollten.

Einer der Gefangenen, einer Frau namens Surkhang Dolkar, wurde mitgeteilt, Jetsun Pema lege besonderen Wert darauf, sie zu sehen, da sie ihr einen Brief ihrer inzwischen in der Schweiz lebenden Tochter übergeben wolle. »Zieh deine schmutzigen Sachen aus«, sagte ein Offizier zu ihr. »Hier sind saubere. Und wasch dir das Gesicht. Du wirst der Delegation vorgestellt.«

Vier von uns fassten den Plan, uns als Chinesinnen zu verkleiden und ihr zu folgen. »Vielleicht«, sagten wir uns, »können wir mit Jetsun Pema sprechen und ihr alles erzählen, was die Chinesen getan haben.«

Einer der Gefangenen gelang es, chinesische Kleider zu beschaffen, und am Abend verkleideten wir uns. Wir trugen Strohhüte und verbargen unsere Gesichter hinter Tüchern. Da viele der Wachen sich die Tanzdarbietung ansahen, kamen wir aus dem Haus, ohne entdeckt zu werden.

Es war mitten im Sommer in der Zeit der warmen Nächte. Unter dem Strohhut staute sich die Hitze, und ich begann zu schwitzen. Wir liefen von einem Gebäude zum nächsten und suchten immer wieder Deckung im Schatten. Als ich mir einmal den Schweiß abwischen wollte, bemerkte ich meine zitternden Hände. »Wenn sie uns erwischen, war es das wert«, sagte ich mir. »Ich bin es Seiner Heiligkeit schuldig, wenigstens den Versuch zu machen.«

Einmal kam ein Aufseher auf uns zu, und wir senkten die Köpfe und gingen weiter, als wäre nichts. Er ging auch, ohne noch einmal hinzusehen, an uns vorbei. Das Licht des Vollmonds warf überall Schatten. Ein Pfosten sah aus wie ein Soldat, eine Hausecke wie ein Wachtposten mit auf uns gerichtetem Gewehr. Das Herz schlug mir bis zum Hals, aber ich ging weiter.

Als wir die Mitte des Lagers erreichten, sahen wir das Versammlungsgebäude von einer Menschenmenge umlagert, weil drinnen schon kein Platz mehr war. Wir drängten uns durch, blieben aber in der Menge stecken und kamen nicht hinein.

Ich konnte durch ein kleines Fenster hineinschauen. Vorn in der ersten Zuschauerreihe konnte ich mit Mühe zwei Frauen erkennen. Eine von ihnen trug eine Chuba mit Schürze. Das kann nur Jetsun Pema sein, dachte ich. Der Anblick ihrer Chuba und der Gedanke, dass sie die Schwester Seiner Heiligkeit sein könnte, trieben mir die Tränen in die Augen. »Om Mani Peme Hung«, betete ich wieder und wieder.

Ich bemerkte aber auch, dass sich etliche Wächter in der Menge befanden. »Es hat keinen Zweck, länger hier zu bleiben«, flüsterte eine meiner Mitverschworenen. »Wenn sie uns sehen, wird die Sache böse enden.« Sie zupfte an meinem Ärmel und wandte sich zum Gehen. Schweren Herzens folgte ich ihr. Zu gern hätte ich Jetsun Pemas Hand gespürt. Es hätte mich Seiner Heiligkeit so viel näher gebracht.

Die Delegationen aus Indien gaben den Hoffnungen und dem Lebensmut der Tibeter ungeheuren Auftrieb – in den Gefängnissen ebenso wie außerhalb. Wochenlang kamen immer weitere Neuigkeiten aus anderen Gegenden. Alle empfanden die Besuche als ein Zeichen, dass wir auf dem Weg zur Unabhängigkeit waren.

Nach diesen Besuchen und aufgrund des internationalen

Interesses, das sie fanden, gingen die Chinesen Schritt für Schritt zu mehr Freizügigkeit über. Die Alten und Gebrechlichen wurden entlassen, die Jungen und noch Verwendungsfähigen mussten bleiben. Als ein kleines Zugeständnis an die Delegationen erlaubten die Chinesen vielen Gefangenen Besuche ihrer Heimat. Auch ich wandte mich brieflich immer wieder an die Behörden und schrieb, ich habe meine Heimat seit zwanzig Jahren nicht mehr gesehen.

Schließlich bekam ich die Erlaubnis, das Lager für zwei Monate zu verlassen. »Hier sind dreihundert Yuan«, sagte ein Offizier zu mir. »In zwei Monaten bist du wieder hier.«

10.
Heimkehr

Ich erreichte Chamdo am späten Nachmittag. Die Stadt hatte sich in den zwanzig Jahren, die ich sie nicht mehr gesehen hatte, sehr verändert. Hohe Betongebäude und unzählige Chinesen, die Straßen voller Karren und Lastwagen, und überall an den Straßenrändern verkauften die Leute ihre Waren – abgehäutete Tiere, an Holzstangen hängend, Haufen von Rüben, Kohl, Tomaten und Kartoffeln auf Decken, Reissäcke, auf Kisten ausgelegte Teeziegel. Ich war überwältigt. All die Jahre hatte ich nichts dergleichen gesehen.

Am Rand des Marktplatzes erkannte ich eine Frau, die mit unserer Familie befreundet gewesen war. Ich lief zu ihr hin in der Hoffnung, dass sie mich erkennen würde. »Tashi Delek. Kennst du mich noch? Ich bin Ashe Pachen.«

Die Frau trat einen Schritt zurück und sah mich mit vor Überraschung geöffnetem Mund an. Dann warf sie mir die Arme um den Hals. »Dein Haar ist so lang«, sagte sie. »Ich traue meinen Augen nicht!« Sie nahm mich bei der Hand und sagte zu meiner Erleichterung, ich müsse unbedingt bei ihr wohnen. Ich blieb etliche Tage bei ihr, doch das Gefühl, außerhalb des Gefängnisses ganz auf mich gestellt zu sein, verwirrte mich so, dass ich mich die ersten Tage kaum aus dem Haus wagte.

Dann drängte es mich aber, die Schlucht hinter dem Kloster aufzusuchen, das mein erstes Gefängnis gewesen war, die

Schlucht, in die man die Leichen der Gefangenen geworfen hatte.

Am späten Nachmittag kam ich dorthin. Über dem Horizont lagen Wolken, hinter denen immer wieder die Sonne verschwand. Ganz zuletzt kam sie noch einmal heraus und warf ein bleiches Silberlicht über das Land. Die Spitzen der Gräser züngelten wie Tausende kleiner Flammen, und von weitem drangen Taubenrufe zu mir herüber.

Ich blickte in die zwischen dem Kloster und den jenseitigen Gebäuden verlaufende Felsschlucht hinunter. Zwischen den Steinen waren noch Knochen und Schädelreste zu erkennen. Bei diesem Anblick stand plötzlich die Erinnerung an die Jahre in Chamdo vor mir.

Ich dachte an das illusorische Wesen aller weltlichen Dinge, die Vergänglichkeit all dessen, was uns lieb und wert ist. Sie verschwinden so schnell wie der Blitz am Himmel, wie Tautropfen auf Grashalmen. Nur eines steht so fest und unwandelbar, dass wir uns daran halten können: die Lehren des Buddha.

So stand ich eine Stunde und blickte im schwindenden Licht auf die Felsen und Spalten unter mir. Ich dachte an Dekyong. Ihre Worte fielen mir ein: »Den Tod fürchte ich nicht ... aber die Folter.«

Und all die anderen, die gestorben waren. Ich betete: »Mögen all die Unglücklichen, die hier gestorben sind, auf den Pfad zur Freiheit geführt werden, mögen sie das Feld des Klaren Lichts erreichen.«

Am nächsten Tag überquerte ich den Fluss und ging in Richtung Silthog Thang, zum Ort meiner größten Leiden. Im Nieselregen sah ich Gefangene auf den Feldern Steine aufklauben. Sie waren in erbarmungswürdiger Verfassung, hatten offenbar weder genug zu essen noch ausreichende Kleidung.

Lange Zeit stand ich da und sah ihnen zu und wünschte, ich könnte irgendetwas tun.

Meine Gedanken wanderten zurück ins Jahr 1965, als Gyalwa Yungdrung hier vor den Augen der Gefangenen erschossen worden war. Ich hörte ihn noch rufen: »Möge Seine Heiligkeit zehntausend Jahre leben!«

Hier in den Gefängnissen von Chamdo hatte man mir Fußeisen angelegt, die ich über ein Jahr tragen musste, und hier war ich neun Monate lang in Dunkelhaft gewesen. Hier unterzogen sie mich den schlimmsten Kampfsitzungen, so bitterböse, dass der Boden anschließend schwarz von meinen Haaren war. Hier wäre es ihnen beinahe gelungen, mich zu brechen.

Ein große Traurigkeit kam über mich. Ich dachte an alle meine Mitgefangenen, ich sprach alle Gebete, die ich kannte.

Erhabener, gib die Leiden aller Lebewesen mir. Ich will sie als meine eigenen tragen.

Als ich dann Richtung Gonjo weiterzog, erschien die Landschaft mir verändert. Das Land hatte seine Fröhlichkeit verloren. Die Menschen gingen in Lumpen, sie waren schwach, ausgemergelt, aschfahl. Alle hatten sie Körbe auf dem Rücken und einen Spaten oder Besen in der Hand und wurden auf Lastwagen zur Feldarbeit gefahren. Die Wiesen beiderseits der Straße hatte man gepflügt und für den Anbau vorbereitet, doch die Erde wirkte seltsam unfruchtbar – endlose lange Furchen trockener Erde, eine neben der anderen, so weit das Auge reichte. Ich hielt mir ein Tuch vors Gesicht und ging still meines Weges.

In Sheng traf ich einen jungen Mann aus Lemdha, der mir ein Pferd auslieh. Im Angedenken meines Vaters bot er mir an, mich zu begleiten. Unterwegs kamen wir an einem Trupp Straßenarbeiter vorbei, die von Soldaten beaufsichtigt wurden. Alle trugen die gleiche zerlumpte Kleidung, alle hatten den gleichen schlurfenden Gang.

Einer rief plötzlich: »Ashe Pachen!« Ein alter Mann mit breiter Nase und einem schiefen Lächeln, irgendwie erkannte er mich. Er ließ seinen Spaten fallen und hinkte auf mich zu. »Ashe Pachen! Ashe Pachen!« Andere nahmen den Ruf auf, und kurz darauf war ich von ihnen umringt. Einige hielten mein Pferd, andere fassten mir an die Schuhe, an die Ärmel, an den Saum meiner Chuba. Alle streckten die Hand aus und versuchten mich zu berühren. Sie riefen unentwegt meinen Namen. Tränen liefen ihnen über die ledrigen Wangen. Manche lachten vor Freude.

»Ich bin nach Lemdha unterwegs«, übertönte ich das Stimmengewirr. »Ich muss weiter, aber es dauert nicht lange, und ich komme wieder.«

Und den am nächsten Stehenden flüsterte ich zu: »Gebt die Hoffnung nicht auf. Denkt an Seine Heiligkeit.«

Die Nacht war still. Der im Westen bereits sinkende Halbmond warf sein fahles Licht, während wir ritten. Ringsum glitzerte der Raureif am Boden, und manchmal hatte ich das Gefühl, auf Wasser zu reiten. Gibt es eigentlich keinen Ort der Ruhe mehr, dachte ich, keinen Ort der Geborgenheit, keine Zuflucht vor dem unendlichen Kummer? Das ganze Land, der Boden, die Hügel, die Berge, waren wie mit Kummer getränkt. Überall hatte er seine Abdrücke hinterlassen.

Je näher ich meiner Heimat kam, desto stärker wurden die Gefühle. Auf den Hügeln oberhalb von Lemdha hielt ich an und blickte auf den Ort hinunter. Der Marchu, kaum sichtbar im schwindenden Mondlicht, wand sich durchs Tal, und sein Rauschen war wie ferner Wind. Einen Augenblick lang glaubte ich Frauen im Wasser stehen zu sehen, die Wäsche wringend und schüttelnd und in die Strömung schlagend. Sie lachten und schwatzten, während andere auf den runden Ufersteinen saßen. All die Erinnerungen kamen zurück, und ich musste tief durchatmen.

Wir schlugen den schmalen ausgetretenen Pfad hinunter ins Dorf ein. Das Gras beiderseits schien mir an manchen Stellen höher, doch der Pfad selbst war wie eh und je. Wir passierten die vertrauten Felsformationen, und mein Herz schlug höher. Ich war aufgeregt und traurig und voller Sehnsucht – alles zugleich.

Weiter unten verlief der Pfad über einen kleinen ebenen Absatz, um dann steiler zum Fluss abzufallen. Wir kamen an eine von Felsbrocken umgebene Stelle, die noch so war wie früher. Ich fühlte Lhamos warmen Rücken an meinem und hörte ihre Stimme. *»Frei wie Vögel, aber wie lange wird es anhalten?«* Dann sah ich kurz ihr Gesicht, die brechenden Augen, bevor sie in sich zusammensank. Wie ein Schlag traf mich die unendliche Traurigkeit. »Heiliger Guru«, betete ich, »wache über all die hilflosen Wesen.«

Als wir den Fluss erreichten, war der Mond untergegangen. Wir entzündeten eine Fackel und folgten dem Flusslauf. An der Stelle, wo der Pfad zur Furt hinunterführte, schlug mein Herz so schnell, dass es mir fast den Atem verschlug.

Im Schilf hatte sich eine dünne Eisdecke gebildet. Es zerklirrte unter den Hufen meines Pferdes. Mein Begleiter zupfte mich am Ärmel und zeigte zum anderen Ufer. Ich sah die Umrisse von Menschen, Hunderte kleiner schwankender Flammen, ich hörte Schritte auf Kieseln.

Dann war ich plötzlich von ihnen umringt. »Ashe Pachen!«, riefen etliche. »Hierher!« »Tashi Delek!« Zurufe von allen Seiten, bis ich von einem wahren Tosen umgeben war.

»Lasst sie durch!«, schrie jemand, doch sie umdrängten

mich so, dass daran nicht zu denken war. Ich erkannte viele im Schein der Fackeln, und es tat weh, sie so verändert zu sehen. In jedem Gesicht Spuren des Leidens, seien es Narben oder die feineren Linien des Kummers. Die Freude in diesen Gesichtern verdeckte die tief eingegrabene Qual nicht. Beides zusammen war fast nicht zu ertragen. Ich wollte mich abwenden, doch ringsum hatte ich diese Gesichter vor mir, voller Bewegung und voller Tränen.

»Ashe Pachen, komm in mein Haus.« »Nein, in meins.« »In meins.« Alle wollten sie an den Zügeln meines Pferdes ziehen. Unterdessen drängte sich ein Mann nach vorn, Sheldu Tulku, der Bruder Dorzong Rinpoches, eines meiner früheren Lehrer. Er nahm die Zügel meines Pferdes. »Seid doch vernünftig«, sagte er zu den Leuten, die mich umringten. »Lasst sie durch.« Er sprach mit fester Stimme, und da sein früherer Stand hier noch Geltung besaß, traten die Leute zurück.

Als wir Sheldu Tulkus Haus erreichten, erwarteten mich dort schon viele, und die Übrigen folgten uns. Sie drängten ins Haus, bis man sich drinnen fast nicht mehr bewegen konnte.

»Erzähl uns, was du erlebt hast«, rief einer, sobald ich mich gesetzt hatte. »Wo haben sie dich gefangen?« »Was ist aus Ani Rigzin, aus deiner Mutter, aus den Alten geworden?« Jemand brachte mir Tee und eine kleine Schale Tsampa, und ich begann zu erzählen. Sie erfuhren meine Geschichte, und ich hörte ihre. Wir berichteten von unseren eigenen Leiden und den Leiden anderer, die wir mit ansehen mussten. Wir sprachen fast die ganze Nacht.

»Alog Rinpoche wurde in seinem Haus bis unter die Decke hochgezogen«, sagte ein alter Mann, als ich meine Geschichte erzählt hatte. »Und unter ihm haben sie stark rauchende Pflanzen abgebrannt. Die Soldaten hielten das Feuer in Gang, bis er beinahe tot war. Er hat still gelitten.«

»Sonam Paldon war die einzige Überlebende der Familie Gozetshang«, berichtete eine alte Frau mit zittriger Stimme. »Sie hatte vier Kinder, und ihr war nichts außer zwei Schaffellumhängen geblieben. Die nahmen die Chinesen ihr weg und dazu die letzten Reste Tsampa, die noch da waren. Die Chinesen sagten: ›Das ist für andere Bedürftige, die es dringend brauchen. Du musst deinen Besitz teilen. Das gehört zum Leben in einer Kommune.‹ Man ließ sie völlig ohne Kleidung und Essen zurück.«

So folgten die Geschichten eine der anderen, und jeder wollte sprechen.

»Jeden Tag«, sagte ein älterer Mann, »mussten wir vor Tagesanbruch aufstehen und den ganzen Tag arbeiten, bis es so dunkel war, dass man nichts mehr sehen konnte. Sie sagten, die Alten, die Kranken und die kleinen Kinder seien davon ausgenommen. Ich war sowohl alt als auch gebrechlich, aber ich musste doch mit, denn ich brauchte ja etwas zu essen. Einen Teil des Geldes, das ich verdiente, behielten sie für einen Gemeinschaftsfonds ein, und obgleich ich den ganzen Tag arbeitete, hatte ich nur sehr wenig Geld für mich.«

Ein anderer erzählte: »Wenn die Soldaten sahen, dass wir die Lippen betend bewegten, warfen sie uns das Festhalten an blindem Glauben vor. Wenn jemand beim Abbrennen von Räucherwerk erwischt wurde, beschuldigte man ihn der Brandstiftung, und er musste einen hohen, spitzen Hut tragen. Sie schickten die Kinder in Gruppen zur Vogeljagd aus.«

»Im Herbst sind die Felder für die Tibeter, im Frühjahr für die Chinesen«, sagte ein alter Mann. »Das ist ein neues Sprichwort bei uns. Wie hart die Leute auch arbeiten mochten, das Korn wurde ihnen weggenommen. Ich habe mein Feld zur Erntezeit in Brand gesteckt, damit nicht alles an die Chinesen fiel. Es kamen bewaffnete Soldaten, um den Rest, der noch übrig war, zu bewachen. Da sieht man, wer von ihrer Kollektivierung wirklich etwas hatte.« Er spie voller Abscheu auf den Boden.

Eine alte Frau erzählte und begann dabei zu weinen. »Statt Ochs oder Yak wurden *wir* vor den Pflug gespannt und mussten ohne Pause arbeiten. Der Eisenpflug war so schwer, dass ich mir den Rücken verletzt und die Hände blutig geschunden habe. Diese Arbeit war mehr, als man einem Menschen aufbürden darf. Wir behandeln unsere Tiere besser, als sie uns behandelt haben.«

Die Geschichten waren kaum zu ertragen, und sie zeigten mir, dass diese Menschen so viel gelitten hatten wie wir im Gefängnis. Nichts und niemand ist von den Chinesen unberührt gelassen worden. Werden wir je frei sein?

Als der Himmel draußen hell zu werden begann, waren viele inzwischen nach Hause gegangen. Wir waren nur noch wenige, Sheldu Tulku, seine Tochter, mein alter Freund Goser Bumo und ein paar andere.

Jetzt konnte ich auch den Raum betrachten. Jeglicher Einrichtung außer den Sitzpolstern beraubt, wirkte er kahl und kalt. Auch der Altar war verschwunden und mit ihm die Wasserschalen und Butterlampen. Und nirgends ein Bild Seiner Heiligkeit – das war das Traurigste. Ohne ein Bild Seiner Heiligkeit ist ein tibetisches Haus kein Zuhause. Und das Haus eines Tulku ohne solch ein Bild – fast undenkbar. Doch ich behielt meine Gedanken für mich, um nicht unnötig an diese Wunden zu rühren. Sheldu Tulku setzte sich neben mich. Seine einst rundliche Gestalt war hager, beinahe dürr geworden. Er hatte auch keine langen Fingernägel mehr wie früher; es waren schmutzige, eingerissene Überreste. Doch sein Gesicht, wenn es auch vom Leiden gezeichnet war, leuchtete noch, und sein Blick war noch mitfühlender als früher. Ich hatte ihn damals nicht sehr gut gekannt, doch seine Gegenwart hatte etwas Tröstliches.

»Ich habe durch Khale Tulku vom Tod deiner Mutter erfahren«, sagte er leise. »Er war damals in Kongpo und hörte von dem alten Mönch, der sie gepflegt hatte.«

Ich antwortete nicht gleich. Ich war mir nicht sicher, ob ich so genau wissen wollte, was geschehen war. Sheldu Tulku spürte wohl, was in mir vorging. »Es war nicht so schlimm«, sagte er. »Möchtest du es hören?« Ich nickte unsicher.

Er wandte sich mir ganz zu und zog die Beine näher an den Körper. Er sah mir in die Augen.

»Eines Tages ließ deine Mutter den alten Mönch, der nicht mehr Mönch sein durfte, rufen. Sie sagte, sie fühle sich nicht wohl, denn sie sei vor drei Tagen erkrankt. Der Mönch untersuchte sie, konnte aber nichts Ernstes feststellen. ›Ich werde diese Krankheit nicht überleben‹, sagte sie zu ihm. ›Aber ich fürchte den Tod nicht. Vor langer Zeit bin ich mit meiner Tochter zu Gyalse Rinpoches Kloster gegangen. Als ich dann wieder daheim war, konnte ich meine spirituelle Praxis nicht fortsetzen. Erst später, als meine Tochter im Gefängnis war, vermochte ich das Gelernte anzuwenden. Jetzt habe ich keine Angst mehr zu sterben.‹

Sie hatte nur noch eines auf dem Herzen, nämlich dich noch einmal zu sehen, bevor sie starb. Sie wollte dir etwas hinterlassen, und sie besaß nichts als drei Säcke Gerste und ein rotes Hemd.«

Die Tränen stiegen mir in die Augen, und Sheldu Tulku ergriff meine Hand. Sein Blick fragte, ob ich noch mehr hören wollte. Ich nickte, und er fuhr fort. »Sie sagte zu dem alten Mönch: ›Wenn ich sterbe, darf mein Körper nicht begraben werden. Tragt ihn zum Fluss und werft ihn hinein.‹ Als er am Nachmittag zurückkam, war sie tot. Sie saß aufrecht, die Beine überkreuzt, die linke Hand lag über dem Nabel, die rechte im Schoß.

Er ließ den Leichnam drei Tage so, wie er ihn vorgefunden

hatte, und vermied alles, was den Abschnittsleiter hätte aufmerksam machen können. Drei Tage später war noch immer Wärme in ihrem Herzen. Der alte Mönch fand zwei aufrechte, freundliche Männer, die sich nichts hatten zuschulden kommen lassen. Sie halfen ihm, deine Mutter zum Fluss zu tragen.

Sie ließen den Leichnam ins Wasser hinunter. Einer der beiden Männer war später oben in den Hügeln, wo er sich um seine Viehherde kümmerte, und als er zum Fluss blickte, sah er einen Regenbogen an der Stelle, wo der Körper deiner Mutter versunken war.

Der Mönch sagte später: ›Sie war eine gütige Frau. Andere mochten noch so niederträchtig sein, sie tat doch alles, was sie konnte, um ihnen zu helfen.‹

Das hat der alte Mönch Khale Rinpoche erzählt«, sagte Sheldu Tulku.

Wir saßen lange schweigend da, Tulkus Hand auf meiner. Während mir die Tränen über das Gesicht liefen, hörte ich Khale Rinpoches Stimme: »Wenn unsere Zeit gekommen ist, sterben wir. Daran ist nichts zu ändern.«

Als es heller wurde, stieg ich aufs Dach, denn von dort oben konnte man das ganze Dorf überblicken. Als Erstes erwartete mich hier die schreckliche Gewissheit, dass alle unsere Tempel und Heiligtümer zerstört worden waren. Vier Klöster hatten hier gestanden. Jetzt waren nur noch leere Mauern zu sehen.

Dann blickte ich in Richtung unseres Hauses. Es stand nur noch der nördliche Teil des Erdgeschosses, alles Übrige war weg. Nichts erinnerte mehr an das Haus meiner Jugend.

Es ging ein Wind, und in der Luft hing leichter Dunst. Ich sah Mama über einen großen Topf gebeugt an der Herdstelle stehen, ein paar Haarsträhnen fielen ihr über das Gesicht. Ihr Gesicht leuchtete in der Ofenglut.

Und oben erwachte mein Vater von einem Schläfchen. Seine Züge standen mir wie in Stein gemeißelt so deutlich vor Augen, sein Gesicht glänzte wie frisch ausgehobener Ton. »Kleine Nyu«, hörte ich ihn rufen. Der Wind sauste mir in den Ohren – Nyuuuuu. Ich bin hier, flüsterte ich.

Als ich wieder hinsah, standen da nur die Nordmauern. Erst in dem Augenblick wurde mir ganz klar, dass ich wirklich allein war.

Sie waren gestorben, bevor ich ihnen etwas Gutes zu essen vorsetzen konnte. Ich begann zu weinen und weinte, bis ich keine Tränen mehr hatte. Ich blickte auf den Ort hinunter, bis die Sonne aufging.

Unter mir sah ich, wie die Menschen sich zu Arbeitstrupps gruppierten und aufbrachen. Manche hatten Körbe auf dem Rücken, andere trugen Schaufeln und Bündel. Viele stiegen auf Lastwagen, mit denen sie zur Arbeit gebracht wurden. Alle sahen aus wie von einer Staubkruste überzogen.

Der Wind frischte auf, und ich wandte mich zum Gehen. Durch das Fauchen des Windes in meinen Ohren hörte ich Khale Rinpoches Stimme.

»Die Welt ist vergänglich wie Herbstwolken. Menschliches Leben ist wie ein Aufblitzen am Himmel und geht so schnell vorbei wie der Bach, der den Berg hinunterstürzt. Dauerhaftes Glück findet nur, wer seinen Geist klar macht. Frieden wirst du am Ende nur finden, wenn du dem Pfad zur Freiheit folgst.«

Die nächsten Wochen ging ich von morgens bis abends von Haus zu Haus. An manchen Tagen besuchte ich bis zu fünfzig Familien. Ich hatte Bedenken, dass meine Anwesenheit die Menschen in Schwierigkeiten bringen könne, doch davon wollten sie nichts hören. »Wir haben die Hölle und jedes erdenkliche Leiden schon erlebt«, sagten sie. »Wir würden uns so über deinen Besuch freuen. Komme, was da mag, wir werden nichts zu bedauern haben.«

Während dieser Besuche bei meinen wohlhabenden oder armen Nachbarn dachte ich an die chinesische Propaganda in den Gefängnissen. Dort hatte es geheißen: »Die Feudalherren behandeln die Menschen wie Tiere.« Aber wie wollten die Chinesen dann diese Liebe und Treue zu einer Landesherrin wie mir erklären? Nach so viel offenem Zwang und all den Bestechungsversuchen hatte sich an dieser Loyalität nichts geändert. Am meisten freute und ermutigte mich, dass diese Menschen während der Jahre der Unterdrückung den Glauben an die Führungsrolle Seiner Heiligkeit nicht verloren hatten. Sie blieben unerschütterlich in ihrer Treue zu ihm und zur Freiheit Tibets.

Nach fast zwei Monaten machte ich mich auf den Rückweg nach Nyingtri. Ich ging schweren Herzens, aber es blieb mir nichts anderes übrig – die Chinesen erwarteten mich, und ich wusste, dass sie mich finden würden, wenn ich nicht kam. »Ich komme irgendwann zurück«, rief ich beim Abschied.

Auf dem Rückweg dachte ich an die Geschichten, die ich gehört hatte. Es gab keine einzige Familie, hoch oder niedrig, reich oder arm, die keine Unheilsgeschichten zu erzählen gehabt hätte.

Nur noch sehr wenige alte Leute waren da. Zwei Generationen, die meiner Eltern und meine eigene, waren beinahe ausgelöscht. Kinder, die noch kaum laufen konnten, als ich mich dem Wiederstand anschloss, wirkten jetzt schon alt mit ihren runzligen Gesichtern. Andere, die einst schöne Häuser besessen hatten, hausten jetzt in fensterlosen Schuppen. Sie lebten in Furcht und schlimmen Erwartungen, und keine einzige Familie war noch vollzählig.

Ich erreichte Nyingtri zwei Tage zu spät am Nachmittag. Ich wurde durchsucht und streng zurechtgewiesen. »Deine Verspätung könnte sich auf künftige Freigänge auswirken«, sagte der Offizier, als er meine Rückkehr notierte. Doch in mir war nur Platz für das Gefühl, mein Dorf und meine Freunde gesehen zu haben, und so prallten seine Worte an mir ab.

Mir fiel bald auf, dass die Zügel während meiner Abwesenheit weiter gelockert worden waren. So konnten wir uns im Lager viel freier bewegen und wurden weniger scharf bewacht. Es hieß, ein Angehöriger der neuen chinesischen Führungsschicht sei in Lhasa gewesen und habe sich über die Zustände entsetzt gezeigt. Er soll nach China zurückgekehrt sein und tief greifende Veränderungen gelobt haben.

Ob es daran oder am Besuch der Delegationen Seiner Heiligkeit lag, jedenfalls hatte sich manches geändert, und es lag Hoffnung in der Luft. Vielleicht würden sie uns bald entlassen.

An den meisten Tagen hatte in mir kaum etwas anderes Platz als der Wunsch, Seine Heiligkeit zu sehen. Ich würde nicht ruhig sterben können, ohne sein Gesicht gesehen zu haben. Ich dachte Tag für Tag an ihn. Mit zwei Freundinnen heckte ich einen Plan aus, wie wir uns in der Nacht zum Lagertor hinausstehlen und zu einem heiligen See in der Nähe des Bonri, des heiligen Berges von Kongpo, pilgern könnten. Es hieß, dieser See halte für den Wanderer Visionen bereit.

Seit einiger Zeit hatten wir jetzt an den Sonntagen arbeitsfrei, also aßen wir drei am Samstagabend schnell etwas, warteten, bis die anderen schlafen gegangen waren, und machten uns auf zum Bonri. Wir gingen die ganze Nacht.

Den Pass in der Nähe des Gipfels erreichten wir bei Sonnenaufgang. Wir machten Halt, um Tee zu kochen und Wacholderzweige abzubrennen. Wir sprachen Gebete und rezitierten, dann umrundeten wir den Gipfel und stiegen ab zum See.

Wir kamen an einem knorrigen alten Baum vorbei. Aus den tiefen Rissen der Rinde wuchs Moos, das wie schwarzes Haar aussah. »Das sind die Haare der hunderttausend Gottheiten«, flüsterte eine der beiden anderen. Wir versuchten mit den Fingern in die Ritzen zu langen, um ein paar Haare auszuzupfen, aber wir kamen nicht tief genug hinein, und unsere Nägel waren nicht lang genug.

Es war ein klarer Morgen, und als wir über den Pass zum See gelangten, trafen eben die ersten Sonnenstrahlen die Felsen am jenseitigen Ufer. Es war ein tiefer See mit klarem, türkisblauem Wasser. Er lag in einer runden Mulde, die wie mit einem Löffel ausgehoben wirkte. Ich spürte einen leichten Wind im Rücken, doch die Oberfläche des Sees lag vollkommen still. Die Luft war voller Stille, der Himmel dehnte sich in alle Richtungen, der See lag strahlend blau. Diese Landschaft existierte so ganz für sich, so mühelos. Einen Augenblick lang fühlte ich mich gänzlich frei.

Wir warfen uns dreimal nieder, als wir das Seeufer erreichten. Gleich neben uns befand sich eine kleine Höhle, in der es feucht war und tropfte. Der Geruch eines Tieres oder vielleicht einer Gottheit hing in der Luft. Vor der Rückwand war ein kleines Wasserloch zu erkennen. »Dieser kleine See soll sehr tief reichen und mit dem Meer in Verbindung stehen«, flüsterte eine meiner Begleiterinnen. Ich sah genau hin, erkannte aber nicht mehr als eine Wasserlache.

Wir suchten uns vor dem Höhleneingang einen Sitzplatz und blickten auf den türkisfarbenen See hinaus. Wir brannten Wacholderholz ab und ließen die Blicke dann wartend auf dem See ruhen. Werde ich Seine Heiligkeit sehen dürfen, bevor ich sterbe? Ich betete: »Guru Rinpoche, gib mir eine Vision.«

Die Sonne bewegte sich einige Handbreit weiter über den

Himmel, doch der See blieb klar und ohne Bilder. Nach einer Weile sagte die Frau neben mir: »In der Mitte steigt eine geöffnete Blüte aus der Tiefe auf. Siehst du sie?« Ich sah hin, aber der See war für mich unverändert. Völlig glatt lag das türkisblaue Wasser da.

Wir saßen weiter schweigend da. Die Sonne wanderte immer weiter auf das andere Ufer zu. Und gerade, als ich zu der Überzeugung kam, dass sich nichts zeigen würde, sah ich etwas Dunkles aus der Tiefe aufsteigen. Langsam stieg es höher.

Anfangs sah ich nur eine gebogene Form. Doch als es sich der Oberfläche näherte, erkannte ich das Gesicht Seiner Heiligkeit. Er war jung, zu beiden Seiten seine Lehrer. Das Bild war so klar, dass ich sogar seine schwarz geränderte Brille erkannte. Seine Augen waren voller Licht, und er lächelte gütig. Er sah mir direkt ins Gesicht. Ich hielt den Atem an.

Vor ihm stand ein Mann in Khaki-Uniform; er hatte eine gewaltige Nase und tief sitzende Augen. Auf dem Kopf trug er einen Hut mit einer Feder oder einem Fellstück, das war schwer zu erkennen. Während ich noch hinsah, hoben sich die Mundwinkel Seiner Heiligkeit leicht zu einem Lächeln. Dann verschwamm sein Gesicht, und bald war das Wasser wieder so klar wie zuvor.

Beim Abstieg war ich so voll Glück, dass ich die scharfen Steine unter meinen Füßen und die Anstrengung in den Knien nicht spürte. Auf halbem Wege nach unten blieb eine der beiden anderen stehen. »Ich glaube, das ist das Haus von Chegya Lama«, sagte sie und deutete auf eine abseits des Weges gelegene Hütte. »Er ist ein sehr hoch entwickelter Lama. Jetzt lebt er zwar als einfacher Mann, aber sein Mo-Orakel ist als sehr treffsicher bekannt.«

Wir gingen zur Tür und blickten hinein. Eine Frau kam und fragte, was wir wollten. Sie war jung und hatte das Haar zurückgebunden. Ihre Hände waren ungewöhnlich glatt, als wäre harte Arbeit ihr erspart geblieben. »Kommt herein«, sagte sie, als wir ihr erzählten, wir wollten den großen Lama besuchen. Sie führte uns in einen kleineren Nebenraum. In der Ecke stand ein schmales Mönchsbett, und darauf saß Chegya Lama. Zuerst dachte ich, er meditiere, denn die Augen waren halb geschlossen, die Lippen leicht geöffnet. Als er dann aber sprach, wurde mir klar, dass seine Augen geschädigt waren und er die Lider nicht mehr heben konnte. Sein Alter war schwer zu schätzen, denn er hatte offensichtlich viel durchlitten. Sein Körper wirkte gebrechlich, doch die Stimme war kraftvoll.

»Wir sind Gefangene aus Nyingtri«, sagte ich. »Wir möchten um ein Mo bitten.«

Er seufzte und schien erleichtert. Er fragte uns, wie lange wir schon in der Gefangenschaft seien, und erzählte uns dann von seinem eigenen Schicksal.

»Sie haben mich an den Schwanz eines Pferdes gebunden«, begann er langsam. »Das Pferd wurde angetrieben und schleifte mich mit. Es schleifte mich hinter sich her, bis es nicht mehr laufen konnte. Fast am ganzen Körper war danach die Haut abgeschunden, vor allem im Gesicht.« Er sah uns aus seinen halb geöffneten Augen an. »Auch ich habe gelitten.« Er beugte sich vor, wie um sicherzugehen, dass wir jedes Wort verstanden. »Aber es ist möglich, über das Leiden hinauszugehen und einen Ort des Friedens zu finden.«

Danach hob er seine Mani-Perlen. Sein Blick ging in die Ferne, und er sprach leise ein Gebet. Dann nahm er die Perlen zwischen die Finger und zählte sie paarweise ab, bis eine übrig war.

»Du brauchst dir keine Sorgen zu machen«, sagte er und sah mich an. »Du wirst Seine Heiligkeit sehen. Ich bin mir so sicher, dass ich meinen Kopf verwetten würde. Wenn du freigelassen wirst, geh nach Lhasa, nicht in deine Heimat. Lhasa braucht deine Hilfe.«

Spät am Abend erreichten wir das Lager. Ich konnte vor Freude über die günstige Voraussage nicht schlafen. Jetzt ist es gewiss, dachte ich. Eines Tages werde ich Seine Heiligkeit sehen.

Einige Wochen später wurden wir entlassen.

Es kam so plötzlich, dass ich es gar nicht glauben konnte. Eines Tages wurden wir auf den Hof vor der Versammlungshalle im Lagerzentrum gerufen. Namen wurden verlesen. So viele andere Namen wurden aufgerufen, dass ich schon dachte, meiner käme gar nicht.

Doch dann: »Lemdha Pachen.« Jetzt ist es so weit, dachte ich. Ich werde frei sein.

»Welches Jahr haben wir?«, fragte ich einen Mann neben mir.

»Neunzehnhunderteinundachtzig«, sagte er. »Erster Monat.«

Ich zählte es an den Fingern ab: einundzwanzig Jahre.

Die Zeit verstreicht so langsam, jeder Tag erscheint endlos, und dann beschleunigt sie sich ganz plötzlich, ohne Vorankündigung. Den einen Tag gefangen, den anderen freigelassen, einfach so. Mir schwindelte bei dem Gedanken.

»Jeder kehrt an seinen Heimatort zurück«, ordnete der Offizier an. »Kham geht nach Kham, Amdo nach Amdo, Lhasa nach Lhasa. Die zuständige Bezirksverwaltung bekommt die Papiere der Betreffenden. Ihr müsst sie dort abholen.«

Ich versuchte den Worten zu folgen, doch ich konnte nichts anderes denken als: Bald werde ich frei sein!

Als die Versammlung sich auflöste, ergriff mich Panik. Eigentlich musste ich nach Chamdo, um meine Papiere zu bekommen. Aber Chegya Lama hatte gesagt, ich solle nach Lhasa gehen.

»Wie soll ich nach Lhasa kommen?«, überlegte ich laut.

»Erzähl ihnen irgendein Märchen«, sagte eine Frau aus meinem Zimmer. »Komm, ich helfe dir, einen fingierten Brief aufzusetzen.«

»Eine Verwandte in Lhasa ist krank«, erzählte ich dem Offizier am Schreibtisch. Er blickte traurig drein und wirkte überarbeitet. »Sie hat mir geschrieben, dass ich doch kommen soll, bevor sie stirbt«, log ich weiter. Er machte ein finsteres Gesicht und nahm mir den Brief aus der Hand.

Ich wagte nicht zu atmen, während er las. Er sah auf und musterte mich. Er zögerte, dann setzte er zu einer Antwort an, doch stattdessen wandte er sich wieder dem Brief zu und las ihn noch einmal durch. Er sah sich um nach jemandem, den er zu Rat ziehen konnte, aber alle waren beschäftigt.

Ganz plötzlich, als hätte er es eilig, zum Nächsten überzugehen, stempelte er den Brief ab und entließ mich mit Papieren für Lhasa, einigen Lebensmittelmarken, dreihundert Yuan und den abschließenden Worten: »Du kannst für kurze Zeit nach Lhasa, aber deine Papiere werden nach Chamdo geschickt.«

Ganz benommen stieg ich in Lhasa aus dem Lastwagen.

Die Straßen waren voller Soldaten, Lastwagen, kleiner Militärfahrzeuge und Polizeiwagen. Überall Menschen, Tibeter und Chinesen, die in alle Richtungen unterwegs waren. Staub und Abgasqualm hingen in der Luft, die Straßen waren voller Unrat, und dazu der ohrenbetäubende Lärm des Verkehrs und lauter Menschenstimmen.

»Weitergehen!«, schrie ein Soldat mich an.

Die anderen aus dem Lastwagen waren schon in der Menge verschwunden, nur ich stand noch da und sah mich um, ob nicht irgendein bekanntes Gesicht zu entdecken sei. Manche kamen mir so vor, als hätte ich sie schon einmal gesehen, doch die meisten waren völlig fremd.

Es war ein klarer, kalter Tag, und die Gebäude warfen das Sonnenlicht so grell zurück, dass ich nur mit Mühe und blinzelnd etwas sehen konnte. Der Lärm, der Staub und dieses blendende Licht – mir schwindelte, und ich musste mich für einen Augenblick an einen Pfahl am Straßenrand lehnen. Ich sah mich um und versuchte mich irgendwie zu orientieren. Dabei fiel mir auf, dass die meisten Geschäfte in chinesischer Hand waren, und ein Gefühl von Verlorenheit ergriff mich. Es war, als befände ich mich im Ausland und nicht in der Hauptstadt Tibets. Mich packte der Zorn, dass die Tibeter aus ihren Läden verdrängt worden waren und ihre Waren jetzt am Straßenrand feilbieten mussten.

»Kann ich helfen?«, fragte ein junger Tibeter, dem meine Orientierungslosigkeit aufgefallen war.

Dankbar verbeugte ich mich zum Gruß und fragte: »Kannst du mir sagen, wo der Jokhang-Tempel ist?«

Er zeigte in die Richtung, und ich machte mich schnellstens auf den Weg. Beim Jokhang, dachte ich, sind ganz bestimmt auch Leute aus Gonjo. Hierher kommen nämlich Menschen aus allen Teilen Tibets zur rituellen Umrundung des größten Tempels von Lhasa. Sicher würde ich dort nicht lange allein bleiben.

Am Tor des Jokhang sah ich, dass hier viele Tibeter und nur ganz wenige Chinesen waren, und atmete auf. Staunend betrachtete ich den Tempel. Der große Jokhang! Nach so vielen Jahren stehe ich endlich vor ihm! Ein Schauer lief mir den Rücken hinunter.

»Ashe Pachen.« Ein junger Mann kam auf mich zu. Ich erkannte ihn nicht gleich. »Ich bin Jampa Tenzin aus dem Lager Drapchi«, sagte er.

»Jampa Tenzin!« Auch wenn ich ihn nicht sehr gut gekannt hatte, in diesem Augenblick hätte ich ihm um den Hals fallen können wie einem Mitglied meiner Familie.

»Du bist jetzt erst freigelassen worden?«, fragte er.

Er sah meinem ratlosen Gesicht offenbar an, dass ich eben erst nach Lhasa gekommen war. Er bot mir an, ich könne bei ihm wohnen, bis ich Bekannte aus Gonjo fand. So richtete ich mich in seinem kleinen Zimmer ein. Ich war jetzt mein eigener Herr, keiner Gefängnisleitung mehr unterstellt, und es dauerte einige Zeit, bis ich mich sicher fühlte.

Ich höre Schritte den Gang herunterkommen. Sie knallen auf dem Betonboden. Tat-tat. Tat-tat. Ein Pochen an der Tür.

Ich schreckte aus dem Schlaf hoch. Im schwachen Licht erkannte ich einen tibetischen Vorhang vor der Tür. Kein Gefängnis. Ich sank erleichtert zurück.

Ich bin frei, sagte ich mir immer wieder. Ich kann gehen, wohin ich will.

Doch das war in diesen ersten Tagen ein so neuer Gedanke, dass ich ihn mir nur schwer zu Eigen machen konnte. Oft blickte ich noch über die Schulter, um mich zu vergewissern, dass keine Wächter in der Nähe waren. Es fiel mir schwer, mit normaler Stimme freiheraus zu sprechen. Wenn ich zur Tür hinausging, hielt ich inne und sah nach, ob jemand mich beobachtete. Und sooft ich einen Chinesen sah, drückte ich mich in einen Hauseingang oder hinter eine Säule, um nicht gesehen zu werden.

In den ersten Wochen machte ich eine Pilgerreise nach Lhonas und Tsang-nas, aber eigentlich wollte ich nach Indien zu Seiner Heiligkeit. Ich besuchte einen Lama aus Pelbar, der jetzt in Lhasa lebte, und erzählte ihm von meinem Wunsch. »Wenn ich Seine Heiligkeit nur sehen dürfte«, sagte ich, »dann könnte ich sterben.«

»Im Augenblick wäre das nicht klug«, sagte Pelbar Tulku. Er betrachtete seine Perlen. Er sagte, ich solle mir Zeit lassen, da ich gerade erst entlassen worden war. »Wenn die Chinesen dich beim Verlassen Tibets erwischen«, sagte er, »wird das für dich sehr, sehr böse Folgen haben. Du wärest gut beraten, die Flucht aufzuschieben.«

»Ich habe keine Familie, meine Mutter und mein Vater sind tot. Es ist wichtig, dass ich Seine Heiligkeit besuche.«

Pelbar Tulku sah mich mitfühlend an. »Das kann ich verstehen«, sagte er mit einem Blick voller Güte. »Dennoch ist es klüger, die Flucht aufzuschieben.«

Jeden Morgen betete ich für meine Mutter und meinen Vater. Ich schloss auch die im Gefängnis Gestorbenen und die immer noch Festgehaltenen ein. Ich betete, dass alle karmischen Sünden abgewaschen würden. Ich sagte Dank für die Wendung meines eigenen Schicksals.

Ich besuchte die großen Klöster Sera, Drepung und Ganden. Alle drei waren zerstört, doch Ganden hatte es am schlimmsten getroffen. Hier stand nichts mehr außer einem kleinen Altarraum, und ich blieb eine Woche, um beim Wiederaufbau zu helfen. Hunderte von freiwilligen tibetischen Helfern waren dort und opferten ihre Zeit. Von Sonnenaufgang bis Sonnenuntergang bewegten wir Erde und Steine.

Es war traurig, hier zu arbeiten. Man gewann den Eindruck, das Kloster und seine heiligen Statuen seien von einer großen Hand zerdrückt worden. Überall verstreute Bruchstücke, darunter Arme, Köpfe und Torsi. Alles, was Gold, Silber und Koralle war, hatte man nach China geschafft.

Ich betete bei der Arbeit. »Möge der Buddha-Dharma aufsteigen wie eine strahlende Sonne. Möge die Lehre des Buddha sich über die ganze Welt ausbreiten. Möge das Glück nach Tibet zurückkehren.« Ich betete, dass meine Arbeit, Stein für Stein, den jetzt noch Gefangenen zur Freiheit verhelfen möge.

Ich wollte gern meine gesamte Zeit der spirituellen Praxis widmen, und so machte ich mich nach einigen Monaten in Lhasa auf eine einjährige Pilgerreise. Davon hatte ich schon viele Jahre geträumt. Zuerst besuchte ich das Kloster Lhokha, dann Shedra, Drolma Lhakhang und Dhalakhampo.

Schließlich erreichte ich das Kloster Samye und blieb für acht Monate in den oberhalb gelegenen Höhlen. Das Hauptgebäude des Klosters war äußerlich weitgehend unversehrt, und es wurde am Wiederaufbau der Nebengebäude gearbeitet. Die Höhlen und Nebenheiligtümer waren jedoch verwüstet, die Vorhänge vor den Höhlen abgerissen.

Die Gegend wurde besonders verehrt, denn hier hatte Padmasambhava einst viele Jahre meditiert. Über den Berg verstreut gab es einhundertacht Höhlen und die gleiche Anzahl Quellen.

Padmasambhavas Höhle, die heiligste von allen, hatten die Chinesen zugeschüttet, sodass sie nicht zu betreten war. In der Zeit der Kulturrevolution, als die Chinesen die noch nicht zerstörten Klöster schleiften, hatte niemand mehr in diesen Höhlen zu meditieren gewagt. Die Pfade, die hinaufführten, waren mit der Zeit völlig zugewuchert, sodass man die Höhlen nur mit Mühe erreichen konnte.

Einige Zeit nach der Kulturrevolution besuchte einmal ein älterer Tulku die Gegend und begann die Pfade freizulegen, um das Gelände wieder zugänglich zu machen. Er suchte die Höhlen und legte auch sie wieder frei. Die Arbeit ging jedoch langsam voran, und während ich mich dort aufhielt, waren nur drei Höhlen in Gebrauch.

Etwas unterhalb des Berggipfels lag eine nach der Beschützergottheit Tamdrin Druphuk benannte Höhle. Es hieß, wer dort meditiere und die Gottheit anrufe, werde ein Pferdewiehern hören. Dreimal werde das Wiehern ertönen und um die ganze Erde zu hören sein.

Etwas unterhalb lag eine nach Martho Rinchen, einem von Padmasambhavas großen Schülern, benannte Höhle. Hier ist Martho Rinchens Zahnabdruck zu sehen, der entstanden sein soll, als er einem der Felsbrocken in der Höhle die »Essenz« entzog.

Die dritte Höhle hieß Metok Phug. Ich blieb in der oberen Höhle von Tamdrin Druphuk.

Ein ganzes Stück abseits lag eine vierte Höhle, die jedoch von sehr geringer Tiefe war und wenig Schutz bot. Am Eingang hing eine kleine rote Fahne, sonst wäre die Höhle schwer zu finden gewesen. Während der Zeit, die ich dort war, lebte in dieser Höhle eine vierundachtzigjährige Nonne aus Amdo namens Amdo Jetsun. Sie wurde meine Lehrerin. Sie ließ mich wieder Anschluss finden an viele der Lehren, die während meiner Zeit im Gefängnis langsam verblasst waren.

In diesen Monaten lebte ich in einem Zustand durchgängiger Ruhe. Niemand störte mich, und ich hatte nichts zu fürchten außer dem, was in meinem eigenen Geist war. Zu essen und zu trinken brachten die Pilger uns mit, die Samye besuchten. Die Segenskraft solcher Gaben kommt nicht nur dem Praktizierenden, sondern auch dem Spender zugute.

Später unterwies Amdo Jetsun mich im Chudlen, der »Essenz-Extraktion«, wie sie hier einst von Martho Rinchen geübt worden war. Man ernährt sich dabei allein von der Essenz der Dinge, etwa einer Blume, eines Steins oder eines Stücks Holz. Sie brachte mir bei, wie man von einem Löffel in Wasser gekochten Steinstaubs – zweimal pro Tag eingenommen – leben kann. In dieser Zeit war mein Geist ungewöhnlich klar.

Jeden Tag stand ich zwei Stunden vor Tagesanbruch auf. Nach den Gebeten und Rezitationen standen zwei besondere Übungen an – eine zur spontanen Auflösung von Körper und Geist in strahlendes Licht, die andere zur Aufhebung des Haftens am Ich. Nachmittags las ich Texte, die Amdo Jetsun mir gab, und versuchte ganz auf meine Praxis gesammelt zu bleiben. Am Abend sprach ich weitere Gebete und ging kurz nach Sonnenuntergang schlafen.

So blieb ich ganz bei mir selbst und brachte es zu einer nie gekannten geistigen Sammlung. Dadurch entstand ein Zustand der Leichtigkeit und Weite in mir selbst. Und je mehr ich mich auf Gebet und Meditation sammelte, desto ruhiger und klarer wurde ich. Wenn ich diese entschiedene Sammlung auf das gerade Anstehende beibehielt, so erkannte ich jetzt, würde diese Ruhe mir unter allen Umständen erhalten bleiben, ob ich meditierte oder in der Welt zu handeln hatte. Ich würde dann auf niemanden mehr angewiesen sein, sondern für mich selbst sorgen können. Schwach und abhängig wird man nur durch das achtlose Verschwenden von Energie.

»Die von uns so genannten Dämonen sind keine stofflichen Wesen«, erklärte Amdo Jetsun. »Ein Dämon ist all das, was uns hindert, frei zu werden. Unter diesem Gesichtspunkt können also auch liebe und wohlmeinende Freunde Dämonen sein. Aber es gibt keinen größeren Dämon als das Haften am Ich. Sämtliche Dämonen treiben ihr Unwesen, solange man dieses Festhalten am Ich nicht überwunden hat.«

Wir saßen auf der ebenen Stelle vor der Höhle. In der Nacht hatte es geregnet, und der Boden war noch feucht. In einem Moospolster am Rand hingen noch Wassertropfen in den pelzigen Ausläufern. Es sah aus wie ein kleiner Wald mit lauter Monden, die sich im Geäst verfangen hatten.

»Das Haften«, sagte Amdo Jetsun, »muss man so abschneiden« – und sie schnipste das Wasser aus einem der grünen Büschel.

»Dazu gibt es kaum etwas Besseres als die Chöd-Praxis«, fuhr sie fort. »Dabei bringst du den Dämonen und Göttern deinen eigenen Körper als Opfer dar. Wenn dir wirklich das Wohl aller Lebewesen am Herzen liegt, musst du alles aufzugeben bereit sein, sogar deinen Körper. Das«, sagte sie mit erhobener Stimme, »ist vollendete Gebefreudigkeit.

Du visualisierst Dorje Phagmo direkt vor dir. Sie hält in der rechten Hand ein Hakenmesser. Damit zieht sie dir die Haut ab und breitet sie als Unterlage für deine übrigen Körperteile aus. Die Haut ist der goldene Boden, Blut und Lymphe sind Seen süß duftenden Wassers. Finger und Zehen bilden die Randgebirge, und der Rumpf ist der Berg in der Mitte. Arme und Beine sind die vier Kontinente. Der Kopf ist der Wohnsitz der Götter. Die Augen sind Sonne und Mond. Das Herz ist das wunscherfüllende Juwel.«

Amdo Jetsun beugte sich vor und wollte offenbar sehen, wie ich auf ihre Worte reagierte. Ihr eines Auge war milchig trüb, wie überfroren, das andere schwarz. Ich versuchte ihrem Blick ruhig standzuhalten.

»Gottheiten und Dämonen werden sich an dem Ambrosia deines Körpers gütlich tun, bis sie satt sind«, fuhr sie fort, offenbar zufrieden mit meiner Sammlung. »Alle Lebewesen werden einen Nutzen davon haben, und du selbst wirst von allem Haften am Körperlichen frei und säuberst den Geist von Unreinheiten.«

Sie sah mich an und stand plötzlich auf. »Mach weiter mit deiner Praxis«, sagte sie, wandte sich ab und stieg vorsichtig den steilen Pfad zu ihrer Höhle hinunter.

Als sie einmal in Gesprächslaune war, erzählte sie mir von ihren ersten Chöd-Erfahrungen auf einem Friedhof, dem bevorzugten Ort für diese Praxis. Sie hatte schon als Mädchen mit religiösen Übungen und Meditation begonnen, und als die Eltern es an der Zeit fanden, ihr einen Mann zu suchen, lief sie von daheim fort und kehrte nie zurück. Sie machte eine Pilgerreise zu allen heiligen Stätten Tibets und lebte in den Höhlen der heiligen Berge. Sie begegnete einem Lehrer, der ihr sagte, die Zeit sei für sie gekommen, auf den Totenstätten Chöd zu üben. Ihr graute davor, doch der Lehrer blieb dabei, dass es wichtig sei, und so ergab sie sich schließlich.

»Eines Tages habe ich also mein Pferd gesattelt«, erzählte Amdo Jetsun und lehnte sich bequem zurück, »und bin in eine Ortschaft geritten, die einen großen Bestattungsgrund besaß. Die Angst kroch an mir hoch, als ich mir klar machte, dass ich allein sein würde.

Ich baute mir einen kleinen Windschutz aus Steinen und setzte mich hin, um mit den Chöd-Visualisationen zu beginnen. Mitten in der Übung hörte ich in der Ferne einen Hund bellen. Das Bellen kam näher und lenkte mich ab, denn jetzt machte ich mir Sorgen über einen möglichen Angriff. Andererseits wollte ich mein Chöd nicht unfertig abbrechen und damit die Geister verärgern, also machte ich weiter.

Der Hund musste jetzt schon ganz in meiner Nähe sein, so laut war das Bellen geworden. Ich nahm meine Ritualtrommel und schüttelte sie. Zu meiner Überraschung lief der Hund weg.

Nach Beendigung der Übung ging mir auf, dass es sich um eine Prüfung gehandelt hatte. Hätte ich der Angst nachgegeben und wäre mitten im Chöd weggelaufen, wäre ich durchgefallen. Ich habe an diesem Tag gelernt, meiner Angst standzuhalten. Und ich habe nie wieder Angst gehabt.«

Es war inzwischen später Nachmittag und die Sonne hinter Wolken verschwunden. Mich fröstelte schon von der feuchten Luft, doch ihre Geschichte machte mich noch ganz anders frösteln.

»Irgendwann in nicht allzu ferner Zukunft«, sagte sie und erhob sich, um zu gehen, »werde ich dich zum Chöd auf einem Totenplatz mitnehmen.«

In dieser Nacht konnte ich nicht schlafen.

Vor mir liegt die Erde in fahlem, beinfarbenem Licht. Ein Stück voraus sehe ich eine Erdspalte oder Schlucht, und ich höre ein Stöhnen, das nicht von dieser Welt sein kann. Es erinnert an den Wind, an die Schmerzensschreie von Tieren. Es wird lauter. Ich werde von einer unaufhaltsamen Kraft an den Rand der Schlucht gezogen. Unten winden sich Körper unter Schmerzen, manche abgehäutet, manche ohne Kopf, manche nichts als Knochen. Ich versuche mich an einem Stein festzuhalten, doch er gleitet mir durch die Finger. Ich falle langsam hinunter. Eine Hand langt nach mir. Die Schreie werden lauter.

Den ganzen Tag war mein Körper furchtsam verkrampft. Ich setzte mich zur Meditation hin, und augenblicklich brach mir der Schweiß aus. Manchmal glaubte ich ein Stöhnen aus dem Hintergrund der Höhle zu hören. Die steinernen Wände waberten vor meinen Augen, und einmal war mir, als streckte sich ein Arm heraus.

Ich versuchte zu beten, doch in der Stille hörte ich draußen Schritte. Sie kamen näher. Ich spannte den Bauch an. »*Om Mani Peme Hung.* Hilf mir, die Furcht zu durchtrennen!«, rief ich.

Irgendwann hörten die Geräusche wieder auf, und ich wurde ruhiger. Jetzt war ich entschlossen, mit Amdo Jetsun auf den Bestattungsgrund zu gehen. Ich werde meine Angst abschneiden, schwor ich mir.

Einige Monate später brachen Amdo Jetsun und ich zum Kloster Sera und seinem Bestattungsgrund auf, dem größten in ganz Tibet. Es gab hier einen großen Felsen, auf dem man die Leichen mit Steinen zerschlug, um sie den Geiern vorzuwerfen. Es hieß, wer hier in Sera bestattet werde, dessen Seele werde auf keinen Fall in der Hölle wiedergeboren.

Amdo Jetsun stellte nahe bei diesem Felsen das Zelt auf, und bis zum Sonnenuntergang widmeten wir uns der Chöd-Praxis. Wir visualisierten das Zerstückeln unserer Körper, die anschließend den Dämonen dargebracht wurden. Als es dunkel war, krochen wir ins Zelt. Ich hörte noch die Stimmen von Leuten, die jetzt nach Hause gingen, und das Murmeln des Baches in der Nähe.

Amdo Jetsun schlief sofort ein. Ich machte die Augen zu, doch im gleichen Augenblick zupfte mich etwas an den Füßen. Immer wenn ich die Augen schloss, kam wieder dieses Zupfen und Ziehen, als wollte mich jemand aus dem Zelt holen. Ich drängte mich etwas näher an Amdo Jetsun. Die Wärme ihres Körpers beruhigte mich für einen Augenblick, doch bald fing das Zupfen wieder an. Wie ich mich auch drehen mochte, immer fühlte ich diesen Zug an meinen Füßen. »Dorje Phurba«, betete ich.

Während ich betete, krachte über uns plötzlich ein Donnerschlag. Es war, als zerrisse der Himmel, und die Blitze leuchteten grell durch das Zeltdach. Dann goss es in Strömen und unter Getöse aufs Zeltdach. Ich rief Amdo Jetsun, doch sie schlief ungerührt weiter.

Der Bach rauschte immer lauter – sicher würde er bald über die Ufer treten. Drapchi fiel mir ein, wo wir einmal wegen Überflutung evakuiert werden mussten. Das passiert jetzt auch wieder, dachte ich. Wir müssen fliehen!

Ich schüttelte Amdo Jetsun, bis sie wach wurde. »Hier ist überall Wasser!«, rief ich. »Wir müssen hier weg!«

Jetzt sanken auch die Zeltstangen langsam um, und eine Seite des Zeltes flatterte im Wind. Wir krochen nach draußen. Der Regen fiel in Strömen. Ich schlotterte vor Angst und Kälte.

Wir suchten unsere Sachen zusammen. Dann hielt Amdo Jetsun plötzlich inne. Sie sah mich an. »Wir dürfen hier nicht weg«, sagte sie, und ihr trübes Auge gloste im Licht der Blitze.

»Aber wir werden ertrinken!«

»Dann ertrinken wir eben. Jedenfalls gehen wir hier nicht weg. Setz die Stangen wieder richtig in die Ösen ein.«

Ich war außer mir vor Angst, tat aber doch, was sie sagte. Der Bach war über die Ufer getreten und näherte sich dem Zelt, doch Amdo Jetsun kroch wieder hinein und legte sich hin. Ich legte mich neben sie, steif vor Spannung. Nach einer Weile ließ das Unwetter nach, und der Bach ging wieder zurück.

Am nächsten Morgen sagte Amdo Jetsun: »Angst ist häufig eine nur von Gedanken heraufbeschworene Einbildung. Wenn du den illusorischen Charakter der Angst einmal erkannt hast, wirst du sehen, dass es nichts gibt, wovor man sich fürchten müsste. Es können sich – in Form von Naturereignissen oder Gedanken – Hindernisse bilden, die einen vom Meditieren abzuhalten versuchen. Es kommt darauf an, weder diesem noch jenem zu unterliegen.«

Später wurde mir klar, dass Amdo Jetsuns Entscheidung die richtige gewesen war. Wären wir weggelaufen, hätte ich mich der Angst nicht wirklich aussetzen können. Amdo Jetsun sorgte dafür, dass ihre Unterweisungen durch echte Lebenserfahrung vermittelt wurden. Das hinterließ bei mir einen tiefen Eindruck. Seit damals habe ich mich nie wieder in ganz der gleichen Weise gefürchtet.

11.
Freiheit

Die Demonstration am 27. September 1987 begann als gewaltloser Protest. In den Tagen davor tauchten immer mehr handgeschriebene Plakate an den Mauern Lhasas auf.

»Wir müssen bereit sein, für unser Land zu sterben«, flüsterte Tashi. »Das sagen die Mönche von Drepung in den aufgehängten Deklarationen.«

Wir standen auf dem Flur eines Hauses, in dem ich zu Besuch war. Tashi sprach schnell und sah über die Schulter, um sich zu vergewissern, dass niemand in der Nähe war. Dann drückte er mir einen Stapel Flugblätter in die Hand. »Verteil das. Heute Abend treffen wir uns bei Yongdro.« Er drehte sich um und verschwand.

Am Abend trafen sich sechs von uns in Yongdros kleinem Zimmer, um mehr über die von den Mönchen des Klosters Drepung geplante Demonstration zu erfahren. Tashi erläuterte uns den Hintergrund.

»Seine Heiligkeit hat vor dem Kongress der Vereinigten Staaten gesprochen und sich dafür eingesetzt, Tibet zu einer waffenfreien Friedenszone zu erklären. Er hat China aufgerufen, die Politik der massenhaften Umsiedlung von Chinesen nach Tibet aufzugeben. Er sagte, die Menschenrechte und demokratischen Freiheiten müssten auch in Tibet geachtet werden, die Umwelt müsse wiederhergestellt und geschützt werden. Er forderte die Chinesen auf, ernsthaft mit ihm über die

Zukunft Tibets zu verhandeln. Er betonte, dass er auf eine dem Weltfrieden dienende Lösung aus sei.«

Wir hoben zustimmend die Hände.

»Und wie haben die Chinesen auf die Vorschläge des Dalai Lama reagiert?«, fuhr Tashi fort. »Sie haben fünfzehntausend Menschen gezwungen, der Aburteilung tibetischer Dissidenten beizuwohnen. Acht von ihnen wurden zu Gefängnisstrafen verurteilt, drei zum Tode. Und dagegen wollen die Mönche von Drepung protestieren.«

Wir waren alle entsetzt über diese Neuigkeiten. »Was können wir tun?«, flüsterte jemand.

»Wir müssen möglichst viele für diesen Protest mobilisieren«, antwortete Tashi. »Die Chinesen sollen wissen, dass wir hinter den Vorschlägen des Dalai Lama stehen.« Er hob die Hand. »Freies Tibet!«

»Freies Tibet!«, flüsterten wir.

»Wie ein Fluss nicht aufhören wird zu fließen, so sind auch der Wille und die Entschlossenheit des tibetischen Volks nicht aufzuhalten!«

Als wir gingen, sagte er noch: »Seid morgen früh am Jokhang.«

Am nächsten Tag ging ich bei Sonnenaufgang zum Jokhang-Tempel. Alles war noch still, nichts deutete darauf hin, dass zwei Stunden später eine Demonstration stattfinden sollte. Ein paar Leute waren auf der Straße, und von Westen her wehte ein warmer Wind. Nichts Ungewöhnliches war zu erkennen. Ich umrundete mit einigen anderen den Tempel, brannte Räucherwerk ab und kehrte dann zu meinen Gebeten in das Haus zurück, in dem ich derzeit wohnte. So begannen für mich auch alle anderen Tage, allerdings fiel mir beim Beten auf, dass mein Herz heute schneller schlug.

Als ich vor dem Aufbruch noch eine Schale Tee trank, begann es unter meinen Füßen zu rumoren. »Was ist das?«, rief ich zu meiner Freundin hinüber, die gerade aufstand. »Bombardieren sie uns?« Ich sprang auf und starrte sie entsetzt an. Die Mauern schienen zu zittern, und in den Bäumen draußen war ein gewaltiges Rauschen. Wir standen da und hielten einander, doch einen Augenblick später war alles wieder still.

»Ein Erdbeben«, flüsterte sie.

»Ein Omen«, sagte ich.

»Möge Seine Heiligkeit der Dalai Lama zehntausend Jahre leben!« Zweihundert Menschen, von dreißig Mönchen aus Drepung angeführt, marschierten mir entgegen. Sie schwenkten selbst gemachte tibetische Fahnen, und immer wieder waren Sprechchöre zu hören: »Tibet ist ein unabhängiges Land!«, riefen sie und: »Chinesen raus aus Tibet!«

Ich schloss mich dem Zug an, und wir umrundeten den Jokhang dreimal. Danach sammelten wir uns vor dem Tempel bei einer Weide, die im siebten Jahrhundert von der chinesischen Gemahlin König Songtsen Gampos gepflanzt worden sein soll.

Die Blätter hatten sich schon gelb gefärbt und begannen abzufallen. Im Licht der aufgehenden Sonne sah es aus, als fielen goldene Tränen. Ich dachte an die unzähligen Tränen, die überall in Tibet vergossen worden waren. Ich bin für alle Gestorbenen hier, dachte ich. Eines Tages werde ich Seine Heiligkeit sehen, und bis dahin werde ich mich für Tibet einsetzen.

»Der Dalai Lama ist unser Oberhaupt! Unabhängigkeit für Tibet!«, schrien die Demonstranten weiterhin im Chor. Dabei hoben wir die Hände, und der Zug setzte sich in Richtung Hauptquartier der so genannten Volksregierung der Autonomen Region Tibet in Bewegung. Wir waren eben erst an den Läden eines Stadtviertels namens Darpoling vorbei, hatten das

Hauptquartier aber noch nicht erreicht, als wir das Hupen sich nähernder Fahrzeuge hörten.

Dann waren die Chinesen plötzlich da.

Sie kamen mit Geländewagen, Lastwagen und Motorrädern. Mit Schlagstöcken und Gewehrkolben fielen sie über die Mönche an der Spitze des Demonstrationszuges her, und bald schlugen sie wahllos auf jedermann ein, sei er Mönch oder Laie. Es geschah alles so schnell, dass mir keine Zeit zum Überlegen blieb.

Vor mir brach ein junger Mann den Asphalt mit einem Hammer auf. »Nehmt euch Steine!«, schrie jemand. Wir wühlten nach den Pflastersteinen unter den Asphaltbrocken. Ein Mann neben mir riss ein Stück Tuch von einem Fenster und machte daraus eine Steinschleuder, mit der wir abwechselnd die Soldaten unter Beschuss nahmen. Ein paar Ausländer schlossen sich uns an, und wir warfen Steine, bis wir keine mehr fanden.

Nicht weit weg sah ich eine chinesische Polizistin an ein Motorrad gelehnt dastehen. Ich nahm eine Hand voll Erde, rannte zu ihr hin und warf ihr die Erde mit dem Ruf »Freiheit für Tibet!« ins Gesicht.

Dann lief ich mit etlichen anderen eine Nebenstraße hinunter. Einmal stolperte ich und fiel hin, raffte mich aber atemlos und benommen wieder auf und lief weiter. Ich erreichte das Haus von Freunden aus Lemdha, und sie versteckten mich.

Am Abend ging die Polizei von Tür zu Tür und durchsuchte alles nach Teilnehmern an der Demonstration. Wir wollten eben schlafen gehen, als es an der Tür klopfte. »Das ist die Polizei«, sagte Tenzin. Er machte eine Handbewegung zu mir hin. »Versteck dich.« Alle waren jetzt in Panik, denn wo sollte man hin mit mir? Das Haus besaß nur ein Zimmer, und darin gab es kein Versteck. Tenzins Frau packte mich an der Hand und zog mich in die Toilette.

»Wer wohnt hier?«, hörten wir im Zimmer eine Männerstimme fragen. »Wie viele?«

Tat-tat. Ein Pochen an der Toilettentür.

»Wer ist dadrin?«, rief der Mann. Er hämmerte laut an die Tür. Wir sahen einander entsetzt an. »Wir müssen aufmachen, es bleibt nichts anderes«, flüsterte ich.

Vor der Tür stand ein chinesischer Polizist, ein anderer ging eine Liste durch und überprüfte die Namen der Leute im Haus.

»Ausweis!«, sagte er zu mir.

»Ich habe keinen«, antwortete ich und versuchte ganz unschuldig dreinzublicken.

»Das ist eine Freundin aus Motogongka, die zu Besuch hier ist«, schaltete Tenzin sich ein. »Sie konnte nicht nach Hause, weil draußen so ein Aufruhr war.«

In dem Augenblick kamen fünf weitere Polizisten herein. Als sie merkten, dass hier eifrig ermittelt wurde, drängten sie sich um uns.

Om Mani Peme Hung, dachte ich, das ist das Ende.

Der Wortführer zuckte mit den Schultern und sagte zu Tenzin: »Bringt sie morgen früh nach Hause. Wir werden das überprüfen ...« Und damit verschwanden sie allesamt zur Tür hinaus.

Ich dachte: Es kann nur der Gnade des Buddha zu danken sein, dass sie mich nicht erkannt haben.

Vier Tage danach, am 1. Oktober, veranstalteten die Mönche von Sera einen Protestmarsch um den Jokhang. Sie riefen in Sprechchören nach Unabhängigkeit, schwenkten tibetische Fahnen und verlangten die Freilassung der Inhaftierten.

Später kam eine Bekannte an dem Haus vorbei, in dem ich wohnte, und rief zur Tür herein: »Die Mönche sind festgenommen worden. Sie wurden mit Stöcken, Steinen und Schaufeln geschlagen und in die Polizeistation gegenüber dem Jokhang gebracht. Komm! Die Leute laufen da schon zusammen.«

Ich zog die Schuhe an und lief ihr nach. Vor der Polizeistation war schon ein richtiger Auflauf entstanden, vielleicht zwei- oder dreitausend Menschen. Sie verlangten aufgebracht die Freilassung der festgehaltenen Mönche.

»Sie schlagen die Mönche!«, rief jemand. Ich glaubte Schreie aus dem Gebäude zu hören.

Soldaten rückten gegen uns vor.

Die Leute fingen an, vor der Polizeistation geparkte Geländewagen und Motorräder umzustürzen und in Brand zu setzen.

Plötzlich brannte auch die Polizeistation. »Holt die Mönche raus!«, schrie jemand. »Sie verbrennen sonst!«

»Zurückbleiben!«, übertönte die Polizei den Lärm.

Im Gebäude loderten Flammen auf, Schreie waren zu hören.

»Auf der Rückseite ist ein Fenster«, sagte ich zu einer Freundin. »Wenn wir das aufbrechen, können die Mönche raus.« Ich hob eine an der Straße liegende Eisenstange auf und lief hinter das Gebäude. Meine Freundin kam hinterdrein.

Ich schlug auf die Bretter vor dem Fenster ein, konnte jedoch nicht viel ausrichten. Zwei Jungen kamen von hinten, nahmen die Stange und brachen das Fenster auf. Andere warfen Steine auf die Tür daneben.

Das Feuer breitete sich schnell aus. »Sie werden verbrennen!«, rief ich.

Dann wieder ein lautes Kommando der Polizei: »Stehen bleiben! Wer sich bewegt, wird erschossen!«

Ein Mönch erschien drinnen am Fenster, die Augen schreckensweit. Gleich hinter ihm war das Feuer. Er streckte ein Bein heraus, doch bevor er sich ganz in Sicherheit bringen konnte, traf ihn eine Kugel.

Sein Körper sank in sich zusammen und fiel. Ich setzte mich auf den Boden und weinte. Es war alles so schnell gekommen.

Die Polizei setzte den Demonstranten eine Frist, innerhalb deren sie sich stellen konnten. Zwei Wochen später schlug sie zu. Ganze Viertel von Lhasa wurden abgeriegelt. Sie durchsuchten die Häuser und nahmen die Bewohner zu Hunderten mit. Über tausend wurden schließlich verhaftet.

Sie hatten vom Dach der Polizeistation aus Fotos gemacht, nach denen sie jetzt viele Demonstranten identifizieren konnten. Wer nicht festgenommen wurde, tauchte unter.

Auch ich wechselte meine Unterkunft ständig. Manche der Menschen, bei denen ich wohnte, kannte ich, andere nicht. Einmal saß ich abends mit einer Familie aus Gonjo beim Essen, als jemand sich leise an der Tür bemerkbar machte. »Die Polizei kommt«, flüsterte es von draußen. »Sie gehen von Tür zu Tür.«

Es war ein kleines Mädchen bei uns, das auf der gegenüberliegenden Seite des Hofes wohnte. »Ich bringe dich nach Hause«, sagte ich. Ich nahm sie bei der Hand, und zusammen traten wir auf den Hof. Mein Herz klopfte wie wild. In ihrem Haus war die Polizei schon gewesen, und wir gingen langsam darauf zu wie Mutter und Kind. Schritt für Schritt, sagte ich mir, denk an nichts anderes als diesen Schritt und dann den nächsten. Lass dich nicht in Angst abgleiten. Ich hörte Amdo Jetsuns Stimme: »Angst ist eine Einbildung; es kommt darauf an, dass man ihr nicht nachgibt.«

Die Polizisten waren so beschäftigt, dass sie uns nicht wahrnahmen. So gelangten wir in das Haus des kleinen Mädchens, ohne angehalten zu werden. Der Familie konnte man trauen.

Wieder war ich mit knapper Not der Verhaftung entgangen.

Die nächsten fünf Monate tauchte ich immer wieder in anderen Häusern unter. In dieser Zeit trafen wir uns nur zu zweit oder zu dritt. Wir versuchten anonym zu bleiben, so weit es möglich war, denn Geheimhaltung war jetzt sehr wichtig. Botschaften wurden nur noch mündlich vom einen an den Nächsten weitergegeben.

Wir hatten keinerlei Möglichkeiten, Plakate zu drucken, also trafen wir uns manchmal zu fünft oder sechst und schrieben sie von Hand. Dann verteilten wir sie an Stellen wie Sera, Drepung und Ganden, und nachts wurden sie an die Mauern geklebt. Dazu nahm ich häufig acht oder neun Leute mit. Wir verteilten die Stellen zum Aufhängen unter uns und schlichen uns durch die nächtlichen Straßen. Manchmal stach mich der Hafer, und ich hängte sogar am Tag einige auf.

Ausländer fanden sich bereit, Briefe an die Vereinten Nationen oder die tibetische Exilregierung außer Landes zu bringen. Wir gingen mit solchen Briefen einfach zum Potala und warteten, bis sich geeignete Kandidaten fanden. Es gab unter uns eigentlich keine Anführer, nur engagierte Tibeter wie mich.

Am 5. März 1988 kam es zu einer dritten großen Demonstration. In den Tagen davor ging ich von Haus zu Haus, um die Leute zu mobilisieren und mich mit anderen Organisatoren abzusprechen. Da wir nicht über Autos oder Telefone verfügten, musste all das zu Fuß bewältigt werden.

Das große Gebetsfest Mönlam Chenmo begann am 3. März. Viele Mönche sahen dem Fest mit gemischten Gefühlen entgegen, da sie Zusammenstöße mit den Chinesen befürchteten. Die Chinesen wiederum wollten sich tolerant geben und Religionsfreiheit demonstrieren und zwangen die Mönche zur Teilnahme.

»Religionsfreiheit nennen sie das!«, schnaubte Tenzin, während wir in der Nacht Plakate verteilten. »Was ist das für eine Freiheit, wenn den Mönchen das Beten befohlen wird?«

In der Woche vor dem Mönlam fuhren vor dem Jokhang Tausende von Polizei- und Militärfahrzeugen zu Manövern auf. Überall gab es Absperrungen, und nachts patrouillierten sie in Geländefahrzeugen.

An den ersten beiden Tagen des Mönlam blieb es ruhig. Am dritten Tag trugen Mönche eine Statue des kommenden Buddha Maitreya in den Jokhang, und dabei setzten die Sprechchöre der Mönche vom Kloster Ganden ein: »Tibet ist ein unabhängiges Land!« »Chinesen raus aus Tibet!«

Bald fiel die ganze Menschenmenge ein: »Chinesen raus aus Tibet!« Es wurde auch die Freilassung aller tibetischen Gefangenen gefordert, insbesondere von Yulu Rinpoche, der festgenommen worden war, weil er einem italienischen Journalisten ein Video-Interview gegeben und sich dabei für die Unabhängigkeit Tibets ausgesprochen hatte.

Die Umrundung des Jokhang hatte gerade begonnen, als plötzlich bewaffnete chinesische Soldaten zu Tausenden auftauchten und die Menge umstellten. Sie warfen Tränengas und begannen die Mönche wegzuschleppen, sogar einige, die beteten. Sie warfen Handgranaten auf den Jokhang-Tempel, der Gipfel des Sakrilegs.

Die Demonstration breitete sich über ganz Lhasa aus, und bis spät in die Nacht hörten wir Schüsse. Dreißig Mönche kamen ums Leben.

»Pachen!«, hörte ich eine Stimme vom Straßenrand her. Hinter seinem Stand, auf dem Wolltücher gestapelt waren, stand der alte Mann, mit dem ich auf meinem täglichen Weg zur Umrundung des Jokhang oder später auf dem Heimweg immer wieder mal ein Wort wechselte.

Er winkte mich zu sich her. »Ich habe dich jetzt schon eine Weile im Auge«, flüsterte er. »Immer wenn du vorbeikommst, geht ein Chinese hinter dir her. Immer derselbe.« Er machte eine Kopfbewegung zu einem Mann hin, der einige Stände weiter stehen geblieben war.

Ich neigte kurz den Kopf und ging schnell weiter.

Einige Straßen weiter blieb ich an einem Stand stehen und tat so, als begutachtete ich einen Kohlkopf. Ich wagte einen verstohlenen Seitenblick und sah den Mann wieder zwei Stände weiter. Er blickte auf den Boden. Wieder ging ich schnell weiter.

Dann bog ich plötzlich in eine Seitengasse ab und lief, ohne mich umzusehen, kreuz und quer durch Gassen und Straßen. Bald war ich außer Atem, das Herz raste. Ich drückte mich in einen Hauseingang und blickte zurück. Der Mann war nicht mehr da.

Auf dem ganzen Weg zurück zu dem Haus, in dem ich gerade wohnte, sah ich mich immer wieder um, aber der Mann blieb verschwunden.

Am nächsten Tag kam ein Freund zu Besuch, der die letzten zwanzig Tage von den Chinesen festgehalten und eben erst entlassen worden war. »Die Chinesen reden über dich«, sagte er. »Sie haben auffällig oft Fragen über dich gestellt. Sie interessieren sich für dich mehr als für mich. Da braut sich etwas zusammen. Du solltest Lhasa im Laufe der nächsten zehn Tage verlassen. Geh weg aus Tibet. Du bist hier nicht mehr sicher.«

Ich mochte es noch nicht ganz glauben.

Er sagte: »Es ist ein Wunder, dass sie dich noch nicht festgenommen haben. Sie beobachten dich die ganze Zeit. Es wäre der reine Wahnsinn, noch länger als zehn Tage zu bleiben.«

»Ich möchte aber nicht weg von hier«, sagte ich. Endlich hatte ich einmal das Gefühl, etwas tun zu können, etwas dazu beitragen zu können, dass Tibet eine Stimme bekam. Ich kannte Lhasa gut, und nur hier konnte ich mich direkt an den politischen Aktivitäten beteiligen und vielleicht wirklich etwas ausrichten. Ein zweiter Gedanke war, dass ich keine andere

Sprache beherrschte. Wie sollte ich irgendwo anders überleben?

Vor allem aber wollte ich die heiligen Stätten Tibets nicht verlassen. Meine Pilgerreise war unterbrochen worden, weil ich meinem Land helfen musste, aber ich hoffte immer noch, dass ich eines Tages zu den Höhlen und einem Leben in Stille würde zurückkehren können.

Am nächsten Tag ging ich zu Lama Pelbar und bat ihn um ein Mo. Wieder zählte er seine Perlen ab. Als er fertig war, schüttelte er den Kopf. »Es ist für dich nicht ratsam, in Tibet zu bleiben.« Da wusste ich, dass mir nichts anderes blieb als der Weg ins Exil.

Mein einziger Trost war, dass ich endlich Seine Heiligkeit sehen würde.

Bevor ich Lhasa verließ, ging ich ein letztes Mal zum Jokhang-Tempel, um vor der heiligen Buddha-Statue zu beten. Es war später Nachmittag und die Sonne schon hinter die Hügel gesunken. Das Innere des Tempels war nur schwach erleuchtet, doch der Buddha war von Tausenden Butterlampen umgeben und leuchtete wie die Sonne. Ich berührte mit der Stirn seine Füße und brachte einen sauberen weißen Schal dar. Ich stellte eine kleine Butterlampe zu den anderen.

Lange stand ich vor dem Buddha und betete. Mögen alle Wesen sich der Weisheit der Lehre öffnen. Mögen sie Einblick in das Wesen aller Dinge gewinnen und die strahlende Grenzenlosigkeit ihres eigenen Innern erkennen.

Die nächsten Tage leitete ich meine Flucht in die Wege. Das musste alles in größtmöglicher Verschwiegenheit geschehen. Drei Freunde unterrichtete ich, und es war völlig ausgeschlossen, noch weitere einzuweihen. Nicht einmal die Frau, bei der ich wohnte, erfuhr etwas.

Ich bekam eine Mitfahrgelegenheit zum Kailash, Tibets heiligstem Berg, der schon nah an der Grenze zu Nepal liegt. Von da aus plante ich einen Fußmarsch über die Berge hinunter nach Nepal und dann weiter nach Indien.

An einem Abend traf ich mich mit meiner vertrautesten Freundin und sagte ihr, dass ich am selben Tag noch aufbrechen werde. »Ich bleibe nicht lange weg«, sagte ich. »Nur eben lange genug für eine Audienz bei Seiner Heiligkeit.«

Es war ihr anzusehen, dass sie sich Sorgen machte. Würde ich die Strapazen aushalten mit meinen sechsundfünfzig Jahren und nach allem, was ich in der Gefangenschaft durchgemacht hatte? »Ich werde dir schreiben, wenn sich hier etwas ändert«, sagte sie und gab sich Mühe, ihre Bedenken zu verbergen. »Aber bis dahin bleibst du besser in Indien.«

Wir umarmten einander, und sie sagte: »Nimm das hier, vielleicht brauchst du es.« Sie drückte mir Geld in die Hand. Ich legte meine Stirn an ihre. Dann stieg ich in den Wagen, in dem schon drei Fremde saßen, die in die gleiche Richtung wollten.

Wir kamen an mehreren Kontrollpunkten vorbei. Zweimal steckte ein Polizist seinen Kopf ins Wageninnere und musterte uns genau. Ich hielt den Atem an und senkte den Kopf. Sie betrachteten mich argwöhnisch, sagten aber nichts und winkten den Wagen durch.

Ich betrachtete während der Fahrt die vorbeifliegende Landschaft. Die Zeit vergeht so schnell, dachte ich. Mit fünfundzwanzig hatte ich mein Leben der Verteidigung Tibets und der Bewahrung seiner spirituellen Lehren geweiht. Einen großen Teil meines Lebens hatte ich in Gefängnissen verbracht. Meine Jugend war vergangen, ohne dass ich sie wirklich gelebt hätte, aber es hatte keinen Sinn, das zu bedauern.

Manchmal war ich sehr wütend auf die Chinesen. Mehr als eine Million Menschen waren getötet worden oder verhungert. Sie hatten die Wälder abgeholzt, durchwühlten unsere Berge nach Bodenschätzen, töteten sinnlos die Tiere. Mein Leben war wie die Leben so vieler anderer voller Leiden.

Seine Heiligkeit sagte, wir dürften die Chinesen nicht hassen; nicht das Volk insgesamt, sondern einige wenige seien schuld an dem, was in Tibet geschah. Er sagte, wir müssten unseren Feinden vergeben, und ich vertraute seiner Weisheit, aber es fiel mir wahrlich nicht leicht. Das Verzeihen kommt aus dem Herzen, und mein Herz war, auch nach der Entlassung des Körpers aus der Gefangenschaft, noch nicht wirklich frei. Sogar nach der Zeit in den Höhlen hatte ich noch mit meinem Zorn zu kämpfen.

Wir fuhren weiter über die Hochebene, und schließlich kam der Kailash in Sicht. Er ragte hoch über dem staubigen Land in den Himmel hinauf wie ein Haus der Götter. Beiderseits hingen Wolken wie dienstfertige Begleiter. Der breite abgerundete Gipfel funkelte wie ein Edelstein in der Sonne. Und es war eine Stille um ihn, als träten wir in einen Bereich der Zeitlosigkeit ein und näherten uns dem Mittelpunkt des Universums.

Je näher wir kamen, desto trauriger wurde ich. Ich dachte: Wenn man alle unsere Leiden der letzten dreißig Jahre aufeinander legen könnte, währen sie so hoch. Ein Berg von Kummer.

Papas Stimme. Sein langes Haar im Wind, wenn er dahergeritten kam. Mamas Hände, die sich nach mir ausstrecken, ihr Kopf an meiner Brust. Dekyong, wie sie endgültig gehen muss, hinter ihr ein Soldat. Kummer über Kummer.

Am Kailash schloss ich mich drei anderen zu einer Umrundung des Berges an. Wir brachen vor dem Morgengrauen auf und waren bis zwei Stunden nach Einbruch der Nacht unterwegs. Es war ein steiniger und stellenweise sehr steiler Pfad. Wir trafen Pilger mit langen Schürzen, die an den Händen Schuhe hatten. Sich niederwerfend und wieder aufrichtend und erneut niederwerfend maßen sie die gesamte Strecke von achtundfünfzig Kilometern mit ihrer Körperlänge ab.

Unterwegs ergriff mich eine Leichtigkeit, die mir das Herz aufgehen ließ. Es war, als strahlte eine besondere Energie aus der Mitte des großen heiligen Steins, die ich bei jedem Schritt in mich aufnahm. Es hieß, der Berg sei die Wohnung von Mutter und Vater der Erde und habe die Macht, unsere tiefsten Gebete für die Welt zu erhören. So betete ich im Gehen: »Mögen alle Wesen frei sein von Leiden, mögen alle Frieden finden.«

Als wir unsere Unterkunft wieder erreichten, war ich müde und fühlte mich wie zerschlagen. Doch der Zauber des Berges begleitete mich weiter. Mein Herz war weiter geworden, und für Augenblicke war Verzeihen in mir.

Am nächsten Tag nahm ich den Bus nach Purang, wo ich einen Freund traf, der ebenfalls auf der Flucht nach Nepal war. Es kam noch ein Führer dazu, und wir brachen auf.

»Wir müssen zwischen Purang und Nepal an drei Kontrollstellen der Polizei vorbei«, klärte uns der Führer auf. »Deshalb müssen wir im Schutz der Nacht marschieren. Aber zuerst geht es über den hohen Pass, und dieses Stück können wir am Tag bewältigen.«

Es herrschte klares Wetter, als wir mit dem Aufstieg begannen. Ich hatte Tuchschuhe an den Füßen und trug über der Chuba eine Jacke. Den Inhalt meines Bündels hatte ich größtenteils in Purang gelassen, aber es war immer noch schwer genug.

Als wir die Schneegrenze erreichten, nahm mein Freund mir mein Bündel ab und hängte es sich zu seinem über den Rücken. Mir fiel dann beim Gehen seine etwas merkwürdige Haltung auf, und als er sich einmal bückte, sah ich, dass er eine offene Wunde am Rücken hatte. Ohne ihm zu sagen, was ich gesehen hatte, ließ ich mir mein Bündel zurückgeben. »Ich fühle mich besser, wenn ich es selber tragen kann«, log ich.

Der Schnee wurde immer tiefer, und schließlich versanken wir bis zur Hüfte. Jeder Schritt wurde zum Kampf, zumal die Luft dort oben sehr dünn war und wir an Sauerstoffmangel litten. Als die Sonne sank, frischte der Wind auf und wehte Schneekristalle heran, die mir ins Gesicht stachen.

Ich trat in die Fußstapfen, die mein Freund machte, und konnte immer nur gerade das nächste Loch sehen. Der Kopf fühlte sich dumpf an, und alles am Körper tat weh. Ich fühlte mich selbst mehr und mehr verblassen, bis nichts mehr da war als das Knirschen meiner Füße im Schnee. Amdo Jetsuns Worte hallten in mir nach: »Es können sich Hindernisse bilden … Es kommt darauf an, ihnen nicht zu unterliegen« – und so ging ich weiter.

In der Nacht fanden wir Schutz hinter einem überhängenden Felsen und schliefen dort. Meine Beine waren unterhalb der Knie geschwollen, wie mit Wasser gefüllt. Ich blieb den größten Teil der Nacht wach, vor Kälte zitternd.

Ein blasser rötlicher Streifen erschien am Horizont. Ich war noch benommen von den Strapazen des Vortags und bemerkte ihn zunächst kaum. Doch als das Licht zunahm, richtete ich mich auf. Die Berge waren silberne Wogen, so weit das Auge reichte, und in der aufgehenden Sonne leuchteten sie zuerst blassrosa und dann korallenrot. Angesichts all dieser Schönheit besann sich mein Herz eines Besseren, und ich spürte zum ersten Mal seit dem Aufbruch wieder Hoffnung. Keine sehr große Hoffnung; nur so ein Schimmer, aber das war schon viel.

In der Nähe bemerkte ich einen kleinen Steinhaufen, in den Stöcke mit verblichenen Gebetsfahnen gesteckt waren. Beim Anblick der zerfaserten, aber immer noch flatternden Fahnen überkam es mich. Ich stand auf und wandte mich rückwärts Richtung Tibet. Ich rief die Götter und Beschützer und all die Gottheiten Tibets an, sich nicht geschlagen zu geben: »Steht fest. Tut alles in eurer Macht Stehende für die Rückkehr Seiner Heiligkeit. Helft, dass die Menschen Tibets frei werden von den Unterdrückern.«

Beim Abstieg mussten mein Freund und der Führer mich stützen. Die geschwollenen Beine zitterten unter mir so sehr, dass sie mich fast nicht mehr trugen, wenn ich allein zu stehen versuchte. Mein Freund hatte sich am Vortag eine vorübergehende Schneeblindheit zugezogen und sah immer noch schlecht, sodass wir nur sehr langsam vorankamen.

»Das ist nichts Ungewöhnliches«, sagte unser Führer. »Ich habe schon viel Schlimmeres erlebt.« Auch ich hatte schon schreckliche Fluchtgeschichten gehört. Manche Menschen verloren Finger oder Zehen oder ganze Füße durch Erfrierungen. Kleine Kinder waren so schwer unterkühlt, dass sie später in Indien monatelang intensiv gepflegt werden mussten. »Aber was die Menschen auch durchmachen müssen«, fuhr unser Führer fort, »sie flüchten trotzdem.«

Nach einem langen Tag erreichten wir ein Tal und mussten in der Nacht an einem Polizeiposten vorbei. Da es dunkel war, konnte man uns nicht sehen. Offenbar witterte uns jedoch ein Hund und begann zu bellen. Kurz darauf sahen wir Fackeln. Der Führer und mein Freund liefen los, und ich versuchte ihnen zu folgen. »Lauft nicht so schnell«, rief ich so leise, dass sie es gerade noch hören konnten. »Es ist dunkel, womöglich verlieren wir uns.« Sie versprachen es, waren aber doch bald weit voraus.

Die Sichel des Neumonds war noch so dünn, dass sie nicht genügend Licht auf den Pfad warf, und mehrmals stolperte ich in die Sträucher am Wegrand. Der Pfad senkte sich abwärts, und ich ging so schnell ich konnte, um nicht zu weit zurückzufallen. Beim Überqueren eines Baches rutschte ich aus und fiel ins Wasser. Die anderen merkten es offenbar nicht, denn als ich mich wieder aufgerappelt hatte, hörte ich sie nicht mehr.

Eine Wolke zog vor den Mond, und es wurde noch dunkler.

Ich strengte meine Augen an, konnte aber nicht ausmachen, wohin sie sich gewendet haben mochten. Als ich mich umdrehte, sah ich die Fackeln und hörte wieder das Bellen des Hundes. Ich glaubte ganz in der Nähe Schritte zu hören und lief los. Ich entfernte mich vom rauschenden Wasser und gelangte tiefer in den Wald, wo es noch dunkler war.

Eine Weile schien es mir so, als wäre hier gar kein Weg mehr. Überall Bäume und dazwischen Unterholz. Die Stämme der Bäume erschienen mir wie Geister, ihre verkrümmten Äste wie Schlangen. Manchmal war mir, als stünde hinter einem Baum jemand, der mich beobachtete, dann wandte ich den Kopf ab, um nicht erkannt zu werden, und lief weiter. Der Boden war so uneben, dass ich mehrmals stolperte und hinfiel.

Weiter ging es einen steilen Hang hinauf und dann in ein Tal. Unten fühlte es sich so an, als ginge ich durch ein Stoppelfeld, und nach einer Weile spürte ich deutlich, dass ich mich auf einem Pfad befand. Er war sehr schmal, vielleicht nur für Schafe oder Ziegen, doch ich hatte Hoffnung, dass er in die richtige Richtung führte und ich die anderen wiederfinden würde.

Immer wenn ich mal anhielt, um mir zu überlegen, wo ich wohl war und wo die anderen sein mochten, verließ mich fast der Mut weiterzugehen. Dann fiel mir jedes Mal meine Zeit mit Amdo Jetsun ein, und ich richtete mich einzig und allein auf den Pfad aus. Wenn ich mich auf jeden einzelnen Schritt konzentrierte, hatte mein Kopf keine Zeit, sich mit anderen Dingen zu beschäftigen. So kam ich doch immer weiter.

Einmal sah ich seitlich in einiger Entfernung ein Feuer. Meine Freunde!, dachte ich und lief in die Richtung. Dann sah ich aber, dass mehr als zwei Leute zusammengekauert am Feuer saßen. Das sind Leute aus dieser Gegend, dachte ich. Aber wer konnte wissen, was sie tun würden? Also machte ich mich ganz klein und stahl mich vorbei.

Im gleichen Augenblick stolperte ich und stürzte krachend in die Büsche. Vom Feuer her hörte ich Rufe. Ich geriet in Panik. O nein, sie werden mich finden! Eine Fackel wurde angezündet, und ich sah die Flamme näher kommen. Ich machte mich so flach wie möglich und hielt ganz still, kaum dass ich auch nur zu atmen wagte. Dorje Phurba, lass sie vorbeigehen, flehte ich stumm.

Mein Herz schlug so laut, dass ich meinte, sie würden es vielleicht hören. Immer näher kam die Fackel, bis sie nur noch Armlängen entfernt war. Dann war sie vorbei, doch bevor ich aufatmen konnte, kam sie zurück. Wieder hielt ich den Atem an – *Om Mani Peme Hung* – und lag mucksmäuschenstill. Der Mann mit der Fackel ging abermals vorbei, ohne mich zu sehen, und entfernte sich in Richtung Feuer.

Die nächsten vier Tage wanderte ich mal auf dem Pfad, mal durch Wiesen, Felder und Wälder. Immer wieder orakelte ich mit meinen Mani-Perlen, um die richtige Richtung zu bestimmen. Einmal musste ich einen weiten Bogen um einen schon von weitem sichtbaren Polizeiposten schlagen. Ich ging immer weiter, was für Hindernisse sich mir auch in den Weg stellen mochten.

Am vierten Tag kam ich in ein kleines Dorf. Bei einem Haus am Dorfrand fragte ich, wo ich sei. Von der alten Frau, die an die Tür kam, erfuhr ich, dass es das Dorf unseres Führers war. »Er ist mit einem anderen hier gewesen«, sagte sie. »Sie sind wieder fort, um eine dritte Person zu suchen, haben aber gesagt, dass sie wiederkommen.«

Zehn Tage nach unserer Trennung kamen sie zurück. Ich fiel beiden um den Hals. »Der Buddha hat uns wieder zusammengeführt!«, sagte ich. »Mein Gefühl sagt mir, dass der weitere Weg jetzt sicher ist.«

Fünfundzwanzig Tage Fußmarsch lagen noch vor uns. Über

steile Pässe, durch üppig grüne Täler und schließlich hinunter nach Nepal. Manchmal kam es mir vor, als gingen wir Ewigkeiten, manchmal sehnte ich mich nach einer Pause. Als ich eben dachte, ich könne nicht mehr weiter, erreichten wir eine kleine Lichtung am Fuß eines Berges.

»Wir sind da!«, sagte unser Führer und zeigte auf die kleine grüne Wiese.

»Endlich!«, flüsterte ich.

Ich blickte hinauf zu den hohen Bergen ringsum und verneigte mich.

Am nächsten Tag tauchte ganz fern ein Punkt auf, der sich bald wie ein Vogel gegen den Himmel abhob. »Das ist das Flugzeug, das uns abholt«, sagte mein Freund. Es hielt auf uns zu und flog niedrig über einen der Berge in der Nähe.

Es kam näher. Zuerst hörte ich ein Summen wie von einem Insekt, dann das vertraute Brummen, das ich in Shothalhosum so oft gehört hatte. Ich sah mich um. All die Gipfel und Berge ringsum – wie soll es da landen? Doch bevor ich mir das genauer überlegen konnte, beschrieb das Flugzeug eine steile Kehre und landete kaum ein paar Schritte entfernt auf dieser kleinen Wiese.

Eine Tür wurde geöffnet, und der Pilot streckte den Kopf heraus. Er sah uns drei und winkte uns zu kommen. In der Luft hatte ich Flugzeuge gesehen, aber noch nie eins am Boden. Es war viel größer, als ich erwartet hätte. Wie eine riesenhafte Libelle hockte es da. Während wir hinübergingen, wurde mir bange. Würde es uns alle tragen und in Sicherheit bringen können? Wurden wir vielleicht doch noch von den Chinesen gefasst?

Beinahe musste ich mich zwingen hineinzuklettern. Ich setzte mich an ein kleines Fenster. Vom Inneren der Maschine nahm ich erst einmal nicht viel wahr, so groß war meine Sorge, dass der Lärm des Motors womöglich die Chinesen anlocken würde. Jemand hatte mir einmal von einer Frau aus Kham erzählt, die unmittelbar vor dem Abflug ihres Flugzeugs noch verhaftet wurde. Die Motoren liefen bereits, als ein Soldat in die Kabine kletterte und sie herausholte.

»Keine Angst«, sagte mein Freund, »wir sind in Sicherheit.« Aber erst als das Flugzeug endlich abgehoben hatte, sank ich in meinen Sitz zurück. Ich war so erleichtert über die gelungene Flucht, dass mir zunächst gar nicht einfiel, mir wegen unserer Höhe über dem Erdboden Sorgen zu machen. Ich dachte nur, dass die Fahrt angenehmer war als mit einem Bus.

Als ich mich beruhigt hatte, sah ich dann doch aus dem kleinen Fenster. »Was ist das?«, fragte ich meinen Freund und zeigte auf einen kleinen blauen Kreis in der Ferne. »Ein See«, antwortete er. »Ein See?« Ich schüttelte ungläubig den Kopf. »Es sieht aus wie eine Pfütze.«

Lange saß ich so und drückte die Nase an die Scheibe. Ich konnte kaum glauben, was ich da unter mir sah. »Eine Spielzeugwelt!«, flüsterte ich.

Später ließ ich mich wieder in meinen Sitz sinken und schloss die Augen. Den Rest des Fluges betete ich. Ich dankte dem Buddha für die Gnade, uns entkommen zu lassen. Ich betete, dass alle, die weniger Glück hatten als ich, ebenfalls Hilfe finden würden.

Der Bus fuhr so scharf am Straßenrand entlang, dass ich die Augen schloss und mich an meinen Mani-Perlen festhielt. Voraus konnte ich erkennen, dass die Straße sich zu einem Weg verengte. »Wir sind fast da«, rief mein Freund von dem Sitz hinter mir. So viele verschiedene Menschen drängten sich auf der Straße. In farbenfrohe Tücher gehüllte Frauen mit Strohbündeln auf dem Kopf. Männer in Hemd und Hose. Männer und Frauen in Chubas mit Gebetsmühlen in den Händen.

Hand in Hand hüpfende Kinder mit kleinen Rucksäcken. Ausländer in bunten Jacken und mit wilder Frisur.

Und immer wenn ich die langen, braunroten Gewänder der Mönche und Nonnen sah, tat mein Herz einen Freudensprung. Ich konnte kaum fassen, wie viele es hier gab. Sie spazierten ganz offen daher, manche unterhielten sich, andere sprachen laut ihre Gebete. Es war lange her, dass ich so etwas gesehen hatte, und ich begann zu weinen.

Dann eine letzte Kurve, und mein Freund deutete auf die vor uns liegenden Gebäude und rief: »Dharamsala!« Noch eine kurze Steigung, und wir hielten vor einer Reihe von Läden an. Wohin ich auch blickte, überall Tibeter. Dazu Lastwagen, Autos, Motorräder, Hunde, Kühe und ein vielstimmiges Getöse von Hupen, Stimmen und Gebell – aber nicht ein einziger Chinese.

Ich stieg aus. Ich blickte über ein weites, leuchtend grünes Tal, und dahinter erhoben sich die zerklüfteten weißen Zähne des Gebirges. Die Luft war kalt und klar. Auf allen Gesichtern schien ein Lächeln zu liegen. Wieder stiegen mir die Tränen in die Augen, und ich musste den Kopf senken. Die Heimat Seiner Heiligkeit.

»Ani Pachen!«, rief eine Männerstimme durch die Tür zu meinem kleinen Zimmer in der Nähe des Klosters Seiner Heiligkeit. Er klopfte an den hölzernen Rahmen. Ein junger Mann in Hose und gebügeltem Hemd stand da und hielt einen Zettel in der Hand. »Ich komme, um dich zu Seiner Heiligkeit zu bringen«, sagte er.

Ama, Ama, dachte ich, ich habe ja noch gar keine Zeit gehabt, mich vorzubereiten. Ich lief durchs Zimmer und suchte meine Sachen zusammen. Ich zog einen weißen Seidenschal aus meiner Tasche und suchte eine kleine Korallenperle heraus.

Draußen war eben die Sonne aufgegangen, und die Luft

war frisch wie im Frühling. Ich folgte dem jungen Mann die Straße hinunter zum Thekchen-Chöling-Tempel. Wir gingen an Wachtposten mit Federhüten vorbei und dann die Auffahrt zu einem von Gärten umgebenen Gebäude hinauf. Oben auf dem Treppenabsatz empfing uns ein Mann in grauer Chuba. Es war der Sekretär Seiner Heiligkeit.

Er führte mich in einen Raum, von dem aus man auf einen Rosengarten blickte, ein Zimmer mit vielen Fenstern und voller Licht. Entlang der Wände standen tibetische Bänke, auf dem Boden lag ein cremefarbener Teppich mit grünen und korallenroten Ornamenten, und in Vitrinen waren Ritualgegenstände aus Gold, Silber und Türkis zu sehen. Ein Mann erschien mit einer Schale Tee. »Nur noch ein paar Minuten«, sagte er.

Es ging alles so schnell, dass ich gar nicht recht mitkam, und als ich die Schale nahm, sah ich, dass meine Hände zitterten. Der Tee duftete und war köstlich. Als ich die warme Flüssigkeit schluckte, war mir, als würde mein Körper geläutert, und dann stellte sich langsam auch innere Klarheit ein. Eine Weile saß ich nur da und betrachtete die Blumen – rosa und leuchtend rot, gelb und korallenrot. Sonnenstrahlen drangen durch das Laub der Bäume am Rand des Gartens und ließen die Spitzen der Blütenblätter aufleuchten.

Rosa, blaue und gelbe Blütenblätter rieseln mir über die Schultern und in den Schoß, und das Licht fängt sich in ihnen, während sie fallen. Anya streut mir Blüten über den Kopf, bis ich ganz bedeckt bin. »Die kleine Ashe Pachen ist gut aufgehoben«, singt sie.

Der Sekretär Seiner Heiligkeit kam zurück. Ich strich mir die Chuba glatt, nahm meine Tasche und folgte ihm. Es ging einen Gartenweg entlang und dann in einen großen Raum, in dem leuchtende Thangkas hingen. An der Schwelle begann ich mich niederzuwerfen, doch gleich darauf hörte ich eine tiefe Stimme: »Steh auf, steh auf.«

Ich hob den Blick und sah Seine Heiligkeit vor mir stehen, keine Armlänge entfernt. Er war größer, als ich ihn mir vorgestellt hatte; auch sein Gesicht war sehr groß. Er lächelte und half mir auf.

Als seine Hand meine berührte, begann ich zu weinen. Ich versuchte zu sprechen, konnte ihm aber nur wortlos mein Seidentuch und die Korallenperle geben. Immer wenn ich den Mund aufmachte, brach ich wieder in Tränen aus. Seine Heiligkeit blieb ruhig stehen, und endlich fasste ich mich.

Ich begann zu sprechen, und als ich einmal angefangen hatte, konnte ich nicht mehr aufhören. Wir sprachen über eine Stunde miteinander, und ich vermittelte ihm so viel, wie ich eben vermochte. Ich sprach alles aus, was mir in den Sinn kam, um nur ja nichts auszulassen. Er fragte sehr genau nach: woher ich stamme, wo ich im Gefängnis gewesen sei. Und ich konnte ihm alles erzählen, was ich gesehen und erlebt hatte.

Manchmal standen auch in seinen Augen Tränen, während ich erzählte. Manchmal überwältigten mich die Gefühle, und ich konnte nicht weitersprechen. Und manchmal war der Schmerz über all das, was mit Tibet geschah, so groß, dass wir zusammen weinten.

Nach sicherlich eineinhalb Stunden wurde ich von einem Mann abgeholt. Seine Heiligkeit nahm einen weißen Seidenschal und legte ihn mir um den Hals. Er sah mir in die Augen. Sanft ergriff er meine Hand und neigte seinen Kopf gegen meinen.

Es war, als wäre in der endlosen Finsternis die Sonne aufgegangen. All die Jahre der Leiden waren nicht vergeblich gewesen. Und jetzt war ich endlich frei.

Epilog

Im Jahr des Wasser-Pferdes, 1989, ließ ich mich in Dharamsala nieder. Seitdem beteilige ich mich an Aktionen für Tibet. Ich habe Freunde gewonnen und Menschen aus aller Welt kennen gelernt. Vor allem aber widme ich mich meiner spirituellen Praxis.

Ich stehe jeden Tag früh auf. Wenn ich das Wasser in den Schalen auf dem Altar über meinem Bett gewechselt habe, gehe ich die Straße hinunter zum Heiligen Pfad um den Tempel Seiner Heiligkeit. Dort treffe ich viele andere bei ihrer täglichen Runde an.

»Was hat dich durchhalten lassen?«, fragte eine Ausländerin mich eines Tages. »Wie hast du die Zeit im Gefängnis überlebt?«

Da brauchte ich nicht lange zu überlegen. »Der Wunsch, Seine Heiligkeit zu sehen«, sagte ich augenblicklich.

»Gab es sonst noch etwas?«

»Meine Lamas haben mich gelehrt, dass einem Segnungen zuteil werden, wenn man Tag und Nacht mit festem, unerschütterlichem Glauben betet. Jede Nacht und jeden Tag habe ich zu den Drei Kostbarkeiten gebetet, dass sie mich leiten; ich habe zu Dorje Phurba gebetet, dass er mich beschützt. Ich betete, dass die Leiden anderer auf mich übertragen würden. Ich betete: Möge ich leiden, damit sie es nicht müssen.

Und ich bin … stur. Ich habe den Chinesen nicht die Genugtuung gegönnt, mich einknicken zu sehen.«

Als ich das gesagt hatte, schwieg sie. Ich glaube, sie verstand.

Am nächsten Tag setzten wir uns zusammen, und ich erzählte meine Geschichte noch einmal.

»Ich heiße Lemdha Pachen, Oberhaupt des Lemdha-Stammes von Gonjo. Ich wurde 1933 geboren, im Jahr des weiblichen Wasservogels. Der Lama meiner Kindheit lehrte mich, dass nichts in dieser Welt von Dauer ist, doch damals waren das nur Worte für mich. Inzwischen habe ich sie wahr werden sehen.

Wir waren wohlhabend, wir besaßen Vieh und Pferde, geboten über Nomaden und Diener. Ich hatte eine kostbare Familie, wurde von ihr geliebt und geachtet. Doch das ist alles dahin. Jetzt bin ich allein.

Meine Generation stirbt langsam aus. Deine rückt nach. Doch auch deine Generation wird altern und sterben, und wieder eine neue wird geboren. So ist es nun mal. Sogar die reinkarnierten Lamas durchlaufen den gleichen Zyklus.

Mein Vater war als ein verwegener, mutiger und kluger Mann bekannt. Keiner in Gonjo konnte ihm die Stirn bieten oder ihn gar besiegen. Doch jetzt ist auch er nur noch eine Geschichte aus früheren Zeiten. Mit mir wird die Pomdha-Tsang-Linie erlöschen.

Und was mich angeht, wird sich die Geschichte so anhören: Sie führte ihre Leute beim Kampf gegen die Chinesen an. Sie war bei den Protesten in Lhasa dabei. Sie setzte sich für die Erhaltung der alten spirituellen Lehren ein.

Wenn ich sterbe, bleibt nur meine Geschichte übrig.«

Schlussbemerkung und Dank
von Adelaide Donnelley

Zu meiner Beteiligung an der Entstehung dieses Buches kam es durch Zufall. Während eines Gesprächs beim Essen erzählte eine Freundin mir von einer außergewöhnlichen Nonne, die in Indien in der Nähe des Dalai Lama lebte. Danach ging alles Schlag auf Schlag, und kein halbes Jahr später stand ich in Dharamsala vor Ani Pachen.

Eine Reihe kleiner Schritte waren vorausgegangen. 1996 war Richard Gere in Dharamsala und erfuhr bei einem Gespräch mit Tashi Tsering, der für das Amnye Machen Institute tätig ist, von Ani Pachen. Tashi war damit beschäftigt, Ani Pachens Geschichte zusammenzutragen, und sagte, ihr Leben sei gewiss ein inspirierendes Sujet für ein Buch.

Zu der Zeit befanden sich auch Daniel und Tara Goleman, Sharon Salzberg und Sunanda Marcus in Dharamsala und nahmen an einem internationalen Treffen buddhistischer Lehrer mit dem Dalai Lama teil. Auch sie fanden Anilas Leben beispielhaft, als sie erfuhren, wie sie unter widrigsten Umständen ihre Würde und spirituelle Integrität gewahrt hatte. Sie versprachen, sich für die Realisierung des Buches einzusetzen. Am Tag nach ihrer Heimkehr sprach Sharon mit einer gemeinsamen Freundin, die daraufhin auch mir von Ani Pachen erzählte. Schon bald danach saßen Sharon und ich zusammen und erörterten die Möglichkeit, ein Buch aus dieser Geschichte zu machen. Fünf Monate später konnte ich mit Sharons und

Sunandas Hilfe nach Dharamsala reisen und Ani Pachen kennen lernen.

Ich kam gegen Ende der Regenzeit, und es goss in Strömen. Lhasang Tsering vom Amnye Machen Institute empfing mich und führte mich durch die überfluteten Straßen von Dharamsala zu Ani Pachen. Als ich eintrat, stand Anila von ihrem Bett auf und begrüßte mich. Sie war zierlicher, als ich sie mir vorgestellt hatte, fast grazil in ihrer langen braunen Chuba. Ihre rosigen Wangen und das schwarze Haar wurden noch betont durch ihre leuchtend gelbe Seidenbluse. Nachdem ich monatelang immer wieder ihr Bild an der Wand meines Zimmers betrachtet hatte, war es für mich wie ein Wunder, sie jetzt wirklich auf mich zukommen zu sehen. Sie nahm mich an den Händen und verneigte sich, und als sie mich dann ansah, waren ihre Augen so strahlend und so voller Mitgefühl, dass mir die Tränen kamen. In diesem Augenblick entstand eine Verbindung, und für sie schien dieser Augenblick so aufregend wie für mich zu sein.

Die nächsten zwei Monate stieg ich jeden Morgen von meinem Gästehaus in Dharamsala aus den steilen Hügel zum Nonnenkloster Gaden Chöling hinauf, in dem Anila lebte. Ihr Zimmer war klein, feucht und übervoll. Entlang der Wände standen zwei niedrige Betten, an Haken hingen Plastiktüten mit Anilas Habseligkeiten. Auf einem Schrankkoffer am Fußende des einen Bettes stapelten sich Decken, Wolltücher und farbenfrohe Steppdecken, im Schrank stand ein zweiflammiger Campingkocher und darauf verschiedene Töpfe und Pfannen.

Jeden Tag bereitete sie zuerst Buttertee und buk Fladenbrot, bevor wir uns mit überkreuzten Beinen auf ihr Bett setzten und Anila mir ihre Geschichte erzählte. Eine junge Tibeterin namens Tenzin Sherab übersetzte. An manchen Tagen trommelte der Regen so laut auf das Blechdach, dass wir uns nur schreiend verständigen konnten, und manchmal saßen wir in Decken gehüllt, um die Kälte abzuwehren. Anila erzählte stets mit größtem Eifer und Stunde für Stunde, um mir alle Einzelheiten zu vermitteln.

Dabei waren ihre Hände immer in Bewegung, und ihr ganzer Körper bewegte sich mit dem Fluss der Worte oder um bestimmte Punkte zu akzentuieren. Dazu ihre ausdrucksvolle, mitunter auch verspielte Mimik und ihre nachdrückliche, aber klangvolle und klare Stimme. Wir verstanden uns so unmittelbar, dass ich häufig vergaß, wie verschieden unsere Leben waren. Doch ein- oder zweimal brach Anila in Tränen aus, als sie von besonders schmerzlichen Erinnerungen berichtete, und dann fiel mir plötzlich ein, dass diese Frau ihre gesamte Familie verloren hatte, dass sie einundzwanzig Jahre im Gefängnis gewesen und schwer gefoltert worden war. Dass sie diese grausame Zeit überlebt hat, zeugt von ihrem Mut und ihrem Glauben.

Ich möchte betonen, dass die in diesem Buch erzählte Geschichte auf Ani Pachens Leben *beruht*, also nicht nur im strengen Sinne Biographie, sondern auch Erzählung ist. Da es sich an eine westliche Leserschaft wendet, habe ich traditionelle Grußformen, Anreden und anderes dem westlichen Sprachgebrauch angepasst; ich habe Ergänzungen angebracht, wo es zur besseren Verständlichkeit notwendig schien, und ich habe andere Quellen eingearbeitet, um ein vollständigeres Bild von der Tragödie Tibets zu geben. Für Leser, die mit dem tibetischen Buddhismus vertraut sind, möchte ich hinzufügen, dass ich die Essenz der Lehren richtig darzustellen versucht habe, ohne jedoch auf die Einzelheiten bestimmter Praxisformen einzugehen. Mögliche Unstimmigkeiten sind auf diesen Ansatz zurückzuführen und nicht auf Ani Pachens Darstellung.

Hintergrundinformationen und Geschichten habe ich aus vielerlei Quellen bezogen, unter anderem: *In Exile from the Land of Snow* von John Avedon; *Tränen über Tibet* von Mary Craig; *Warrior of Tibet* von Jamyang Norbu; *A History of Modern Tibet* von Melvyn Goldstein; *Tibetan Nation* von Warren Smith; *Penthouse of the Gods* von Theos Bernard; *Resistance and Reform in Tibet*, herausgegeben von Robert Barnett und Shirin Akiner; *Four Rivers, Six Ranges* von Gompo Tashi Andrutsang; *Tibet and Its History* von H. E. Richardson; die beiden vom Dalai Lama verfassten Titel *Mein Leben und mein Volk* sowie *Das Buch der Freiheit; Geheimnis Tibet* von Fosco Maraini; *Red Star Over Tibet* von Dawa Norbu; und aus dem Film *Die Salzmänner von Tibet* von Ulrike Koch.

Spirituelle Lehren, auch die Khale Rinpoche und Gyalse Rinpoche in den Mund gelegten Unterweisungen, sind an eine ganze Reihe von Quellen angelehnt. Neben *Religion und Kultur Tibets* von John Powers und dem »Tibetischen Totenbuch« will ich hier nur die Verfasser nennen: der Dalai Lama, Sögyal Rinpoche, Dilgo Khyentse, Lama Thubten Zopa Rinpoche, Shantideva, Lama Tarchen, Tulku Thondup, Gomo Tulku, Lama Thubten Yeshe und Lama Surya Das.

Ani Pachen und ich hoffen, dass dieses Buch ein Porträt des tibetischen Volkes bietet und die Tiefe seiner spirituellen Weisheit widerspiegelt. Wir glauben, dass das tibetische Volk mit seiner Widerstandskraft und der Weisheit seiner Lehren der ganzen Welt ein Vorbild sein kann.

Viele Menschen haben zur Entstehung dieses Buches beigetragen. Ohne die ursprüngliche Gruppe in Dharamsala – Richard Gere, Daniel und Tara Goleman, Sharon Salzberg und Sunanda Marcus – wäre es gar nicht erst begonnen worden. Alle Genannten haben mit Zuspruch, Unterstützung und wertvollen Hilfen die Realisierung des Projekts gefördert. Richard Gere ist nicht nur die Idee zu diesem Buch zu danken, sondern er zeigte sich auch bereit, das Vorwort zu schreiben; Daniel Goleman bahnte die Kontakte zu einer Agentur an, und Sharon Salzberg begleitete die Arbeit von Anfang bis Ende und bei jedem Schritt mit Herz und Verstand – was ihr den Titel »Mutter des Projekts« eintrug.

Seine Heiligkeit der Dalai Lama gab von Anfang an zu verstehen, dass er Anilas Lebensgeschichte große Bedeutung beimaß. Bezeichnend für seinen Geist der Großzügigkeit ist der Umstand, dass er sich trotz seines dicht gedrängten Arbeitsalltags immer wieder mal mit Ani Pachen traf und über die Entwicklung des Buches unterrichten ließ. Wir freuen uns über sein Geleitwort, und ich möchte ihm hier für seine Unterstützung danken.

Ngari Rinpoche und Rinchen Khando hießen mich in ihrem Gästehaus in Dharamsala willkommen und sorgten für meine »Grundausbildung«. Ngari Rinpoche kam alle Tage mit Büchern, die er mir zu lesen gab. Er opferte viele Stunden, um mir die Hintergründe für die gegenwärtige Lage Tibets und die Feinheiten der buddhistischen Lehre darzulegen. Was in Tibet geschehen war, hätte ich auf keine andere Weise besser als durch ihn verstehen können. Rinchen Khando erzählte mir von ihrer Kindheit in Kham, sodass ich einen Eindruck vom Familienleben vor der Invasion bekam. Durch die Großzügigkeit und Offenherzigkeit dieser beiden lernte ich zum ersten Mal die spontane Liebenswürdigkeit der Menschen dieses Landes kennen.

Auch in allen weiteren Begegnungen mit Tibetern zeigte sich die Großzügigkeit in dieser oder jener Weise. Unermüdlich in ihrer Hilfsbereitschaft waren Lhasang Tsering und Tashi Tsering vom Amnye Machen Institute. Als meine ersten Kontaktpersonen in Dharamsala sorgten sie für meine Unterbringung, versorgten mich mit Übersetzungen von Ani Pachens Geschichte und stellten uns für die Gespräche eine Mitarbeiterin, Tensing Sherab, als Übersetzerin zur Verfügung. Sosehr Lhasang auch mit der Arbeit seines Instituts – Bewahrung der tibetischen Kultur und Förderung des Austauschs mit dem Westen – beschäftigt sein mochte, stets fand er sich bereit, Fragen zu beantworten und sonstige Hilfen zu geben. Tashi Tsering bot uns die Durchsicht des Manuskripts auf Faktenstimmigkeit an und unterbrach dazu jederzeit bereitwillig seine Arbeit. Ohne Tenzing und Tashi hätte dieses Buch nicht entstehen können.

Die bei meinem ersten Besuch in Dharamsala begonnenen Gespräche wurden eineinhalb Jahre später in Kalifornien fortgesetzt, wo Ani Pachen mich für ein halbes Jahr besuchte. Es war ihr erster Flug mit einer großen Verkehrsmaschine und ihr erster Ausflug in die »moderne« Welt mit allem, was sie an Bequemlichkeiten und Verwirrendem bietet. Pema Chogkha, Dhonyu und Samten Chinkarlaprang und Nyaljor Samten trugen zum Gelingen der Reise bei. Dhonyu schreckte nicht vor dem Versuch zurück, mir vor meiner ersten Reise nach Dharamsala ein wenig Tibetisch beizubringen. Er befand sich auch gerade in Dharamsala, als ich kam, um Anila zum Besuch in den Vereinigten Staaten abzuholen. Ich kam mit Zahnschmerzen an, und er übernahm die Organisation unserer Abreise mit größter Selbstverständlichkeit. Pema begann nach meiner ersten Indienreise mit dem Transkribieren und Übersetzen; sie erklärte Bräuche, die ich nicht verstand, und war stets bereit, ihre Zeit zu opfern. Sie empfing Anila und mich bei unserer Ankunft am San Francisco Airport mit den traditionellen weißen Schals und half Anila über die Befremdlichkeit dieser so ganz anderen Welt hinweg. In diesem Sinne wirkte auch Samten, Dhonyus Frau und Inhaberin des wunderbaren Café Tibet in Berkeley, die uns in meiner Wohnung mit einer frisch zubereiteten tibetischen Mahlzeit empfing.

Ohne Nyaljor, Samtens Cousin, der für mich recherchierte, übersetzte und transkribierte, wäre ich niemals zurechtgekommen. Ich konnte immer nur staunen über seine Geduld, seine zurückhaltende Intelligenz und die stete Bereitschaft, Zeit zu opfern. Er war für mich der wichtigste Ansprechpartner bei der Niederschrift dieses Buches.

Rinchen Darlo vom Tibet Fund erklärte sich bereit, Ani Pachens Interessen zu vertreten. Tenzin Gyeche, Ven. Lhakdor La, Jampal Chosing und Lobsang Jimpa kümmerten sich um das Vorwort Seiner Heiligkeit. Zwei von Anilas Verwandten, Palljor Phupatsang und Tsering Topgyal Phupatsang sprachen zusätzlich ihre Erinnerungen an das Leben vor der Invasion und in den ersten Jahren des Widerstands auf Band.

Wenn Sharon die Mutter des Projekts ist, so muss man Chris Desser als seine Patin bezeichnen. Sie war die eingangs erwähnte gemeinsame Freundin, die für den Zündfunken sorgte und die Verbindung zu Sharon herstellte. Ich war in der Anfangsphase ganz auf ihr Wissen angewiesen, und später trug sie dazu bei, dass Anila in die Vereinigten Staaten reisen konnte. Das taten auch mein alter Freund James Howard sowie Lee Swenson und Vijaya Nagarajan vom Institute for the Study of Natural and Cultural Resources und viele andere Freunde. Vor meiner ersten Reise nach Dharamsala teilten Canyon Sam, Ellen Bruno und Barbara Green mir ihr Wissen über Tibet mit, von dem vieles in meine Arbeit eingeflossen ist.

Für die Niederschrift fand ich Unterschlupf bei meinen Freunden von Occidental Arts and Ecology und bei Roger und Suzanne Adams. Die Geborgenheit und Großzügigkeit, die ich hier fand, waren das perfekte Umfeld für diese Arbeit.

Das Buch hätte ohne die verständnisvolle Beratung durch Shoshona Alexander kaum seine gegenwärtige Gestalt annehmen können. Sie hat mir während der gesamten Arbeit in allen Dingen stets Rückhalt gegeben. Meine Freundin Kathleen

Fraser hat sich der ersten paar Kapitel mit ihrem poetischen Feingefühl angenommen. Nina Wise habe ich für sehr präzise kritische Anmerkungen zu danken.

Viele Freunde haben bei der Entwicklung meiner Gedanken geduldig zugehört, das Manuskript gelesen und Vorschläge gemacht. Zuspruch und Hilfe kamen bei den ersten Kapiteln auch von meiner Schreibgruppe – Susan Griffin, Bokara Legendre, Nina Wise, Don Johnson und Pamela Westfall-Bochte. Susan Griffin, die von Anfang an involviert war, gab während der gesamten Arbeit immer wieder entscheidende Anregungen. Ich durfte mich wie immer auf ihr Können und Gespür verlassen. Bo Legendre half mir mit täglichen Anrufen und scharfsinnigen Beobachtungen, die sie beim Lesen des Manuskripts machte. Mit ihrer Treue, Großherzigkeit und Tiefe war sie mir eine der wichtigsten Stützen. Barbara Sonnenburg und Ron Greenberg opferten großzügig von ihrer knapp bemessenen Zeit und sparten nicht mit ihren wie immer erhellenden Kommentaren, durch die das Buch mehr Tiefe bekam. Von meinem Bruder Rick Matteson und meiner Freundin Ruth Zaporah ging die Idee für den Titel aus, und Ruths unfehlbares Gespür für das »Echte« und »Lebendige« machte mir die Notwendigkeit mancher Änderungen in den ersten Kapiteln deutlich. Barbara Greens Verbundenheit und Vertrautheit mit Tibet und dem tibetischen Buddhismus war mir eine Hilfe in den Kapiteln, in denen buddhistische Lehren angesprochen werden; sie spürte die subtilen Schwächen der Darstellung auf und korrigierte sie. Judy Oliver, eine der kritischen Stimmen, die ich am meisten schätze, sprach mir von Anfang an Mut zu und machte Vorschläge zum Aufbau des Buches. Jeff Masson stand wie immer jederzeit zur Verfügung, und ich konnte mir bei ihm häufig Rat holen. Linda Blachmun und Pat und Dan Ellsberg waren aufmerksame Leser und Rückhalt gebende Freunde. Henry Meyer und Benina Gould zeigten sich in der Phase der Recherchen ideen- und hilfreich. Wertvolle Kommentare zu frühen Entwürfen verdanke ich meinem Bruder Sumner Matteson sowie Barbara Gates, Bill Broder und Arden Jones. Später widmeten sich meine Brüder Rick und Sumner ausdauernd dem Manuskript und entdeckten zahlreiche kleine Fehler. Während der gesamten Arbeit wäre ohne Jennifer Greenfield kaum auszukommen gewesen; sie wusste in vielen Dingen Rat, bemühte sich zusammen mit anderen um Geleitwort und Vorwort und kümmerte sich um die Öffentlichkeitsarbeit, obwohl sie gleichzeitig den Besuch des Dalai Lama in New York zu koordinieren hatte.

Alle diese Freunde halfen nicht nur beim Manuskript, sondern widmeten sich auch Anila, als sie in Kalifornien war. Sie überraschten sie mit Begrüßungsgeschenken und nahmen sie mit auf Ausflüge. Besonders nett war Mary Hitchcock zu ihr, und Anila freute sich immer, sie wiederzusehen. Genauso freundlich war Mary zu mir; wenn ich Hilfe brauchte, war sie da, und ohne sie hätte ich das Buch wohl nicht zustande gebracht.

Während ihres Besuchs fühlte Anila sich meiner Mutter ganz besonders verbunden und bat mich immer wieder, »Amala Jonie« anzurufen, um zu hören, wie es ihr ging. Sehr gern begegnete sie auch meiner »Tante Mimi« Burke, in der sie sofort die außergewöhnliche Frau erkannte. Sie war fasziniert von der engen Freundschaft zwischen mir und meinem früheren Mann David Donnelley, von dessen Begeisterungsfähigkeit und Großherzigkeit sie ebenso angetan war, wie ich es bin. Am liebsten waren ihr jedoch meine Kinder Elliott und Owen. Zu ihrem größten Vergnügen führten sie ihr den »Lindy-Hop« vor, brachten ihr Frisbee bei und gaben ihr immer wieder Anlass zu lachen. Mich versorgen sie auch auf diese Weise; auf ihre Liebe habe ich mich verlassen können, und ihr unbeugsamer Lebensmut ist mir stets ein Beispiel.

Meine Agentin Eileen Cope hat sich von Anfang an für das Buch engagiert. Ihre Begeisterung war ansteckend und führte schließlich zu internationalen Vertragsabschlüssen, sodass Anilas Geschichte nun in der ganzen Welt erzählt werden kann. Meine Lektorin Nancy Cooperman Su war das, wovon alle Autoren träumen: fördernd, besonnen, geduldig und nicht zuletzt klug in der Wahl ihrer Mittel. Sie drängte mir nie ihre Ansichten auf, sondern führte mich zu einer klareren Sicht meiner eigenen. Zu danken habe ich auch Deborah Baker, die das Lektorat des Buches in der Endphase meisterhaft fortsetzte, Nicki Britton und Jodie Hayes, die für die Werbung zuständig waren und mit Geduld und viel Geschick arbeiteten, sowie all den anderen vom Verlag Kodansha, durch deren Einsatzbereitschaft dieses Buch schließlich Wirklichkeit wurde.

Zuletzt möchte ich Ani Pachen selbst dafür danken, dass sie ihre Geschichte erzählt und mir Einblick in ihr Leben gewährt hat. So lang und manchmal schwierig die Interviewphase auch war, sie erlahmte nie in ihrem Bemühen, mir verständlich zu machen, was sie und andere Tibeter durchgemacht hatten. Ihre Tapferkeit hat mich nicht nur inspiriert, sondern mir auch deutlich gemacht, was Festigkeit und Stärke ist. Mein Leben ist ein anderes, seit ich sie kenne. »Es ist Karma, dass wir uns begegnet sind«, sagte sie gern. Ich glaube das auch.